CW01236691

Meddai Iesu, 'Portha fy ŵyn.'
IOAN 21:15

CYFLWYNEDIG I

GAN

DYDDIAD

ⓑ Cyhoeddiadau'r Gair 1999

Testun gwreiddiol: Mack Thomas, 1994
Darluniau gan Terri Steiger
ⓑ Addasiad Cymraeg gan Linda Lockley

Golygydd Cyffredinol: Aled Davies
Cyhoeddwyd yn wreiddiol gan *Gold'n Honey Books* -
rhan o deulu cyhoeddi Questar.
© Questar Publishers Inc 1996.
Cyd-argraffiad byd-eang wedi'i drefnu
gan Angus Hudson Ltd, Llundain.

ISBN 1 85994 171 0
Argraffwyd yn Singapore.
Cedwir pob hawl. Ni chaniateir copïo unrhyw ran
o'r deunydd hwn mewn unrhyw ffordd
oni cheir caniatâd y cyhoeddwyr.

**Cyhoeddwyd gan:
Cyhoeddiadau'r Gair,
Cyngor Ysgolion Sul Cymru,
Ysgol Addysg, PCB, Safle'r Normal,
Bangor, Gwynedd, LL57 2PX.**

Munudau
Gyda
Duw
365 o Ddefosiynau Byr

gan Mack Thomas
Lluniau gan Terri Steiger
Addasiad Cymraeg gan Linda Lockley

CYHOEDDIADAU'R
GAIR

IONAWR 1

Disglair a Hardd

Dywed y Beibl, 'Y mae Ei lewyrch fel y wawr.'
HABACUC 3:4

Mae'n siŵr dy fod ti wedi bod yn effro'n ddigon cynnar i weld y wawr yn torri, ond do? Wyt ti'n cofio'r lliwiau hardd welaist ti yn yr awyr wrth i'r haul godi'n araf?

Nid yr un lliwiau fydd i'w gweld ar godiad haul bob tro. Weithiau bydd yr wybren yn sbloet o felyn llachar, weithiau'n binc ac weithiau'n oren o bob math. Dro arall bydd yn goch tanbaid ac ar adegau bydd yno liwiau eraill hefyd.

Byddwn yn defnyddio'r gair *gogoneddus* i ddisgrifio'r fath liwiau gwych. Mae'r wawr a greodd Duw yn llawn *gogoniant* - a dyna'n union sut Un yw Duw Ei hun. Mae Ef yn ddisglair ac yn hardd.

Felly, y tro nesaf y gweli di'r haul yn codi, cofia feddwl am Dduw y Creawdwr.

MWYNHA DDARLLEN SALM 113:1-3

Yr Haul ar Adenydd

Dywed y Beibl: 'Fe gyfyd haul cyfiawnder â meddyginiaeth yn ei esgyll.'
MALACHI 4:2

Dyna braf yw cael teimlo gwres yr haul! Wyt ti'n medru cofio adeg pan oedd gwres yr haul yn goglais dy wyneb a dy gorff i gyd? Mae'n ddigon cynnes i wneud i ti deimlo'n iach a chryf. Dychmyga'r olygfa hon:

Mae'r haul fel aderyn mawr euraidd, yn codi ben bore ac yn hedfan ar draws yr awyr. Allan o'i adenydd disglair daw golau a gwres i'r ddaear. Bydd pawb sy'n codi pen i edrych, ac sy' eisiau profi'r golau cynnes braf sy'n dod o'i adenydd, yn teimlo'n well ac yn gryfach.

Dywed y Beibl mai dyma sut Un yw'r Arglwydd. Mae Ei olau a'i wres yn ein hiacháu ac yn ein cryfhau. Cwyd dy ben ac edrych arno Ef heddiw!

DARLLENWCH HOSEA 6:3 GYDA'CH GILYDD

IONAWR 3

Wele Gwawriodd Ddydd i'w Gofio!

Dywed y Beibl, 'Fe ddaw â'r wawrddydd oddi uchod i'n plith.'
LUC 1:78

Ychydig cyn i'r Arglwydd Iesu gael ei eni i Mair a Joseff ym Methlehem, roedd dyn o'r enw Sechareia yn gweddïo ar Dduw. Yn ei weddi, roedd ganddo enw arbennig iawn am Iesu Grist. Galwodd yr Iesu yn 'wawrddydd oddi uchod'. Meddyliai am Fab Duw fel yr haul oedd yn dod atom ni o'r nefoedd.

Do, fe ddaeth Iesu Grist i lawr o'r nefoedd er ein mwyn ni, fel yr haul sy'n codi ac yn disgleirio arnon ni o'r awyr uwchben.

Beth am i ti weddïo fel Sechareia? Dyma i ti weddi i'w hadrodd wrth Dduw: 'Diolch i Ti, o Dduw, am anfon dy Fab Iesu Grist o'r nefoedd. Diolch am fod yr Iesu yn barod i dywynnu fel yr haul yn ein bywydau.'

EDRYCHWCH GYDA'CH GILYDD AR 2 CORINTHIAID 4:6

IONAWR 4

Ein Coron

Dywed y Beibl, 'Bydd Arglwydd y Lluoedd yn goron odidog.'
ESEIA 28:5

Mae gan bob brenin a brenhines, tywysog a thywysoges, goron bersonol i'w gwisgo. Byddan nhw'n dal eu pennau'n uchel, ac yn gwisgo'u coron yn llawen. Pan fyddwn ni'n dod yn aelod o deulu Duw, fe allwn ninnau hefyd wisgo coron - oherwydd mae pob merch i Dduw yn dywysoges, a phob mab i Dduw yn dywysog.

Beth am ein coron ni? Wel, DUW yw ein coron! Mae gwybod mai'r Arglwydd Dduw yw ein Tad Nefol yn union 'run fath â gwisgo coron! Felly, paid anghofio ei fod Ef yn dy garu ac yn gofalu amdanat ti. Os wyt ti'n caru Duw, dal dy ben yn uchel, a bydd yn llawen. Rwyt ti'n dywysog neu'n dywysoges, a Duw Ei Hun yw dy Dad a dy Frenin.

MWYNHA DDARLLEN ESEIA 51:11

IONAWR 5

Y Goron Orau

Dywed y Beibl, 'Rydym yn gweld Iesu ...wedi ei goroni â gogoniant.'
HEBREAID 2:9

Cyn i'r Arglwydd Iesu gael ei ladd ar y groes, rhoddodd ei elynion goron o ddrain ar Ei ben. Roedd y drain yn filain, yn finiog, yn torri croen Ei ben ac yn gwneud i'r gwaed lifo. Roedden nhw'n brifo Iesu Grist yn arw. Amser ofnadwy oedd hwnnw.

Ond mae'r Iesu'n Frenin gogoneddus heddiw, a does 'na neb na dim yn y byd sy'n mynd i'w frifo fyth eto. Mae'n eistedd ar Ei orsedd fawreddog yn y nefoedd, ac ar Ei ben mae coron odidog. Iesu Grist yw Brenin y Brenhinoedd, am byth bythoedd.

Beth am i ti nawr ddweud 'Diolch yn fawr' wrth Iesu Grist am Iddo wisgo'r goron ddrain? Ac fe fedri di sôn wrtho hefyd dy fod ti mor falch Ei fod Ef nawr yn gwisgo coron gymaint gwell na'r goron ddrain honno.

MWYNHA DDARLLEN DATGUDDIAD 19:11-16

IONAWR 6

Coron y Bywyd

Meddai Iesu Grist, 'Bydd ffyddlon…a rhof i ti goron y bywyd.'
DATGUDDIAD 2:10

Os ydyn ni'n credu yn Iesu Grist, yn dal ati i'w garu, gan beidio anghofio amdano, yna mae Iesu'n dweud bod ganddo rywbeth arbennig ar ein cyfer yn y nefoedd. 'Coron y bywyd' yw'r enw mae Ef yn ei roi ar y peth arbennig hwnnw, oherwydd mae'r goron mor fyw! Mae hi'n bopeth y byddet ti'n ddymuno'i gael mewn coron, a mwy!

'Dyw'r goron hon ddim yn debyg i unrhyw beth welaist ti yn y byd hwn. Does dim posib ei phlygu na'i thorri. Wnaiff hi fyth golli'i lliw na mynd i edrych yn hen. Ac fe fydd hi'n dy ffitio'n berffaith am byth!

Mae Iesu'n gwybod y byddi di o ddifrif yn mwynhau ei gwisgo yn y nefoedd. Beth am i ti ddiolch iddo nawr am fod ganddo goron yn barod ar dy gyfer *di*.

EDRYCH AR IAGO 1:12

IONAWR 7

Ein Bara Beunyddiol

Dywed Iesu wrthym am weddïo : 'Dyro inni o ddydd i ddydd ein bara beunyddiol.'
LUC 11:3

'Rydyn ni i gyd yn hoff iawn o fara - yn ogystal â'r bwyd arall sy'n mynd gydag e, ond ydyn ni? Wyt ti wedi meddwl Un mor garedig yw Duw ein Tad, yn rhoi i ni'r bwyd sydd eu angen arnom er mwyn cadw'n cyrff yn gryf ac iach?

Mae Duw wedi addo rhoi'r bwyd yma i ni. Ond mae Duw, ein Tad Nefol, hefyd yn hoffi i ni ofyn Iddo amdano bob dydd. Pam? Wel, am ei fod yn beth da i ni wneud hynny. Mae ond yn iawn i ni gofio bod ein bwyd bob dydd yn dod yn rhodd oddi wrth Dduw.

Felly, cofia ofyn iddo Ef heddiw am ein bwyd, ein 'bara beunyddiol' - a phaid anghofio diolch i Dduw amdano pan fyddi di'n eistedd yn gwledda wrth y bwrdd!

DARLLENWCH GYDA'CH GILYDD: MATHEW 6:25-33

Bara'r Bywyd

Meddai Iesu Grist, 'Myfi yw bara'r bywyd.'
IOAN 6:35

Mae Iesu Grist fel y bara hwnnw sy'n ein llanw yn ystod pryd bwyd. Mae Ef fel y bwyd da y byddi di'n ei fwynhau gymaint pan fyddi di bron â llwgu ac yn dyheu am rywbeth i'w fwyta.

Gwranda ar beth mae'r Iesu yn ei ddweud: 'Ni bydd eisiau bwyd byth ar y sawl sy'n dod ataf fi.' Beth mae Iesu Grist yn ei feddwl?

Os ydyn ni wir yn dyheu am fod yn dda, ac am fod yn lân a phur oddi mewn, yna Iesu Grist yw'r ateb i'r newyn hwnnw. Os ydyn ni'n dyheu am wneud beth sy'n iawn ac yn awyddus i fod yn iawn yng ngolwg Duw, yna bydd Iesu yn ein helpu. Os ydyn ni wir eisiau adnabod Duw yn well, fe wnaiff Iesu Grist yn siŵr bod hynny'n digwydd.

EDRYCHWCH GYDA'CH GILYDD AR IOAN 6: 33-35

IONAWR 9

Mwy am Fara

Dywed y Beibl, 'Cymerodd yr Iesu fara, ac wedi diolch fe'i torrodd.'
LUC 22:19

Un noson, roedd Iesu Grist gyda'i ffrindiau agosaf - Ei ddeuddeg disgybl. Gwyddai Iesu y byddai'n cael Ei hoelio ar groesbren y diwrnod wedyn. Byddai'n marw ar y groes honno. Dyma oedd y gosb am bechodau Ei ddisgyblion, am dy bechodau di ac am fy mhechodau i. Fe gymerodd ein cosb ni am yr holl bethau drwg wnaethon ni erioed.

Felly, ar y noson arbennig hon, yng nghwmni Ei ddisgyblion, cymerodd yr Iesu fara, ac aeth ati i'w dorri. Dywedodd bod y bara hwn fel Ei gorff. Roedd y bara wedi ei dorri, yn union fel y byddai Ei gorff Ef hefyd y cael ei dorri gan yr hoelion. Gâd i ni ddweud 'Diolch yn fawr' wrth Iesu Grist am farw ar y groes drosot ti a throsof fi.

DARLLEN 1 CORINTHIAID 11: 23-24

IONAWR 10

Iesu wrth y Drws

Meddai Iesu Grist, 'Wele, yr wyf yn sefyll wrth y drws ac yn curo.'
DATGUDDIAD 3:20

Mae Iesu Grist yn sefyll wrth ymyl drws ac yn curo. Ac mae'n addo, fel hyn: 'Os clyw rhywun fy llais ac agor y drws, dof i mewn ato a swperaf gydag ef, ac yntau gyda minnau.'

Ble mae'r drws? Beth sy' yr ochr draw iddo? Ti, wrth gwrs! Y drws hwn yw'r ffordd i mewn i dy galon di! Dyma ddrws dy holl deimladau a dy holl feddyliau. Mae Iesu Grist eisiau dod i fyw yn dy galon, am byth. Ond dim ond *ti* sy'n gallu agor y drws er mwyn iddo Ef ddod i mewn.

Os nad wyt ti wedi gofyn i Iesu Grist ddod i fyw yn dy galon, fe elli di weddïo a gofyn iddo Ef wneud hynny nawr.

EDRYCH AR DATGUDDIAD 3:8 A 3:20

IONAWR 11

Drws Tŷ Dduw

Meddai Iesu Grist, 'Curwch, ac fe agorir i chwi.'
MATHEW 7:7

Mae gan Dduw lawer o drysorau, ac mae Ef yn awyddus i'w rhoi nhw i ti a fi. Gâd i ni feddwl am yr anrhegion rhyfeddol hyn:

Maen nhw wedi'u lapio ac yn aros amdanon ni yn nhŷ enfawr Duw yn y nefoedd. Y cyfan sy'n rhaid i ni ei wneud yw curo ar ddrws Ei dŷ bob tro byddwn ni'n dymuno cael anrheg arall. Yna, bydd Duw yn falch o agor y drws, ac fe gawn yr anrheg berffaith yn ein dwylo.

Sut mae curo ar ddrws tŷ Dduw? Wel, yn syml, trwy weddïo arno Ef. Felly, cofia siarad â Duw mewn gweddi bob dydd.

DARLLEN A MWYNHA MATHEW 7:7-8

# Wrth y Drws

Dywed y Beibl, 'Gwyn ei fyd y dyn sy'n gwrando arnaf ac yn disgwyl yn wastad wrth fy nrws.'
DIARHEBION 8:34

Mae clawr ein Beiblau yn ddigon tebyg i ddrws, wyddost ti. Fe allwn ni naill ai agor y drws, neu ei gadw ar gau. Yn yr un modd, gallwn agor y Beibl, Gair Duw, neu ei gadw ar gau. Mae'r Beibl fel drws sy'n arwain at Dduw.

Gallwn agor y drws hwnnw bob dydd, gan wrando ar Dduw yn siarad â ni yng ngeiriau'r Beibl. Bydd Ei eiriau Ef bob tro yn eiriau doeth. Os byddwn ni'n gwrando'n astud, yna bydd Ei eiriau yn dangos i ni sut i fyw ein bywyd. Byddan nhw'n dangos i ni sut i wybod bod Duw yn gwenu arnom. Bydd Ei eiriau Ef yn dangos i ni sut i fod yn wirioneddol hapus.

Gwna'n siŵr dy fod ti'n gwrando wrth ddrws Duw bob dydd!

DARLLEN A DEALL DIARHEBION 8:32-36

IONAWR 13

Creodd Duw Glustiau

Dywed y Beibl, 'Y glust sy'n clywed - yr Arglwydd a'i gwnaeth.'
DIARHEBION 20:12

Rhoddodd Duw glustiau i ni er mwyn i ni fedru clywed. Dim ond un geg roddodd Ef i ni ond fe gawsom ddwy glust, oherwydd dylen ni wrando mwy o lawer na siarad. Mae Duw eisiau i ni wrando arno Ef yn siarad â ni o'r Beibl. Ac mae Ef am i ni ufuddhau i'r hyn rydyn ni'n glywed.

Mae Ef yn dymuno i ni wrando ar ein rhieni ac ar ein hathrawon gan ufuddhau i'r hyn maen nhw'n ddweud wrthon ni.

Mae Duw am i ni wrando ar ein ffrindiau a'n cymdogion pan fyddan nhw angen ein help. Gallwn ni eu helpu mewn nifer o wahanol ffyrdd. Rhaid i ni wrando'n astud arnyn nhw er mwyn i ni wybod beth yw'r peth gorau i'w wneud.

EDRYCHWCH GYDA'CH GILYDD AR DIARHEBION 21:13

Clustiau i Wrando

Meddai Iesu Grist, 'Yr hwn sydd ganddo glustiau, gwrandawed.'
MATHEW 13:43

Fedri di wiglo dy glustiau? Mae rhai pobl yn medru, ac eraill yn methu'n lân â gwneud hynny. Ond gall pob un ohonom glywed gyda'n clustiau, os nad oes rhyw salwch arnyn nhw. Dywed Iesu Grist y dylen ni ddefnyddio'n clustiau i wrando.

Hyd yn oed pan fydd popeth yn ymddangos yn berffaith ddistaw, gallwn ni wrando ar rywbeth. Heblaw am y ddwy glust sy' bob ochr i'n pen, mae gyda ni hefyd "glustiau mewnol". Wyddost ti bod ein clustiau mewnol yn medru gwrando ar ein meddyliau? Gallwn sibrwd yn ein clustiau mewnol ar unrhyw adeg.

Wyt ti'n meddwl am bethau da heddiw? Wyt ti'n gwrando ar Dduw gyda dy glustiau mewnol? Gofyn i Dduw dy helpu i wneud hyn.

DARLLEN A DEALL MATHEW 13: 36-43

Clustiau Hapus

Meddai Iesu Grist, 'Gwyn eu byd eich clustiau chwi am eu bod yn clywed.'
MATHEW 13:16

Ystyr 'gwyn eu byd' yw 'hapus'. Bydd ein clustiau 'mewnol' yn hapus pan fyddan nhw'n clywed pethau da oddi wrth Iesu Grist.

Mae gan Iesu gymaint o bethau da i'w dweud wrthon ni. Cofia wrando arno! Mae'n dweud wrthon ni gymaint y mae Ef yn ein caru. Dywed mai Duw yw Ei Dad a'n Tad ninnau hefyd. Mae'n dweud wrthym fod Duw ein Tad yn dda, yn fawr ac yn gryf.

Dywed wrthym am beidio bod ag ofn, ac nad oes rhaid i ni boeni oherwydd bydd Ef gyda ni am byth. Felly gwranda ar yr holl bethau hynny. Gwranda a chofia, ac fe fydd dy glustiau yn glustiau hapus.

MWYNHA DDARLLEN SALM 78:1-4

IONAWR 16

Gartref gyda'n gilydd

Dywed y Beibl, 'Mae Duw yn gosod yr unig mewn cartref.'
SALM 68:6

Dydi Duw ddim eisiau i ni fod yn unig. Yn wir, dyma un o'r rhesymau pam ei fod Ef wedi dy wneud di'n aelod o dy deulu.

Mae Duw'n hoffi ein gweld ni'n byw mewn cartref y byddwn ni'n ei rannu gyda'n gilydd. Bydd Duw'n fodlon pan fydd gan bob un ohonon ni bobl y gallwn ni eu galw'n Mam neu Dad, Brawd neu Chwaer, Mamgu neu Dadcu, Nain neu Taid, Ewythr neu Fodryb neu Gefnder.

Faint o bobl y medri di eu galw wrth un o'r enwau hyn? Meddylia am y bobl hynny nawr. Enwa nhw, un ar y tro. Rho ddiolch i Dduw am eu rhoi nhw i ti - ac am Iddo dy roi di iddyn nhw, wrth gwrs!

DARLLENWCH GYDA'CH GILYDD COLOSIAID 3:20

IONAWR 17

D'wed wrth dy Deulu

Meddai Iesu Grist, 'Dos adref at dy bobl dy hun a mynega iddynt gymaint y mae'r Arglwydd wedi ei wneud drosot.'
MARC 5:19

Un tro roedd yna ddyn budr, salw yr olwg. Roedd yn berson swnllyd ac annymunol. Daeth Iesu Grist o hyd iddo yn byw lle bydd pobl sy' wedi marw yn cael eu claddu. Dyma Iesu yn ei wneud yn lân a hyfryd, yn ddistaw a da.

Yna, aeth Iesu yn ei flaen i helpu pobl eraill. Roedd y dyn gafodd ei wella eisiau mynd hefyd. Ond yn lle hynny, dywedodd Iesu wrtho am fynd adref a dweud wrth ei deulu gymaint roedd Duw wedi ei helpu, er nad oedd yn haeddu hynny. Ac felly, aeth atyn nhw ar ei union.

Beth fedri di ei ddweud wrth dy deulu am yr hyn mae Duw wedi ei wneud drosot ti? Meddylia dros hyn - a chofia ddweud wrthyn nhw cyn i ti agor y llyfr hwn yfory.

DARLLEN Y STORI YN MARC 5:1-20

IONAWR 18

Dy Deulu Estynedig

Dywed y Beibl, 'Gadewch i ni wneud da i bawb...ac yn enwedig i'r rhai sydd o deulu'r ffydd.'
GALATIAID 6:10

Mae Duw mor dda! Gosododd ni yn rhan o deulu, i fyw gyda'n gilydd o dan yr un to. Ond mae'n rhoi mwy na hynny hyd yn oed.

Mae Duw yn rhoi i ni deulu mwy, er mwyn i ni fod yn rhan ohono.

Mae'r teulu estynedig hwn yn ymestyn ar draws y byd. Mae pawb sy'n credu yn Iesu Grist ac yn Ei garu yn rhan o'r teulu hwn. Rwyt ti'n iawn, mae hwn yn deulu anferth! Teulu Duw, neu 'deulu'r ffydd' yw'r enw arno.

Mae Duw eisiau i ni garu pawb sy'n perthyn i'w deulu Ef. Fedri di enwi pobl eraill sy'n rhan o'r teulu mawr hwn?

Pa bethau da fedri di eu gwneud drostyn nhw?

EDRYCH AR RHUFEINIAID 12:13

IONAWR 19

Tŷ yn Llawn Trysor

Dywed y Beibl, 'Y mae llawer o gyfoeth yn nhŷ'r cyfiawn.'
DIARHEBION 15:6

Ystyr y gair 'cyfiawn' yw pobl sy'n adnabod Duw ac yn Ei garu. Maen nhw'n gwneud beth sy'n dda yng ngolwg Duw. Ac yn eu tai mae 'na nifer fawr o drysorau.

Beth yw'r trysorau hyn? Yn y tŷ arbennig hwn mae pawb yn dangos cariad tuag at ei gilydd. Mae llawer o wenu yno hefyd. Gallwn glywed pobl yn gweddïo, yn canu ac yn chwerthin yno. Mae pawb yn y tŷ yn rhannu, yn helpu ac yn cefnogi ei gilydd.

Ond y trysor mwyaf gwerthfawr sy' yno, o bell ffordd, yw hwn: mae Duw ei Hun yn byw yn y tŷ gyda nhw. Beth hoffet ti ei wneud er mwyn gwneud yn siŵr bod dy gartref di fel y tŷ hwn?

MEDDYLIA AM DIARHEBION 24:3-4

IONAWR 20

Mwy am Dai

Meddai un dyn yn y Beibl: 'Rhodiaf â chalon gywir ymysg fy nhylwyth.'
SALM 101:2

Dafydd, un o arwyr y Beibl, ysgrifennodd y geiriau hyn. Gweddi i Dduw sy' yma. Penderfynodd Dafydd y byddai'n cadw ei galon yn 'gywir' - yn ddi-euog ac yn lân yn ei dŷ, ac ymysg ei dylwyth, sef ei berthnasau. Ystyr hynny yw y byddai Dafydd bob tro'n gwneud pethau cariadus a chywir yn ei dŷ. Wrth iddo gerdded o'r naill ystafell i'r llall byddai'n meddwl pa mor dda yw Duw, a byddai'n gogoneddu Duw ac yn diolch Iddo. Dyna beth benderfynodd Dafydd ei wneud.

Hoffet ti wneud yr un peth? Os hoffet ti, d'wed hynny wrth Dduw mewn gweddi, yn union fel y gwnaeth Dafydd.

EDRYCH AR JOSUA 24:15

IONAWR 21

Tŷ Ein Tad

Meddai Iesu Grist, 'Yn nhŷ fy Nhad y mae llawer o drigfannau.'
IOAN 14:2

Mae Nefoedd Duw fel tŷ. Dywed Iesu Grist ei fod yn debyg i dŷ anferth gyda nifer fawr o ystafelloedd. Duw yw ein Tad ni yno, ac fe fydd Ef gyda'i blant am byth.

Mae'r tŷ hwn wedi bod yn eiddo i Dduw erioed, ac Ef fydd biau'r tŷ hyd ddiwedd amser. Ond oherwydd Ei fod yn ein caru, mae Ef eisiau ei rannu gyda ni. Bydd, fe fydd gyda ti dŷ i fyw ynddo am byth. Hyd yn oed pan fyddi di'n gadael y byd hwn, bydd gyda ti le i'w alw'n gartref! Ac mae tŷ Dduw yn y Nefoedd yn fwy ac yn well nag unrhyw fan arall rwyt ti wedi ei ddychmygu erioed!

DARLLEN A MWYNHA SALM 23:6

IONAWR 22

Llusern i'r Llwybr

Mae gweddi yn y Beibl yn dweud hyn: 'Y mae dy air yn llusern i'm troed, ac yn oleuni i'm llwybr.'
SALM 119:105

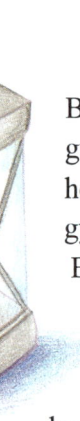

Yn yr hen ddyddiau (yn ystod amser y Beibl) roedd llusern neu lamp yn declyn gwahanol iawn i'r lampau sy'n ein tŷ ni heddiw. Dysglau o glai wedi eu llanw gydag olew oedd y lampau yr adeg honno. Byddai'r pabwyryn, oedd yn gorwedd yn y ddysgl, yn sugno'r olew. Roedd modd cynnau'r pabwyryn fel y byddwn ni'n cynnau wic cannwyll. Byddai'r lampau hynny'n gwneud yr un gwaith yn union â'n lampau ni heddiw: rhoi golau.

Mae'r Beibl hefyd fel lamp, wyddost ti. Mae'n rhoi golau i ni i'n helpu ni i fyw. Geiriau Duw yw'r Beibl. Gall goleuni Gair Duw ddangos i ni ble dylen ni fynd, beth i'w wneud a beth i'w ddweud. Cofia, mae modd i ti gynnau'r golau hwnnw bob dydd trwy wrando ar Air Duw.

EDRYCH AR OLEUNI DUW YN SALM 118:1

IONAWR 23

Boed i'ch Goleuni Lewyrchu

Meddai Iesu Grist, 'Nid yw pobl yn cynnau cannwyll ac yn ei dodi dan lestr.'
MATHEW 5:15

Na, yn union fel y dywed Iesu Grist, fyddwn ni ddim yn cynnau lamp ac yna'n ei chuddio. Byddwn ni'n ei gosod mewn man lle bydd hi'n goleuo'r ystafell gyfan.

Dywed Iesu wrthon ni hefyd am fod felly. Dylem fod fel lamp sy'n taflu ei golau ar bawb sy'n yr ystafell. A beth yw'r golau hwn sy'n gallu disgleirio ohonot ti a fi?

Dywed Iesu Grist bod ein goleuni yn llewyrchu pan fyddwn ni'n gwneud beth sy'n dda. Gall pobl weld y pethau da fyddwn ni'n wneud, a chlywed y pethau da y byddwn ni'n eu dweud. Bydd pobl yn hapus pan fyddi di'n gwneud tro da â nhw, wyddost ti. Bydd ganddyn nhw reswm da wedyn dros ddweud 'Diolch yn fawr' wrth Dduw.

EDRYCH AR OLEUNI DUW YN MATHEW 5: 14-16

IONAWR 24

O Dywyllwch i Oleuni

Gweddïodd Dafydd: 'Ti sy'n goleuo fy llusern, Arglwydd; fy Nuw sy'n troi fy nhywyllwch yn ddisglair.'
SALM 18:28

Fyddwn ni ddim yn gwybod beth i'w wneud na'i ddweud weithiau, na beth i'w feddwl chwaith. Mae hyn fel bod yn y tywyllwch.

Pan fyddi di'n teimlo felly, dyma amser da i weddïo, wyddost ti. Gallwn ofyn i Dduw roi goleuni i ni. Gallwn ofyn Iddo gynnau lamp ar ein cyfer a'i chadw i losgi. Gallwn ofyn Iddo ddangos i ni beth i'w wneud a'i ddweud, a hyd yn oed beth i'w feddwl.

Mae goleuni yn well na thywyllwch. Dydi Duw ddim eisiau i ni aros yn y tywyllwch. Mae Ef bob tro yn gwybod sut i droi ein tywyllwch yn oleuni. Felly, cofia weddïo am oleuni Duw bob dydd, er mwyn dy helpu i fyw yn iawn.

EDRYCH AR OLEUNI DUW YN IOAN 8:12

IONAWR 25

Iesu sy'n Dal yr Allweddi

Meddai Iesu Grist 'Y mae gennyf allweddau Marwolaeth a Thrigfan y Meirw.'
DATGUDDIAD 1:18

Bydd pobl yn marw yn y byd yma, wyddost ti. Pan fydd rhywun yn marw, mae'r ffrindiau oedd yn ei adnabod a'i garu yn teimlo'n ddigalon. Byddwn ni'n teimlo'n drist bod y dyn, y ddynes neu'r plentyn hwnnw wedi cael ei gymryd oddi wrthom. Mae fel pe bai'r person wedi ei gloi mewn ystafell sy'n bell i ffwrdd. Pwy sy'n medru datgloi'r drws a gadael iddo fe neu hi ddod allan? Dim ond Iesu Grist all wneud hyn, wyddost ti. Mae allwedd marwolaeth a chartref y meirw yn ddiogel gyda Iesu. Bydd Ef bob amser yn cadw drws marwolaeth *heb ei gloi* ar gyfer pob un sy'n credu ac yn caru Iesu Grist. Does dim rhaid iddyn nhw fynd i aros yng nghartref y meirw. Na, pan fydd ffrindiau Iesu Grist yn gadael y byd hwn, byddan nhw'n mynd i fyw gydag Ef. Beth am i ti ddiolch i Dduw am hyn heddiw?

GWRANDA AR IESU GRIST YN DATGUDDIAD 1:18

IONAWR 26

Allweddi'r Deyrnas

Meddai Iesu Grist, 'Rhoddaf i ti allweddau Teyrnas Nefoedd.'
MATHEW 16:19

Llefarodd Iesu Grist y geiriau hyn wrth Ei ffrindiau, y disgyblion. Addawodd y byddai'n rhoi'r allweddi iddyn nhw. Os oes allweddi gyda ti, byddi di'n gallu datgloi drysau a gadael i bobl fynd a dod drwyddyn nhw. Roedd yr allweddi roddodd Iesu Grist i'w ddisgyblion yn medru datgloi drysau'r Nefoedd. Wyddost ti beth oedd yr allweddi arbennig hyn?

Ie, *geiriau* - y geiriau oedd yn adrodd hanes Iesu Grist. Byddai'r disgyblion yn adrodd yr hanes hwn wrth bawb o'u cwmpas, ac ymhen amser ysgrifennwyd yr hanes yn ein Beibl ni. Gall pawb sy'n clywed yr hanes ac sy'n credu yn Iesu Grist fynd i'r Nefoedd, drwy ddrws sydd heb ei gloi.

Cofia ddweud 'Diolch yn fawr' wrth Iesu Grist heddiw am agor drws y Nefoedd i ti.

GWRANDA AR IESU GRIST YN MATHEW 16:19

IONAWR 27

Allwedd i Drysor

Dywed y Beibl, 'Ofn yr Arglwydd fydd dy drysor.'
ESEIA 33:6

Pan fydd Duw yn ein helpu, mae hyn fel darganfod cist yn llawn o drysor, wyddost ti. Bryd arall, pan fydd Duw yn ein dysgu ac yn dweud Ei gyfrinachau wrthon ni, bydd hyn hefyd fel darganfod cist drysor.
Sut gallwn ni agor y trysor hwn? Gallwn ei ddatgloi gydag allwedd, sy'n cael ei galw'n 'ofn yr Arglwydd' gan y Beibl. Mae ofni'r Arglwydd Dduw yn golygu ein bod ni'n cofio mor arswydus ac mor gryf yw Ef. Rydyn ni'n gwybod mor dda yw Duw. Rydyn ni eisiau i Dduw fod yn fodlon gyda ni. Dydyn ni ddim am Iddo fod yn drist neu'n ddig. Felly, byddwn ni'n ufuddhau Iddo.

Cofia - os byddi di'n gwneud beth mae Duw yn ei ddweud wrthot ti, fe ddoi di o hyd i drysor gwerthfawr.

MWYNHA DDARLLEN ESEIA 33:5-6

IONAWR 28

Drych Duw

Dywed y Beibl, 'Os yw rhywun yn wrandawr y gair, ac nid yn weithredwr, y mae'n debyg i ddyn y gweld mewn drych yr wyneb a gafodd...'
IAGO 1:23

Gair Duw yw'r Beibl ac mae Gair Duw fel drych. Pan fyddwn ni'n ei ddarllen ac yn gwrando arno, gallwn weld darlun ohonon ni'n hunain. Gallwn weld sut bobl mae Duw eisiau i ni fod a'r hyn mae Ef yn dymuno i ni ei wneud.

Cofia fod yn ddiolchgar am dy fod ti'n medru gwrando ar Air Duw. Bydd yn hapus iawn! Ond, paid anghofio bod rhaid i ni wneud *mwy* na dim ond gwrando ar Air Duw. Mae Duw am i ni fod yn ufudd i'w Air a *gweithredu*. Os na fyddwn ni'n gwneud beth mae Duw yn ei ddweud, mae hyn yn union fel troi oddi wrth y drych ac anghofio beth welson ni!

Y tro nesa' y gweli di ddrych, cofia Air Duw, a gwna yn ôl Ei Air.

DARLLEN IAGO 1:22-25

IONAWR 29

Paid Anghofio

Dywed y Beibl, '...mae'n debyg i ddyn yn gweld mewn drych yr wyneb a gafodd...'
IAGO 1:23

Wyt ti wedi clywed Gair Duw? Wyt ti wedi gwrando ar beth mae Duw yn ei ddweud yn y Beibl? Wyt ti'n gwybod beth mae Ef am i ti ei wneud?

Os wyt ti, dyma'r amser i wneud hynny. Mae Duw bob amser eisiau i ni fod yn ufudd Iddo Ef a'i Air. Bydd Duw yn dangos i ni beth sy'n rhaid i ni ei wneud. Mae hyn fel edrych mewn drych, wyddost ti.

Os gweli di'n dda, paid anghofio'r hyn mae Duw wedi'i ddweud wrthot ti. A'r ffordd orau i beidio anghofio yw mynd ymlaen a gwneud yn ôl dymuniad Duw.

Gwna beth sy'n rhaid i ti, NAWR.

DARLLEN MATHEW 4:24-27

IONAWR 30

Cofia Wneud

Dywed y Beibl, 'Fe'i gwelodd ei hun, ac yna, wedi iddo fynd i ffwrdd, anghofiodd ar unwaith pa fath ddyn ydoedd.'
IAGO 1:24

Wyddost ti sut olwg sydd arnat ti? Wrth gwrs! Rwyt ti'n gwybod oherwydd dy fod ti wedi edrych arnat ti dy hun mewn drych, ac rwyt ti'n cofio beth welaist ti.

Pan fyddwn ni'n gwrando'n astud ar Air Duw, byddwn ni'n gallu gweld lluniau yn ein meddyliau ac yn ein calonnau. Byddwn yn gweld lluniau o Dduw, a lluniau ohonon ni'n hunain a phobl eraill. Mae Duw eisiau i ni gofio'r lluniau hyn. Os byddwn ni'n ufudd ac yn gwneud fel mae Duw yn ei orchymyn, wnawn ni ddim anghofio'r lluniau hynny.

Er mwyn parhau i ddysgu pethau newydd oddi wrth Dduw, cofia wneud beth mae Duw yn ei ddweud wrthot ti. Cofia, rhaid i ni *gyd* ufuddhau i Air Duw.

DARLLEN IAGO 1:22-25 UNWAITH ETO

IONAWR 31

Chwilia dy Galon

Dywed y Beibl, 'Er i chwi ymson ar eich gwely, byddwch ddistaw.'
SALM 4:4

Pan fyddi di'n gorwedd ar dy wely, heb ddim arall ar ôl i'w wneud ond syrthio i gysgu, dyma rywbeth fedri di ei wneud: Mae'r Beibl yn ei alw'n 'ymson' - sef chwilio dy galon. Pan fyddi di'n dawel a llonydd, beth am i ti feddwl am bopeth wnest ti heddiw. Cofia'r troeon hynny pan oeddet ti'n hunanol neu'n anfoesgar, a d'wed wrth Dduw dy fod ti'n siomedig am fod mor ddrwg. Cofia bod Iesu Grist wedi marw, er mwyn cymryd y gosb am dy holl bechodau - yr holl bethau drwg y bydd pob un ohonon ni'n eu gwneud.

Cofia hefyd am yr holl bethau hynny a ddangosodd Duw i ti heddiw, a'r holl bethau ddysgodd Ef i ti. Bydd mor dawel ac mor llonydd ag y medri di …a chwilia dy galon.

MWYNHA SALM 4:8

CHWEFROR 1

Cofio yn y Gwely

Dywed y Beibl, 'Cofiaf di ar fy ngwely, a myfyrio amdanat yng ngwyliadwriaethau'r nos.'
SALM 63:6

Gyda'r nos neu ben bore, efallai, pan fyddi di'n gorwedd ar dy ben dy hun yn ddistaw bach yn dy wely - cofia nad wyt ti wir ar dy ben dy hun.

Mae Duw yn dy wylio bob awr o'r dydd a'r nos. Mae Ef yn gwybod pob dim amdanat. Mae'n gwybod am bopeth rwyt ti'n ei wneud, ei ddweud a'i feddwl pan fyddi di'n effro. A wyddost ti, mae Duw yn gwybod beth fyddi di'n freuddwydio hefyd wrth i ti gysgu.

Fydd Duw fyth yn mynd i gysgu, fel ti a fi, a fydd Ef fyth yn blino chwaith. Felly, os byddi di'n deffro ynghanol y nos, cofia dy fod ti'n medru siarad ag Ef, hyd yn oed bryd hynny. Yno, yn y tywyllwch, meddylia am Dduw, a gweddïa arno. Galw arno Ef, oherwydd mae Duw bob tro'n hoffi clywed dy lais.

DARLLEN A MWYNHA SALM 121:3-4

CHWEFROR 2

Canu yn y Gwely

Dywed y Beibl, 'Bydded i'r ffyddloniaid orfoleddu mewn gogoniant... ar eu clustogau.'
SALM 149:5

Pan fyddi di'n gorwedd ar dy wely, dy ben yn gorffwys ar y clustog a thithau'n meddwl am fynd i gysgu - wel, dyna gyfle ardderchog i ganu cân i Dduw.

Wyt ti'n gwybod rhai caneuon sy'n moli Duw? Mae'n siŵr dy fod ti. Beth am i ti eu canu i'r Arglwydd gyda dy holl galon. (Efallai y bydd rhaid i ti eu canu'n dawel, rhag ofn i ti ddeffro gweddill y teulu.) Hoffet ti gyfansoddi caneuon newydd o glod i Dduw? Mae Ef yn hoff iawn o hynny, wyddost ti. Llunia'r geiriau dy hun ac yna cana nhw. Yn dy gân, gallet ti sôn mor gryf yw Duw, ac am Ei gariad rhyfeddol.

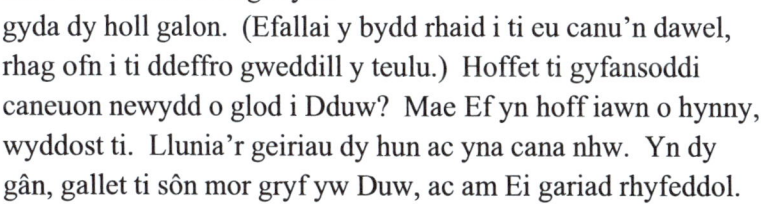

Cân dy gân i Dduw o waelod dy galon, oherwydd mae Ef yn caru clywed dy lais.

DARLLEN A MEDDYLIA AM SALM 127: 1-2

CHWEFROR 3

Dy Lygaid Mewnol

Dywed y Beibl, 'Gadewch i ninnau...gadw ein golwg ar Iesu...'
HEBREAID 12:2

Fedri di wincio dy lygaid? Medri, siŵr iawn! Rhoddodd Duw ddau lygad i ti i weld, i'w smicio ar amrantiad, ac i wincio, wrth gwrs.

Ond mae gyda ti bâr arall o lygaid, wyddost ti. Maen nhw y tu mewn i ti. Yn Effesiaid 1:18, mae'r Beibl yn eu galw yn 'llygaid eich deall'- llygaid dy galon. Rwyt ti'n gallu defnyddio'r 'llygaid mewnol' hyn er mwyn gweld beth na fedri di fyth ei weld gyda'r ddau lygad sy' o boptu dy drwyn. Gyda'r llygaid mewnol hyn mae modd i ti weld sut Un yw Duw. Gyda llygaid dy galon rwyt ti'n gallu dechrau gweld yr holl drysorau bendigedig fydd yn eiddo i ni yn y Nefoedd.

Rwyt ti dy hunan bach yn medru agor y ddau lygad sy'n cuddio dan yr amrannau 'na, pryd bynnag rwyt ti'n dymuno. Ond, cofia hyn, dim ond Duw sy'n medru agor llygaid dy galon. Gofyn iddo Ef wneud hynny nawr.

DARLLEN YN OFALUS EFFESIAID 1:18-19

CHWEFROR 4

Mae Duw yn Gweld Popeth

Dywed y Beibl, 'Y mae llygaid yr Arglwydd ym mhob man...'
DIARHEBION 15:3

Mae Duw yn medru gweld POPETH. Bydd Ef yn gweld pob dim fyddi di'n ei wneud a'i feddwl.

Wyddost ti, fedr neb ohonon ni guddio oddi wrth Dduw. Gall Duw weld trwy bob to a phob wal. Mae'n edrych drwy fynyddoedd a moroedd. Mae'n medru gweld ymhellach na'r awyr, a thu hwnt i'r holl sêr a'r tywyllwch yn y ffurfafen. Bob awr o'r dydd a'r nos, bydd Duw yn cadw llygad dros yr holl bethau a greodd. Mae Ef yn gweld ac yn gwybod am *bob dim* sy'n digwydd.

Felly, bydd yn hapus a chofia foli Duw. Rho ddiolch iddo Ef nawr am Ei fod yn Dduw mor fawr, a'i fod yn medru gweld POPETH.

BETH AM I TI DDARLLEN A MEDDWL AM HEBREAID 4:13

CHWEFROR 5

Bydd Ef yn sychu dy ddagrau

Dywed y Beibl, 'Fe sych bob deigryn o'u llygaid hwy.'
DATGUDDIAD 21:4

Pryd oedd y tro diwethaf i ti orfod sychu dy ddagrau? Wyddost ti, rhyw ddiwrnod, bydd Duw ei Hun yn sychu'n dagrau ni? Fe wnaeth Ef nefoedd newydd ar gyfer pawb sy'n credu ac yn caru Iesu Grist, ac yn y nefoedd honno bydd Ef yn byw gyda ni. Bydd Ef yn Dduw i ni. Fe wnaiff Duw sychu bob un o'n dagrau. Fydd neb yno'n marw, yn crio na byth yn cael dolur.

Wir i ti, pan ddaw'r dydd hwnnw, fe gei di weld yn fwy nag erioed mor dda yw ein Duw ni, ac mor fawr yw Ef. A'r funud hon, ie heddiw, fe elli di ddweud 'Diolch yn fawr' wrtho Ef.

DARLLEN A MWYNHA DATGUDDIAD 21: 1-4

CHWEFROR 6

Rhifwyd Pob Blewyn O Dy Wallt

Dywed Iesu Grist, 'Mae hyd yn oed pob blewyn o wallt eich pen wedi ei rifo. Peidiwch ag ofni felly...'
MATHEW 10:30-31

Wyddost ti sawl blewyn sy' ar dy ben?

Fe ŵyr Duw! Mae Ef yn gwybod popeth amdanat ti. Mae Ef yn gwybod pob peth bach a mawr amdanat ti, oherwydd Ei fod yn dy garu gymaint. Mae'n gwybod am bob breuddwyd fyddi di'n ei breuddwydio gyda'r nos, popeth rwyt ti'n boeni yn ei gylch a phob dymuniad fydd yn dy galon yn ystod y dydd. Bydd Ef yn gwybod ac yn clywed *pob un* o dy weddïau. Mae Ef hefyd yn gwybod am bob un o'r hen ofnau 'na sy' gyda ti. Ond mae Ef yn gryf ac yn ddoeth. Gall Duw ofalu am bopeth sy'n codi braw arnat. Pryd bynnag y bydd rhyw arswyd yn dy galon, d'wed wrth Dduw, ac fe fydd Ef yn gallu cael gwared arno.

Dywed Iesu Grist, 'Paid ag ofni'. Cofia hynny.

CYMER GIPOLWG AR SALM 56:3

CHWEFROR 7

Gwraig a Gafodd Faddeuant

Dywed Iesu Grist, 'Gwlychodd hi fy nhraed â'i dagrau a'u sychu â'u gwallt.'
LUC 7:44

Un tro roedd 'na ddynes a oedd wedi gwneud llawer o bethau drwg, - pethau trist a hyll. Daeth i'r tŷ lle'r oedd Iesu wedi cael ei wahodd i swper. Aeth y wraig i mewn i'r tŷ. Roedd wedi dod â phersawr hyfryd gyda hi mewn potyn. Daeth o hyd i Iesu ac fe aeth ar ei gliniau wrth Ei draed. Dyma hi'n dechrau crio. Golchodd Ei draed Ef gyda'i dagrau, sychodd nhw gyda'i gwallt, ac arllwysodd y persawr ar draed Iesu Grist.

Roedd hi'n caru Iesu gymaint, oherwydd iddo Ef faddau iddi hi am ei phechodau drwg, hyll. Gwyddai y gallai Iesu Grist ei hachub hi rhag ei holl bechodau.

Wyt ti'n gwybod bod Iesu yn gallu du achub di hefyd?

DARLLEN Y STORI YN LUC 7:36-50

CHWEFROR 8

Gweithred Hardd

Dywed y Beibl, 'A chymerodd Mair bwys o ennaint costfawr, nard pur, ac eneiniodd draed Iesu a'u sych â'i gwallt.'
IOAN 12:3

Mae'r Beibl yn sôn am wraig arall hefyd ddefnyddiodd ei gwallt i sychu traed Iesu Grist. Mair oedd enw'r wraig honno.

Unwaith eto, roedd Iesu wedi Ei wahodd i swper yn nhŷ rhywun. Roedd Mair yno hefyd. Roedd ganddi bersawr a oedd wedi costio cryn dipyn o arian. Arllwysodd Mair y persawr ar draed Iesu a'u sychu gyda'i gwallt.

Gwyddai Iesu Grist ei fod yn mynd i farw cyn bo hir. Dywedodd bod Mair yn paratoi Ei gorff ar gyfer ei gladdu. Gweithred hardd oedd hon o eiddo Mair. A nawr, pryd bynnag y bydd pobl yn adrodd y stori am Iesu, maen nhw hefyd yn sôn am yr hyn wnaeth Mair. Pa beth hardd fedri di ei wneud dros Iesu Grist?

DARLLEN Y STORI YN IOAN 12:1-11

CHWEFROR 9

Gostyngedig o Galon

Dywed Iesu Grist, '....addfwyn ydwyf a gostyngedig o galon.'
MATHEW 11:29

Dydi Iesu Grist ddim yn berson balch ac ymwthgar. Mae Ef yn dyner ac yn ostyngedig o galon. Fydd Iesu Grist fyth yn gwneud tro gwael â neb a fydd Ef fyth yn anfoesgar. Un tyner a gwylaidd o galon yw Ef bob tro.

Gall Iesu ddysgu gymaint i ni os down ni ato Ef a dysgu oddi wrtho. Mae'r gwaith fydd Ef yn ei ddysgu i ni yn waith caled, yn aml. Weithiau bydd yn brifo rhyw ychydig, hyd yn oed. Ond bydd y boen honno'n gwneud i ni deimlo'n well nes ymlaen. Mae Iesu Grist yn athro tyner, gwylaidd o galon. Fe wnaiff Iesu Grist gymaint ac sy'n bosib i dy helpu i ddysgu. Bydd yn aros wrth dy ymyl. Wnaiff Ef fyth edrych i lawr arnat ti, na gwneud sbri am dy ben.

Felly, bydd yn hapus a chofia ganu mawl i Iesu Grist, gan ddweud 'Diolch yn fawr' wrtho Ef am fod yn dyner a gwylaidd o galon.

GWRANDA AR IESU YN MATHEW 11:28-30

CHWEFROR 10

Pur o Galon

Dywed Iesu Grist 'Gwyn eu byd y rhai pur eu calon, oherwydd cânt hwy weld Duw.'
MATHEW 5:8

Dywedodd Iesu y byddi di'n hapus iawn os wyt ti'n lân y tu mewn. Os wyt ti'n lân y tu mewn, yna byddi di'n meddwl am Dduw ac am bethau da. Fyddi di ddim yn meddwl am bethau drwg. Fyddi di ddim yn poeni. Fyddi di ddim yn ofnus chwaith. Fyddi di ddim yn dal dig tuag at unrhyw un nac yn casáu neb. Na, bydd dy galon yn lân.

Oherwydd bod dy galon yn lân, yna bydd llygaid dy galon yn gweld Duw. A dyna pam y byddi di mor hapus.

GWRANDA AR IESU GRIST YN MATHEW 5:1-10

CHWEFROR 11

Dy Holl Galon

Dywed Iesu Grist, 'Câr yr Arglwydd dy Dduw â'th holl galon....'
MATHEW 22:37

Dywedodd Iesu y dylen ni garu Duw gyda phopeth sy' oddi mewn i ni. Dylai'n calon fod mor llawn o gariad tuag at Dduw - yn union fel mae'r môr yn orlawn o ddŵr.

Wyddost ti sut un wyt ti, yn ddwfn y tu mewn? Beth bynnag sy' gyda ti y tu mewn, dylet ti ddefnyddio hwnnw i gyd i garu Duw. Gwna'n siŵr dy fod ti'n caru Duw gyda dy holl galon a gyda phopeth sy'n eiddo i ti. Cofia garu Duw, drwy feddwl amdano Ef, siarad ag Ef a gwrando arno Ef.

Gan ddefnyddio'r cyfan sy' tu mewn i ti, beth fedri di wneud nawr, er mwyn medru caru Duw ychydig yn fwy? Cyn i ti agor y llyfr hwn unwaith eto 'fory, sut medri di garu Duw yn fwy?

DARLLEN A MWYNHA MATHEW 22:34-40

CHWEFROR 12

Grisiau i'r Nefoedd

Dywed y Beibl, 'Breuddwydiodd Jacob ei fod yn gweld ysgol wedi ei gosod ar y ddaear, a'i phen yn cyrraedd i'r nefoedd...'
GENESIS 28:12

Oes 'na nifer o risiau yn eich tŷ chi? Os oes, wyt ti erioed wedi eu cyfrif nhw i gyd?

Un tro mewn breuddwyd, fe welodd gŵr o'r enw Jacob nifer o risiau. Ond rwy'n siŵr na wnaeth e fyth eu cyfrif nhw i gyd, oherwydd roedden nhw'n ymestyn yr holl ffordd i'r nefoedd. Roedd Jacob wedi bod yn cerdded ar ei ben ei hun ar daith hir. Un noson, wedi i'r haul fachlud, gorweddodd Jacob ar y ddaear. Defnyddiodd garreg enfawr fel clustog. Aeth i gysgu a breuddwydio. Yn ei freuddwyd, gwelodd y grisiau'n ymestyn i fyny i'r nefoedd. Gallwn ni fod yn falch fod Iesu Grist fel y grisiau hynny, oherwydd yr IESU yw ein ffordd ni i'r nefoedd.

DARLLEN Y STORI YN GENESIS 28: 10-15

CHWEFROR 13

Addewid i Jacob

Dywed y Beibl, 'Breuddwydiodd Jacob ei fod yn gweld ysgol…. ac angylion Duw yn dringo ac yn disgyn ar hyd-ddi.'
GENESIS 28:12

Rwy'n siŵr na wnaeth Jacob fyth anghofio'i freuddwyd. Gwelodd angylion yn esgyn ac yn disgyn ar hyd y grisiau rhyfeddol hynny.

Ond roedd mwy hyd yn oed i'w freuddwyd ef. Gwelodd Jacob yr Arglwydd yn sefyll uwchlaw'r grisiau hynny. A chlywodd Jacob yr Arglwydd yn siarad. Wyddost ti, roedd gan yr Arglwydd addewid fawr i Jacob Addawodd yr Arglwydd y byddai'n cael nifer fawr o blant a lle rhyfeddol i fyw ynddo. Addawodd hefyd y byddai Ef ei hun yn edrych ar ôl Jacob a dywedodd wrtho na fyddai fyth yn ei adael.

Mae'r Arglwydd wedi addo gwylio drosot ti hefyd ac wedi dweud na wnaiff fyth dy adael. Wyt ti heddiw mor falch o hynny ag roedd Jacob ers talwm?

DARLLEN A DEALL HEBREAID 13:5-6

CHWEFROR 14

Mae'r Arglwydd Yma

Dywed y Beibl, 'Pan ddeffrôdd Jacob o'i gwsg, dywedodd, "Y mae'n sicr fod yr Arglwydd yn y lle hwn."'
GENESIS 28:16

Pan freuddwydiodd Jacob am y grisiau i'r nefoedd, daeth i ddeall yn well bod Duw yn agos iawn ato.

Deffrôdd Jacob o'i freuddwyd a dywedodd, 'Y mae'n sicr fod yr Arglwydd yn y lle hwn, ac ni wyddwn i.' Cyn iddo gael y freuddwyd arbennig hon, roedd Jacob yn meddwl ei fod ar ei ben ei hun. Nawr, fe wyddai nad oedd hynny'n wir.

Dwyt tithau fyth ar dy ben dy hun chwaith, wyddost ti. Mae Duw yno bob amser. Weithiau fyddwn ni ddim yn teimlo bod Duw yn ein hymyl. Mae angen Iesu arnom i ddod â ni yn nes at Dduw. Iesu Grist yw ein grisiau sy'n arwain at Dduw. Bydd Iesu yn ein helpu i weld a gwybod pa mor agos yw Duw atom.

DARLLEN Y STORI YN GENESIS 28:16-22

CHWEFROR 15

Daniel yn Gweddïo

Dywed y Beibl, 'Aeth Daniel i'w dŷ. Yr oedd ffenestri ei lofft yn agor i gyfeiriad Jerwsalem...'
DANIEL 6:10

Oes ffenestr yn dy 'stafell?

Yn ôl y Beibl, roedd gan Daniel nifer o ffenestri yn ei 'stafell. Roedden nhw'n wynebu i gyfeiriad Jerwsalem, dinas pobl Dduw. Fedrai Daniel ddim gweld Jerwsalem, oherwydd roedd yn rhy bell i ffwrdd. Ond gallai edrych allan o'i 'stafell a chofio gymaint roedd Duw yn caru Ei bobl. Byddai Daniel yn gweddïo dair gwaith y dydd. 'Diolch yn fawr' oedd neges Daniel wrth Dduw.

Y tro nesa' byddi di'n edrych allan drwy ffenestr, cofia am Dduw. Wrth ymyl y ffenestr, ie, yn y fan a'r lle, galli di weddïo a dweud 'Diolch yn fawr' wrth Dduw am rywbeth arbennig mae Ef wedi'i wneud drosot ti.

DARLLEN A MWYNHA DANIEL 6

CHWEFROR 16

Disgyn O Ffenest

Dywed y Beibl, 'Ac yr oedd dyn ifanc o'r enw Eutychus yn eistedd wrth y ffenestr...pan drechwyd ef yn llwyr gan gwsg.'
ACTAU 20:9

Un tro, roedd 'na ŵr ifanc o'r enw Eutychus yn eistedd ar sil ffenest. Roedd yng nghwmni Cristnogion - pobl sy'n caru Iesu Grist. Roedden nhw'n gwrando ar eu hathro, Paul. Roedd y gŵr ifanc wedi blino gymaint nes iddo syrthio i gysgu tra roedd Paul yn dysgu'r dyrfa am Dduw. Yna, wyddost ti beth ddigwyddodd? Dyma Eutychus yn disgyn drwy'r ffenestr!

Rhuthrodd pawb i lawr y grisiau ac allan o'r tŷ. Roedd y gŵr ifanc druan wedi marw. Ond gosododd Paul ei freichiau amdano. Daeth Eutychus yn fyw unwaith eto! Roedd ei ffrindiau mor falch.

Gall Duw ein helpu, hyd yn oed pan fyddwn ni'n cael damwain ddifrifol. Beth am i ti ddweud 'Diolch yn fawr' wrth Dduw am ein cadw ni'n fyw.

DARLLEN Y STORI YN ACTAU 20:7-12

CHWEFROR 17

Trwy'r Ffenestr

Dywed y Beibl, 'Yna gollyngodd Rahab hwy i lawr drwy'r ffenestr ar raff...'
JOSUA 2:15

Mae stori arall am ffenestr yn y Beibl.

Un tro, roedd 'na wraig o'r enw Rahab. Roedd hi'n credu yn Nuw. Ond roedd hi'n byw yn Jerico, dinas lle roedd y bobl yn elynion i Dduw. Pan ddaeth dau o ddynion Duw i Jerico, fe fu Rahab yn dda wrthyn nhw. Gadawodd iddyn nhw guddio yn ei thŷ, fel na fyddai gelynion Duw yn dod o hyd iddyn nhw. Pan oedd hi'n bryd i'r dynion fynd, defnyddiodd Rahab raff i'w gollwng nhw allan drwy ffenestr yn ei thŷ. Dihangodd y ddau ddyn oddi wrth elynion Duw.

Gwraid ddewr oedd Rahab. Y tro nesaf y gweli di ffenestr, cofia mor ddewr fuodd Rahab dros Dduw.

DARLLEN Y STORI YN JOSUA 2:1-15

CHWEFROR 18

Ail-adeiladu'r Muriau

Yn y Beibl, dywed Nehemeia, 'Mae Jerwsalem yn adfeilion a'i phyrth wedi eu llosgi â thân; dewch, adeiladwn fur Jerwsalem...'
NEHEMEIA 2:17

Flynyddoedd maith yn ôl, yn amser y Beibl, roedd gan ddinasoedd waliau cerrig o'u cwmpas. Roedd y muriau yno er mwyn diogelu'r bobl. Byddai'r muriau yn cadw'r gelynion i ffwrdd.

Jerwsalem oedd dinas y bobl roedd Duw wedi eu dewis Iddo'i Hun. Ond pan fuodd pobl Dduw yn anufudd Iddo, gadawodd Duw i'r gelyn ddymchwel muriau'r ddinas. Gwnaeth Duw hyn er mwyn cosbi Ei bobl. Pan oedd y gosb drosodd, anfonodd Duw ddyn o'r enw Nehemeia i helpu'r bobl ail-godi waliau Jerwsalem. Gweithiodd Nehemeia yn galed iawn, a'r bobl hefyd. Llwyddon nhw i ail-adeiladu'r muriau yn rhyfeddol o gyflym.

Pa waith mae Duw eisiau i ti ei wneud - a hynny'n fuan? Wyt ti'n medru gweithio'n galed, yn union fel y gwnaeth Nehemeia?

DARLLEN NEHEMEIA 4:6 A 6:15-16

CHWEFROR 19

Muriau wedi eu Dymchwel

Dywed y Beibl, 'Fel dinas wedi ei bylchu a heb fur, felly y mae dyn sy'n methu rheoli ei dymer.'
DIARHEBION 25:28

Yn yr hen ddyddiau, pan fyddai muriau dinas wedi syrthio, byddai'r gelyn yn medru dod i mewn gan ddwyn a niweidio.

Weithiau, byddwn ninnau fel dinas sydd â'i muriau wedi'u dymchwel. Dywed y Beibl ein bod ni fel hynny pan na fydd gyda ni hunan-reolaeth. Ystyr 'hunan-reolaeth' yw bod yn ofalus ohonon ni'n hunain. Rhaid i ni ddweud NA wrth y pethau hynny sydd o ddim lles i ni. Cofia, paid â gadael i ti dy hun wneud beth rwyt ti'n wybod sy'n ddrwg.

Os nad oes hunan-reolaeth gyda ti, gall dy elyn - y Diafol - ddod i mewn, er mwyn dwyn a niweidio'r pethau da sy' yn dy galon. Gofyn i Dduw nawr mewn gweddi i dy helpu di i fod yn ddewr. Gofyn iddo roi i ti hunan-reolaeth.

MEDDYLIA AM GALATIAID 5:22-23

CHWEFROR 20

Muriau Newydd Sbon

Dywed y Beibl, 'Y ddinas sanctaidd…yr oedd iddi fur mawr ac uchel…'
DATGUDDIAD 21:10-12

Rhyw ddydd, bydd dinas newydd sanctaidd - Jerwsalem newydd - yn llawn o ogoniant Duw, yn disgyn o'r nefoedd. Bydd popeth yno'n newydd sbon danlli.

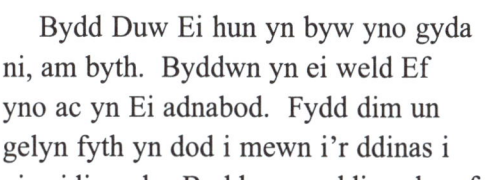

Bydd Duw Ei hun yn byw yno gyda ni, am byth. Byddwn yn ei weld Ef yno ac yn Ei adnabod. Fydd dim un gelyn fyth yn dod i mewn i'r ddinas i niweidio neb. Bydd gan y ddinas hon furiau rhyfeddol o'i hamgylch. Byddan nhw'n dalach ac yn fwy trwchus nag unrhyw furiau a welaist ti erioed. Muriau lliwgar, llachar fyddan nhw a bydd eu golau i gyd yn dod oddi wrth Dduw. Bydd y waliau'n disgleirio, yn union fel y mae Duw'n disgleirio. A byddan nhw'n bur a glân, yn yr un modd ag mae Duw yn sanctaidd, pur a glân.

Felly, bydd yn hapus, a chofia foli Duw am y ddinas hon.

DARLLEN A MWYNHA DATGUDDIAD 21:10-12

CHWEFROR 21

Olwynion Angylion

Dywed y Beibl, 'Yr oedd ysbryd y creaduriaid yn yr olwynion.'
ESECIEL 1:20

Wyt ti'n medru gweld olwynion o ble rwyt ti'n eistedd nawr? Sawl un fedri di weld?

Un tro, fe agorodd Duw'r nefoedd a gadael i ddyn o'r enw Eseciel sbecian i mewn. Gwelodd Eseciel dân a mellt yno. Gwelodd olwynion hefyd.

Doedd yr olwynion hyn ddim yn debyg i unrhyw olwynion rwyt ti a fi wedi'u gweld. Roedd pob un o'r olwynion wrth ymyl pedwar anifail oedd yn debyg i angylion. Pan fyddai'r angylion yn symud byddai'r olwynion yn troi hefyd. Disgleiriai'r olwynion gan gadw sŵn rhyfeddol. Oes yn wir, mae 'na lawer o sŵn a golau a symud yn y nefoedd. Y tro nesa' byddi di'n gweld olwyn, cofia'r olwynion disglair welodd Eseciel. A rho ddiolch i Dduw bod Ei nefoedd Ef hefyd yn lle mor fyw a diddorol.

DARLLEN ESECIEL 1:15-21

CHWEFROR 22

Olwynion Gorsedd

Dywed y Beibl, 'Yr oedd ei orsedd yn fflamau o dân a'i holwynion yn dân crasboeth.'
DANIEL 7:9

Yn union fel Eseciel gynt, cafodd dyn arall o'r enw Daniel gipolwg i mewn i'r nefoedd. Do, fe welodd yntau olwynion, hefyd.

Roedd yr olwynion welodd Daniel wedi'u cysylltu wrth orsedd. Ar yr orsedd hon, roedd Duw Ei Hun yn eistedd. Roedd yr orsedd ar dân, ac roedd yr olwynion hefyd yn llosgi'n fflamau. O'r orsedd llifai afon o dân. Mae tân Duw yn dân sy'n symud, fel tân ar olwynion. Bydd fflamau Duw yn llosgi popeth sy'n ddrwg ac anghyfiawn.

Beth am i ti roi diolch i Dduw am yr olwynion tân sy' wrth Ei orsedd Ef. Paid fyth anghofio'r tân sy'n troi o gwmpas Duw yn y nefoedd.

DARLLEN DANIEL 7:9-10

CHWEFROR 23

Olwynion Cerbyd Rhyfel

Dywed y Beibl, 'Daliodd hwy trwy gloi olwynion eu cerbydau ...'
EXODUS 14:25

Wyddost ti bod Duw yn gwybod popeth am olwynion?

Un tro, yn ôl y Beibl, roedd gelynion pobl Dduw yn eu dilyn a'u hymlid. Pharo a'i filwyr o'r Aifft oedd y gelynion. Agorodd Duw y môr fel bod Ei bobl yn medru croesi i'r lan arall. Dilynodd milwyr yr Eifftwyr bobl Dduw i ganol y môr. Roedden nhw'n gyrru cerbydau rhyfel oedd yn cael eu tynnu gan geffylau. Ond parodd Duw bod olwynion y cerbydau'n cloi ac felly'n methu symud. Nawr fe wyddai milwyr yr Aifft eu bod nhw mewn trafferth mawr! Yn sydyn, dyma donnau'r môr yn llifo'n ôl drostyn nhw. Boddwyd pob un o'r milwyr a'u ceffylau.

Y tro nesa' gweli di olwyn, cofia gymaint mae Duw yn ei wneud i achub Ei bobl.

DARLLEN Y STORI YN EXODUS 14:21-31

CHWEFROR 24

Gwregys Duw

Dywed Duw, 'Oherwydd fel y gafael gwregys am lwynau gŵr, felly y perais i holl dŷ Israel ...afael ynof fi.'
JEREMEIA 13:11

Pobl Israel oedd y bobl gyntaf i gael eu dewis gan Dduw.

Dewisodd Duw bobl Israel fel Ei bobl arbennig Ef. Rhain oedd y cyntaf i fedru dweud, 'Rydyn ni'n eiddo i Dduw.' Tynnodd Duw nhw'n agos ato Ef, yn union fel bydd dyn yn lapio gwregys yn dynn am ei ganol. Roedd pobl Dduw i aros gydag Ef, a bod gydag Ef am byth.

Heddiw, mae pawb sy'n credu yn Iesu Grist ac yn Ei garu yn rhan o deulu Duw. Rydyn ni fel gwregys o gwmpas canol Duw. Rydyn ni i aros a bod gydag Ef am byth.

DARLLEN 1 PEDR 2:9-10

CHWEFROR 25

Gwregys Iesu Grist

Dywed y Beibl am Iesu, 'Cyfiawnder fydd gwregys ei lwynau a ffyddlondeb yn rhwymyn am ei ganol.'
ESEIA 11:5

Ysgrifennwyd y geiriau hyn am Iesu gan ddyn o'r enw Eseia oedd yn byw amser maith yn ôl. Flynyddoedd lawer cyn i Iesu gael Ei eni ym Methlehem, dangosodd Duw i Eseia sut berson fyddai Iesu. Felly, aeth Eseia ati i ysgrifennu am yr hyn a ddangoswyd iddo gan Duw. Ac rydyn ni heddiw'n medru darllen y geiriau hynny a'u mwynhau.

Dangosodd Duw i Eseia y byddai Iesu Grist yn gyfiawn. Ystyr cyfiawn yw 'gwneud beth sy'n iawn'. Bydd Iesu bob tro'n gwneud beth sy'n iawn. Dydi Iesu fyth heb gyfiawnder. Bydd yn ei wisgo fel gwregys o gwmpas ei ganol.

Beth am i ti, nawr, ddweud 'Diolch yn fawr' wrth Iesu am ei fod Ef bob amser yn gyfiawn.

EDRYCH AR SALM 119:137

CHWEFROR 26

Ein Gwregys Ni

Dywed y Beibl, 'Safwch, ynteu, â gwirionedd yn wregys am eich canol...'
EFFESIAID 6:14

Dylen ni ddweud y gwir bob amser. Dylai'r gwir fod gyda ni drwy'r amser. Dylai fod fel gwregys o gwmpas ein canol - gwregys na fyddwn ni fyth yn ei dynnu i ffwrdd. Dyna sut mae Duw eisiau i bethau fod. Dymuniad Duw yw bod pob un o'i blant yn dweud y gwir bob tro.

Os na fyddwn ni'n dweud celwydd, yna byddwn ni'n gryfach. Byddwn ni'n medru sefyll a bod yn gryf fel milwyr dros Dduw. Wyt ti erioed wedi dweud celwydd wrth rywun? Os do, yna rhaid i ti fynd yn ôl at y person hwnnw nawr a dweud y gwir. D'wed na ddylet ti fod wedi dweud y celwydd o gwbl. D'wed dy fod ti'n flin.

Cofia ddweud y GWIR bob tro.

DARLLEN COLOSIAID 3:9-10 YN OFALUS

Lle ar Gyfer dy Orau

Dywed y Beibl, 'Yna adeiladodd Noa allor i'r Arglwydd...'
GENESIS 8:20

Yng nghyfnod y Beibl, byddai dynion yn codi allorau. Allorau o gerrig oedden nhw, fel arfer. Yn y mannau hyn byddai pobl Dduw'n medru rhoi anrhegion Iddo. Bydden nhw'n cyflwyno'r bwyd a'r anifeiliaid gorau oedd gyda nhw iddo Ef. Gosodai'r bobl y pethau da hyn ar yr allor. Bydden nhw'n rhoi o'u gorau i Dduw.

Rwyt tithau hefyd yn gallu rhoi o dy orau i Dduw, wyddost ti. Pan fyddi di'n cofio dweud 'Diolch yn fawr' wrth Dduw am bopeth mae Ef wedi ei roi i ti, rwyt ti'n rhoi anrheg arbennig i Dduw. Pan fyddi di'n gwneud dy orau i helpu rhywun ac i rannu popeth sy' gyda ti, dyna anrheg arall hyfryd i Dduw.

Beth fedri di ei roi i Dduw?

EDRYCH AR EXODUS 20:24

CHWEFROR 28

Gwell Allor

Dywed y Beibl, 'Y mae gennym ni allor…'
HEBREAID 13:10

Adeiladwyd nifer fawr o allorau gan arwyr cyfnod y Beibl. Adeiladodd Noa allor wedi iddo adael yr arch. Adeiladwyd allorau hefyd gan Abraham yn y mannau hynny lle roedd Duw wedi siarad ag ef. Cododd Jacob allor yn y fan lle breuddwydiodd am y grisiau a arweiniai i'r nefoedd.

Lluniodd Solomon allor o aur ar gyfer y deml. Adeiladwyd allorau gan Isaac, Moses, Joshua, Gideon, Dafydd ac Eleias hefyd. Ond mae gyda ni allor llawer gwell nag unrhyw un o'r rhain, wyddost ti. Mae ein hallor ni yn y nefoedd. Dyma ble mae Duw bob tro'n cofio sut y bu Ei fab, Iesu Grist farw drosot ti a fi. Felly, cofia fod yn hapus a dweud 'Diolch yn fawr' wrth Dduw am yr allor hon.

DARLLEN HEBREAID 13:10-13

CHWEFROR 29

Gwna Hyn yn Gyntaf

Dywed Iesu, 'Gad dy offrwm yno o flaen yr allor, a dos ymaith; myn gymod yn gyntaf â'th frawd.'
MATHEW 5:24

Gall allor fod yn unrhyw fan lle rwyt ti'n treulio amser yn gweddïo ar Dduw. Gall allor fod yn fan lle byddi di'n dweud wrth Dduw dy fod ti'n eiddo Iddo Ef, a bod dy 'stafell, dy deganau, dy ddillad, dy arian a phopeth sy' gyda ti hefyd yn eiddo Iddo.

Ond, dychmyga dy fod ti'n dweud hyn i gyd wrth Dduw - ac yn sydyn rwyt ti'n cofio bod dy frawd neu dy chwaer yn flin gyda ti. Yna, rhaid i ti fynd ar unwaith at dy frawd a dy chwaer a dweud y gwir. D'wed ei bod hi'n ddrwg gyda ti am beth wnest ti a dy fod ti eisiau i bob un ohonoch chi fod yn ffrindiau.

GWRANDA AR IESU GRIST YN MATHEW 5:23-24

MAWRTH 1

Llais o'r Cwmwl

Dywed y Beibl, 'Dyma...lais o'r cwmwl yn dweud, "Hwn yw fy Mab, yr Anwylyd.'
MATHEW 17:5

Welaist ti gymylau yn yr awyr heddiw? Os do, oedden nhw'n rhai gloyw a gwyn, neu'n rhai tywyll a llwydaidd?

Un tro, disgynnodd cwmwl gloyw ar fynydd lle roedd Iesu yn gweddïo. Roedd hwn yn gwmwl mwy disglair na'r un cwmwl rwyt ti a fi erioed wedi ei weld. Ar y mynydd gyda thri o'i gyfeillion roedd Iesu. Tra'u bod nhw yno, dechreuodd wyneb Iesu ddisgleirio fel yr haul. Trôdd Ei ddillad mor loyw â'r eira. Yna, clywyd llais Duw yn atseinio o'r cwmwl. Dywedodd Duw mai Iesu yw Ei Fab. Cyhoeddodd Duw Ei fod yn caru Iesu. A gorchmynnodd Duw, 'Gwrandewch arno Ef!'. Mae Duw am i ni wrando'n ofalus ar bopeth sy' gan Iesu i'w ddweud.

DARLLEN Y STORI YN MATHEW 17:1-8

MAWRTH 2

I Fyny i'r Cymylau

Dywed y Beibl, 'Byddwn ni...yn cael ein cipio i fyny ...yn y cymylau, i gyfarfod â'r Arglwydd yn yr awyr.'
1 THESALONIAID 4:17

Rhyw ddydd, byddi di a fi yn mynd i fyny i'r cymylau. Ond fyddwn ni ddim mewn awyren neu helicopter. Na, bydd Duw Ei Hun yn ein codi i fyny i'r awyr.

Bydd pawb sy'n credu yn Iesu yn esgyn i'r cymylau gyda'i gilydd, er mwyn cyfarfod ag Ef yno. Addawodd i ni y bydd hyn yn digwydd. Pryd fydd hyn yn digwydd? Wyddon ni ddim! Cyn i ti fynd i gysgu heno, efallai. Neu efallai bydd yn digwydd wedi i ti dyfu'n fawr. Ond rydyn ni'n gwybod i sicrwydd y bydd hyn yn digwydd ryw ddydd, oherwydd dyna addawodd Duw.

Felly, - os digwydd hyn cyn i ti gau'r llyfr hwn, hyd yn oed - wyt ti'n barod?

DARLLEN 1 THESALONIAID 4:15-18

MAWRTH 3

Yn Dod ar y Cymylau

Dywed y Beibl, 'Wele, y mae'n dyfod gyda'r cymylau, a bydd pob llygad yn ei weld...'
DATGUDDIAD 1:7

Dylen ni fod bob amser yn barod ac yn disgwyl am weld Iesu Grist yn dod yn ôl i'r byd, meddai'r Beibl.

Un diwrnod, yn fuan efallai, byddwn yn ei weld Ef yno, yn y cymylau. Cyn bo hir, byddwn ni'n dweud wrth ein gilydd, 'Edrych! Rwy'n Ei weld Ef!'. A byddwn ni'n clywed pawb o'n cwmpas yn ateb 'Ydw! Rwy' innau'n Ei weld Ef hefyd!' Pan fyddwn ni'n gweld Iesu, byddwn ni'n gwybod i sicrwydd mai dyna pwy yw Ef.

Bydd y bobl sy' ddim yn caru Iesu yn ofni'n fawr pan welan nhw Ef, oherwydd bydd Iesu yn eu cosbi. Ond bydd pawb ohonon ni sy'n credu yn Iesu Grist ac yn Ei garu, yn hapus iawn.

DARLLEN DATGUDDIAD 1:7-8

MAWRTH 4

Y Ffordd Sanctaidd

Dywed Duw, 'Yno bydd priffordd…, a gelwir hi yn Ffordd Sanctaidd.'
ESEIA 35:8

Wyddost ti fod 'na ffordd sy'n unig ar gyfer pobl sy'n credu yn Iesu ac yn Ei garu? Mae hon yn ffordd dda ac yn briffordd esmwyth. 'Y Ffordd Sanctaidd' yw'r enw arni yn ôl y Beibl.

Byddwn ni'n ddiogel bob amser wrth i ni gerdded ar hyd y ffordd hon. Fydd dim un anifail gwyllt yn medru ymosod arnon ni. Bydd pawb sy'n teithio ar hyd y ffordd hon yn canu ac fe fyddan nhw'n llawen. Po fwyaf byddwn ni'n teithio ar hyd y ffordd hon, mwyaf hapus yn y byd fyddwn ni. A byddwn ni'n canu mwy hefyd!

Mae'r ffordd hon yn ein harwain i Ddinas Duw a'i bobl Ef. Pan gyrhaeddwn ni yno, byddwn ni'n hapusach nag y buon ni erioed o'r blaen.

MWYNHA DDARLLEN ESEIA 35:8-10

MAWRTH 5

Y Ffordd i Emaus

Dywed y Beibl, 'Meddent wrth ei gilydd, "Onid oedd ein calonnau ar dân ynom wrth iddo siarad â ni ar y ffordd?'
LUC 24:32

Un tro, cerddai dau ddyn ar hyd ffordd arbennig. Roedden nhw'n teithio o Jerwsalem i ddinas fechan o'r enw Emaus. Roedden nhw'n teimlo'n drist iawn.

Daeth Dyn arall, oedd yn eu dilyn, ymlaen atyn nhw. Dechreuodd gyd-gerdded a siarad â nhw. Roedd y Dyn hwn yn gwybod holl eiriau'r Beibl. Dechreuodd siarad am y geiriau hynny. Esboniodd sut roedd geiriau'r Beibl i gyd yn sôn am Iesu. Doedd y ddau ddyn cyntaf ddim yn drist rhagor. Roedden nhw'n falch ac yn teimlo'n gyffrous. Pan gyrhaeddon nhw Emaus, aeth y tri i mewn i dŷ. Yn sydyn, sylweddolodd y ddau pwy oedd y Dyn arall. Iesu Grist Ei Hun oedd y Dyn!

Fyddi di'n teimlo'n gyffrous pan wyt ti'n clywed beth sydd gan y Beibl i'w ddweud am Iesu?

DARLLEN Y STORI YN LUC 24:13-35

MAWRTH 6

Y Ffordd Gul

Dywed Iesu Grist, 'Cul yw'r ffordd sy'n arwain i fywyd.'
MATHEW 7:13

Mae Iesu yn cerdded ar hyd ffordd, ac mae Ef eisiau i ni gyd-gerdded gydag Ef. Ond 'dyw'r ffordd hon ddim yn llydan. A 'dyw'r ffordd hon ddim yn hawdd i'w cherdded, chwaith. Gall creigiau ddisgyn oddi ar y llethrau serth gerllaw. Neu gallwn ni lithro a syrthio i mewn i'r ffos ddofn sy'n rhedeg yn ein hymyl.

Felly, pam ddylen ni gymryd ffordd mor beryglus? Y rheswm cyntaf yw bod y ffordd hon yn arwain i'r bywyd! Mae hon yn ein harwain at bopeth sy'n wironeddol dda a byw.

Yr ail reswm (a dyma'r rheswm gorau oll) yw bod Iesu Grist Ei Hun gyda ni'r holl ffordd ar y daith. Ac rydyn ni eisiau mynd i'r un man ag mae Iesu'n mynd.

MWYNHA DDARLLEN MATHEW 7:12-14

MAWRTH 7

Oen Duw

Dywed y Beibl, 'Dyma Oen Duw!'
IOAN 1:29

Un tro roedd nifer o bobl gyda'i gilydd yn ymyl afon. Dyma Iesu Grist yn cerdded tuag atyn nhw. Felly, aeth dyn o'r enw Ioan ati i dynnu sylw pawb. Pwyntiodd tuag at Iesu a dweud, 'Dyma Oen Duw, sy'n cymryd ymaith bechodau'r byd!'

Pam galwodd Ioan Iesu Grist yn Oen Duw? Rwyt ti wedi gweld oen, on'd wyt ti? 'Dyw oen ddim yn greadur gwyllt nac yn gwneud tro drwg â neb. Mae oen yn anifail tyner a distaw.

'Dyw Iesu ddim yn gwneud tro drwg â neb a 'dyw Ef ddim yn wyllt, chwaith. Mae Ef yn ein trin mor dyner. Bydd yn siarad yn ddistaw â ni. A bydd yn cymryd ymaith ein pechodau - yr holl bethau drwg ac anghywir fyddwn ni'n eu gwneud mor aml.

EDRYCHWCH GYDA'CH GILYDD AR IOAN 1:28-34

MAWRTH 8

Yr Oen Gorau

Dywed y Beibl, '...â gwaed gwerthfawr Un oedd fel oen di-fai a di-nam.'
1PEDR 1:19

Yn nyddiau'r Beibl, byddai pobl yn cyflwyno eu hŵyn gorau i Dduw. Roedd rhaid bod yr ŵyn hyn yn berffaith iach. Fedren nhw ddim rhoi ŵyn gwael neu ŵyn oedd â rhywbeth yn bod arnyn nhw. Byddai'r ŵyn yn cael eu lladd gyda chyllell, ac fe fydden nhw'n gwaedu. Roedd hyn yn dangos rhywbeth pwysig iawn i bobl Dduw. All Duw ddim maddau ein pechodau os nad oes Rhywun yn gwaedu ac yn marw.

Iesu Grist yw'r Oen a waedodd ac a fu farw drosom ni. Fuodd dim byd erioed o'i le ar Iesu. A wnaeth Ef erioed bechu. Ef, felly, oedd yr Oen a waedodd ac a fu farw drosot ti a fi. Byd yn hapus, a chofia ddweud 'Diolch yn fawr' wrth Iesu Grist am farw yn dy le di, a chymryd y gosb am dy bechodau.

DARLLENWCH GYDA'CH GILYDD 1 PEDR 1:18-21

MAWRTH 9

Swper yr Oen

Dywed y Beibl, 'Gwyn eu byd y rhai sydd wedi eu gwahodd i wledd briodas yr Oen!'
DATGUDDIAD 19:9

Iesu Grist yw Oen Duw. Rhyw ddydd byddwn ni'n gweld Oen Duw ac yn Ei adnabod Ef. Fe gawn ni fod gydag Oen Duw yn y nefoedd. Bydd yr Oen fel lamp yn y ddinas. Iesu, yr Oen fydd yn rhoi golau i ni. Yn y nefoedd bydd pawb yn canu clodydd yr Oen. Byddwn yn ymgrymu o'i flaen Ef ac yn Ei foli. Bydd Oen Duw mor rhyfeddol ac mor wych yn ein golwg, fel y byddwn ni eisiau dweud pethau da amdano drwy'r amser. Fe gawn ni ginio anferth gyda Iesu. Bydd y pryd hwn fel parti a bydd pawb yn falch o gael bod yno. Beth am i ti ddweud 'Diolch yn fawr' wrth Iesu nawr, am iddo dy wahodd di i'w barti bendigedig Ef.

MWYNHA DDARLLEN DATGUDDIAD 19:6-9

MAWRTH 10

Bysedd ar Gyfer Brwydr

Dywed y Beibl, 'Bendigedig yw yr Arglwydd...ef sy'n dysgu i'm dwylo ymladd.'
SALM 144:1

Roedd Dafydd yn hoff o foli Duw, oherwydd dangosodd Duw iddo sut i fod yn filwr da. Dysgodd Duw fysedd Dafydd sut i ddefnyddio cleddyf a gwaywffon, bwa a saeth. Daeth Dafydd yn arweinydd ar filwyr Duw wrth iddyn nhw fynd i'r frwydr yn erbyn Ei elynion.

Bydd Duw hefyd yn barod i hyfforddi dy fysedd di, i wneud y gwaith sydd ganddo Ef ar dy gyfer.

Felly, bydd yn hapus, a chofia foli Duw. Gogonedda Ef a rho ddiolch Iddo, oherwydd bydd Duw yn dysgu i ti bopeth fydd arnat ti angen ei wybod, er mwyn i ti fedru gwneud y gwaith sydd ganddo Ef ar dy gyfer.

DARLLENWCH GYDA'CH GILYDD SALM 18:32-34

MAWRTH 11

Bysedd ar Waith

*Dywed y Beibl, 'Dygasant ato ddyn byddar ....;
rhoes Iesu ei fysedd yn ei glustiau.'*
MARC 7:33

Un tro, daeth criw o bobl â dyn at Iesu. 'Fedrai'r dyn, druan, ddim clywed y mymryn lleiaf o sŵn. A phan fyddai e'n siarad, doedd neb yn ei ddeall.

Erfyniodd ei ffrindiau ar Iesu i gyffwrdd â'r dyn mud a byddar. Felly, aeth Iesu â'r dyn i gornel dawel, ar ei ben ei hun. Dangosodd Iesu i'r dyn beth roedd Ef ar fin ei wneud. Gosododd Iesu Grist Ei fysedd yng nghlustiau'r dyn. Cyffyrddodd hefyd â'i dafod fud. Yna edrychodd Iesu i fyny at Dduw. Dywedodd, 'Agorer di.' Yn sydyn, gallai'r dyn glywed popeth! Nawr, pan siaradai, roedd pawb yn medru ei ddeall! Felly, bydd yn hapus, a chofia foli Iesu, oherwydd mae pob dim mae Ef yn ei wneud mor wych.

DARLLEN Y STORI YN MARC 7:31-37

MAWRTH 12

Ysgrifennu yn y Baw

Dywed y Beibl, 'Plygodd Iesu i lawr ac ysgrifennu ar y llawr â'i fys.'
IOAN 8:6

Wyt ti erioed wedi defnyddio dy fys i dynnu lluniau neu lythrennau yn y baw? Gwnaeth Iesu hynny un diwrnod pan ddaeth nifer o ddynion ato. Daethon nhw â gwraig oedd wedi gwneud rhywbeth mawr o'i le gyda nhw. Roedd y dynion eisiau taflu cerrig ati hi. Gwyddai Iesu bod y dynion hyn yn ymddwyn yn ddrwg. Felly, dechreuodd siarad â nhw. Yna, plygodd i lawr ac ysgrifennodd yn y baw. Pan gododd Ei ben i edrych, roedd yr holl ddynion drwg wedi diflannu. Edrychodd Iesu wedyn ar y wraig, a dywedodd wrthi am roi'r gorau i wneud y pethau drwg hynny.

Y tro nesaf byddi di'n ysgrifennu gyda dy fys yn y baw, cofia pa mor dda yw Iesu wrth bawb.

DARLLEN Y STORI YN IOAN 8;1-11

MAWRTH 13

Bydd Pob Glin Yn Plygu

Dywed y Beibl, '....fel wrth enw Iesu y plygai pob glin ...'
PHILIPIAID 2:10

Yn yr hen ddyddiau, byddai pobl yn aml yn penlinio pan welen nhw un oedd yn frenin neu'n arweinydd arnyn nhw. Dyma'u ffordd nhw o ddangos bod y person hwn yn gryf ac yn medru eu trin fel y mynnai.

Mae 'na lawer o bobl heddiw sy'n gwrthod dweud bod Iesu yn Frenin, yn Arweinydd ac yn Arglwydd arnyn nhw. Dydyn nhw ddim eisiau credu Ei fod Ef yn gallu gwneud fel mae'n dymuno â nhw. Ond un diwrnod, bydd rhaid iddyn nhw gydnabod pwy yw Iesu. Bydd rhaid iddyn nhw benlinio a chydnabod bod Iesu yn Arglwydd, p'un ai os ydyn nhw'n hoffi hynny neu beidio.

Ond rwyt ti a fi yn falch fod Iesu yn Frenin ac yn Arglwydd arnon ni. Felly, gâd i ni fynd ar ein gliniau'n llawen er mwyn dweud hynny wrtho Ef!

DARLLEN A CHOFIA PHILIPIAID 2:8-11

MAWRTH 14

Ar ein Gliniau

Dywed y Beibl, ' ...trodd Pedr....a phenliniodd a gweddïo.'
ACTAU 9:40

Un o'r rhesymau pam y rhoddodd Duw bengliniau i ni yw er mwyn i ni benlinio arnyn nhw wrth weddïo. Dyma ffordd dda i ni ddangos Ei fod Ef yn Frenin, yn Arglwydd ac yn Arweinydd arnom. Dyma ffordd dda i ni ddweud wrtho Ef y gall Duw wneud fel mae'n dymuno â ni.

Pan fyddwn ni'n penlinio, gallwn ddweud wrth Dduw ei fod Ef gymaint yn fwy a chymaint yn well na ni.

Felly, pan wyt ti'n teimlo fel penlinio, er mwyn dangos y pethau hyn i Dduw, gwna hynny'n llawen. Bydd yn hapus ar dy benliniau o flaen dy Frenin a dy Arglwydd.

DARLLEN A MWYNHA SALM 95:6-7

MAWRTH 15

Dymuniad Iesu

Dywed y Beibl, 'Daeth dyn gwahanglwyfus ato ac erfyn arno ar ei liniau a dweud...'
MARC 1:40

Un tro, daeth dyn sâl at Iesu. Roedd gwahanglwyf arno. Roedd y clefyd ofnadwy hwn wedi peri i'w groen fynd yn hyll, a doedd neb eisiau cyffwrdd ag ef. Credai pawb ei fod yn ddyn budr ofnadwy.

Syrthiodd y dyn ar ei bengliniau yn union o flaen Iesu. Gwyddai'r dyn bod Iesu yn llawer gwell nag ef. Gwyddai hefyd y gallai Iesu wneud beth a ddymunai gydag e. Dywedodd wrth Iesu, 'Os mynni, gelli fy nglanhau.' Estynnodd Iesu Ei law a chyffyrddodd yn y dyn sâl. Dywedodd Iesu wrtho, 'Rwyf yn mynnu. Glanhaer di!' Diflannodd clefyd hyll y dyn ar unwaith.

Felly, bydd yn hapus a chofia foli a diolch i Iesu am ei fod yn gallu gwneud hyn.

DARLLEN Y STORI YN MARC 1:40-42

MARWTH 16

Coed Palmwydd

Dywed y Beibl, 'Cerfiodd holl barwydydd y gafell...â lluniau ceriwbiaid a phalmwydd a blodau agored.'
1 BRENHINOEDD 6:29

Yn y Beibl cawn hanes am sut yr adeiladodd pobl Dduw adeilad hardd. Y deml oedd yr enw arno. Yma, byddai'r bobl yn dod i gwrdd â Duw.

Dywedodd Duw wrth Dafydd sut oedd mynd ati i'w adeiladu. Yna, flynyddoedd yn ddiweddarach, adeiladodd Solomon y deml yn Jerwsalem. Roedd waliau'r deml ar y tu mewn wedi eu haddurno â lluniau. Lluniau o angylion, blodau a choed palmwydd oedden nhw. Y palmwydd oedd y coed harddaf yng ngwlad pobl Dduw, wyddost ti.

Addurnwyd y deml mor hardd, oherwydd bod Duw yn wych a hardd. Pan fyddi di'n gweld pethau prydferth, cofia Un mor hardd yw Duw. Mae Ef mor hoff o bethau cain.

DARLLEN 1 BRENHINOEDD 6:29-32

MAWRTH 17

Canghennau Palmwydd

Dywed y Beibl, 'Cymerasant ganghennau o'r palmwydd ac aethant allan i'w gyfarfod...'
IOAN 12 :13

Un tro, daeth Iesu i Jerwsalem. Roedd yn marchogaeth ar gefn asyn.

Roedd pobl Jerwsalem mor falch o'i weld Ef. Wyddost ti beth wnaethon nhw? Dyma nhw'n tynnu'u cotiau ac yn eu taflu i lawr o flaen Iesu - yn union fel gosod carped ar y ffordd, er mwyn i Iesu farchogaeth drosto. Dyma nhw hefyd yn chwifio canghennau o'r coed palmwydd hardd yn yr awyr. Roedd y lle yn atseinio wrth iddyn nhw weiddi eu mawl i Iesu. 'Hosanna! Bendigedig yw'r un sy'n dod yn enw'r Arglwydd!' oedd eu cri.

Roedd y bobl yn chwifio canghennau'r palmwydd oherwydd eu bod mor hapus. Beth fedri di ei wneud heddiw, er mwyn dangos mor falch wyt ti dy fod ti'n eiddo i Iesu?

DARLLEN Y STORI YN IOAN 12:12-15

MAWRTH 18

Cangen Balmwydd y Nefoedd

Yn y Beibl, dywed Ioan, '...wele dyrfa fawr na allai neb ei rhifo...a phalmwydd yn eu dwylo.'
DATGUDDIAD 7:9

Rhyw ddiwrnod cyn hir, bydd tyrfa fawr o bobl yn ymgasglu o gwmpas gorsedd Duw yn y nefoedd. Byddan nhw'n dod o bedwar ban byd.

Yn eu dwylo, byddan nhw'n cario canghennau palmwydd. A byddan nhw'n canu mawl i Dduw a Iesu Grist, Oen Duw. Byddan nhw'n moli Duw oherwydd eu bod mor llawen - am i Iesu eu hachub rhag eu pechodau.

Fedri di ddychmygu dy hun yno, yn ymestyn dy freichiau ac yn chwifio'r gangen balmwydd yn ôl a blaen. Ac rwyt ti'n gweiddi, 'Diolch Dduw, am fy achub i!' Fedri di ddweud y geiriau hynny wrtho Ef mewn gweddi heddiw?

DARLLEN A MWYNHA DATGUDDIAD 7:9-12

MAWRTH 19

Hadau Bychain

Dywed Iesu Grist, 'Os bydd gennych ffydd gymaint â hedyn mwstard...ni fydd dim yn amhosibl i chwi.'
MATHEW 17:20

Wyt ti erioed wedi dal ychydig hadau yn dy ddwylo? Dydi hadau ddim yn bethau mawr iawn, ydyn nhw?

Dywed Iesu bod ein ffydd fel hedyn. Beth yw ffydd? Ystyr ffydd yw credu. Ffydd yw gwybod y bydd Duw yn gwneud yn union beth mae Ef yn ei ddweud. Os oes ffydd gyda ti, yna rwyt ti wir yn credu geiriau Duw. Wyddost ti, rwyt ti'n gallu gwneud cymaint o bethau da wrth gredu yn Iesu Grist - hyd yn oed os yw dy ffydd yn ddim mwy o faint na hedyn bach.

Pa bethau da mae Duw eisiau i ti eu gwneud yn fuan iawn? Wyt ti'n credu y gall Duw dy helpu di i'w gwneud nhw? Cofia siarad â Duw am hyn mewn gweddi.

GWRANDA AR IESU YN MATHEW 17:14-20

MAWRTH 20

Yr Had yw'r Gair

Dywed Iesu Grist, 'Yr had yw gair Duw.'
LUC 8:11

Wyt ti wedi gweld sut y bydd hadau yn tyfu? Os byddi di'n gosod hedyn mewn pridd o'r math cywir, bydd yr hedyn yn blaguro fel planhigyn. Bydd y planhigyn yn tyfu'n iach ac yn dal. Ond bydd pridd o fath anghywir o ddim lles i'r hedyn. Os oes gormod o greigiau neu chwyn yn y pridd, fydd yr hedyn fyth yn medru tyfu'n blanhigyn tal, iach.

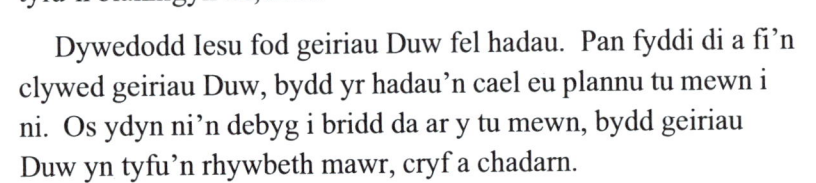

Dywedodd Iesu fod geiriau Duw fel hadau. Pan fyddi di a fi'n clywed geiriau Duw, bydd yr hadau'n cael eu plannu tu mewn i ni. Os ydyn ni'n debyg i bridd da ar y tu mewn, bydd geiriau Duw yn tyfu'n rhywbeth mawr, cryf a chadarn.

Os byddi di'n gwrando'n astud ar Air Duw, ac yna'n ufuddhau, bydd y pridd y tu mewn i ti'n bridd cyfoethog a ffrwythlon.

GWRANDA AR IESU YN LUC 8:4-15

MAWRTH 21

Pan fydd Hedyn yn Marw

Dywed Iesu Grist, 'Os nad yw'r gronyn gwenith yn syrthio i'r ddaear ac yn marw,...y mae'n dwyn llawer o ffrwyth.'
IOAN 12:24

Bydd hedyn yn cael ei blannu'n ddwfn yn y pridd. Pe bai'r hedyn yn medru siarad, byddai'n dweud, 'Tynnwch fi allan o 'ma! Mae hyn fel marw a chael eich claddu! 'Rwy ar fy mhen fy hun yn y pridd oer, tywyll 'ma!'

Ond pan fydd hedyn yn marw fel hyn, mae 'na reswm da dros hynny. Cyn bo hir, bydd yr hedyn yn blaguro'n blanhigyn bach. Gall y planhigyn dyfu'n dal ac iach. A gall y planhigyn mawr gynhyrchu llawer iawn o hadau newydd.

Dywed Iesu y dylen ni fod fel yr hedyn hwnnw. Felly, paid â bod yn hunanol, fel yr hedyn sy' ddim eisiau cael ei blannu. D'wed wrth Dduw dy fod ti'n fodlon Iddo Ef dy blannu ble bynnag mae Ef yn ei ddewis.

GWRANDA AR IESU YN IOAN 12:23-26

MAWRTH 22

Gwynt ac Ysbryd

Dywed Iesu Grist, 'Y mae'r gwynt yn chwythu lle y myn.'
IOAN 3:8

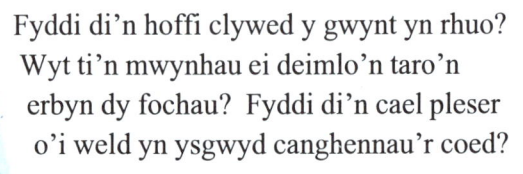

Fyddi di'n hoffi clywed y gwynt yn rhuo? Wyt ti'n mwynhau ei deimlo'n taro'n erbyn dy fochau? Fyddi di'n cael pleser o'i weld yn ysgwyd canghennau'r coed?

Dywedodd Iesu bod yr Ysbryd Glân fel y gwynt pan ddaw Ef i mewn i fyw yn ein calonnau. Does dim modd i ti ei weld Ef wrth Iddo wneud Ei waith. Fedri di ddim gweld beth mae Ef yn bwriadu'i wneud nesa'. Ond, rwyt ti'n gwybod yn iawn pan fydd Ef yno.

Mae Duw wedi anfon Ei Ysbryd Glân i fyw yng nghalon pawb sy'n credu yn Iesu Grist ac yn Ei garu. Bydd Ysbryd Glân Duw yn dod i agor ein 'llygaid mewnol'. Pan fydd hynny'n digwydd, fe fyddwn ni wir yn dechrau gweld a deall sut Un yw Duw. Pan glywi di'r gwynt yn chwythu y tro nesa', cofia am Ysbryd Glân Duw.

GWRANDA AR IESU YN IOAN 3:5-8

MAWRTH 23

Gwynt ac Ysbryd

Dywed y Beibl, 'Ac yn sydyn fe ddaeth o'r nef sŵn fel gwynt grymus yn rhuthro, ...ac fe lanwodd yr holl dŷ.'
ACTAU 2:2

Mae Ysbryd Glân Duw fel y gwynt, wyddost ti. Mae Ysbryd Glân Duw yn gryf hefyd. Pan ddaw Ef i fyw yn ein calonnau, bydd yn ein gwneud ninnau hefyd yn gryf.

Un tro, roedd ffrindiau Iesu gyda'i gilydd mewn tŷ. Doedd Iesu Grist ddim gyda nhw. Roedd Ef wedi mynd nôl i'r nefoedd at Dduw. Yn sydyn, clywodd ffrindiau Iesu sŵn mawr yn llanw'r tŷ. Roedd yn debyg i storm o wynt cryf. Llanwyd y tŷ gan y twrw.

Dyna'r diwrnod y daeth yr Ysbryd Glân i fyw yng nghalonnau pob un o ffrindiau Iesu oedd yn y tŷ. Roedd pawb yn gryf a heb ofn wedyn. Dechreuon nhw sôn wrth bawb am Iesu a holl weithredoedd da Duw. Felly, gofyn i Ysbryd Glân Duw dy wneud di mor gryf ac eofn â ffrindiau Iesu.

DARLLEN Y STORI YN ACTAU 2:1-12

MAWRTH 24

Gwynt ac Ysbryd

Dywed y Beibl, '...daw gwynt allan o'i ystordai.'
SALM 135:7

Does neb fel Duw, wyddost ti. Bydd yr Aglwydd ein Duw bob amser yn gwneud fel y mae'n dymuno.

Yr Arglwydd ein Duw greodd y gwynt rhyfeddol sy'n glanhau ac yn puro'r awyr. Bydd Ef yn gwybod o ble y daw pob awel yn y byd i gyd, ac i ble mae'r awel honno'n mynd. Dim ond Duw all wneud i'r holl awelon hyn chwythu. A dim ond Ef sy'n gwybod popeth amdanyn nhw

Mae Ysbryd Glân Duw mor gryf â'r gwynt. Beth am i ti ofyn i Dduw ddefnyddio'i Ysbryd Glân yn dy fywyd di? Gofyn iddo chwythu i ffwrdd unrhyw bethau drwg sy' tu mewn i ti, gan dy adael yn lân.

DARLLEN A MWYNHA SALM 135:5-7

MAWRTH 25

Wedi Ei Groeshoelio

Yn y Beibl, dywed Pedr, '... ac fe groeshoeliasoch ef drwy law estroniaid, a'i ladd.'
ACTAU 2:23

Teimlai nifer o bobl Jerwsalem yn ddig wrth Iesu Grist. Roedd Iesu wedi bod yn sôn wrthyn nhw am y pethau drwg roedden nhw'n eu gwneud. Doedd y bobl ddim yn hoffi hyn. Doedden nhw ddim eisiau cyfaddef bod Iesu yn Dduw ac yn Arglwydd. Felly, gafaelon nhw yn Iesu a'i guro. Rhwygon nhw Ei ddillad hefyd. Hoelion nhw Ei freichiau a'i draed wrth groes bren.

Paid fyth anghofio gymaint o boen oedd hyn i Iesu. Roedd yn brifo mwy nag unrhyw boen rwyt ti a fi wedi ei ddioddef erioed. Dioddefodd Ef boen ofnadwy - poen hyll, creulon, gwarthus ac annheg.

Pam y gadawodd Iesu i'r bobl Ei drin fel hyn? Er mwyn Iddo Ef gael marw drosot ti a fi. Felly bydd yn hapus, a d'wed 'Diolch yn fawr' wrth Iesu Grist am ddioddef droson ni ar y groes.

DARLLEN MARC 15:22-24

MAWRTH 26

Ôl yr Hoelion

*Yn y Beibl, dywed Thomas, 'Os na welaf ôl yr heolion yn ei ddwylo,
...ni chredaf fi byth.'*
IOAN 20:25

Bu farw Iesu Grist. OND, dri diwrnod yn ddiweddarach, daeth yn ôl yn FYW. Do, fe atgyfododd Duw Ei Fab!

Y noson honno, roedd ffrindiau Iesu gyda'i gilydd. Yn sydyn, ymddangosodd Iesu yn eu canol. Ond doedd Thomas, un arall o ffrindiau Iesu, ddim yno. Ymhen tipyn, dywedodd y dynion eraill wrth Thomas eu bod wedi gweld Iesu yn fyw. Ond doedd Thomas ddim yn fodlon credu mai Iesu welson nhw. Dywedodd Thomas y byddai'n rhaid iddo weld ôl yr hoelion ar ddwylo Iesu'n gyntaf.

Daeth Iesu at Ei ffrindiau eto'n fuan. Y tro hwn, roedd Thomas yno. Dangosodd Iesu ôl yr hoelion i Thomas. Credodd Thomas wedyn. Dywed Iesu Grist y byddwn ni'n fwy hapus os credwn ni ynddo Ef, heb i ni weld ôl yr hoelion yn Ei ddwylo.

DARLLEN Y STORI YN IOAN 20:19-29

MAWRTH 27

Wedi Ei Groeshoelio

Dywed y Beibl, 'Y mae wedi ei bwrw hi o'r neilltu; fe'i hoeliodd ar groes.'
COLOSIAID 2:14

Pan hoeliwyd Iesu Grist ar y groes, hoeliwyd rhywbeth arall yno hefyd, wyddost ti. Fydden ni ddim yn medru ei weld. Ond gwyddai Duw ei fod yno.

Beth oedd y peth hwnnw? Wel, rhestr hir o bethau wedi eu hysgrifennu. Rhestr hir yn cofnodi pob tro y gwnaethon ni anufuddhau i un o orchmynion Duw.

Pan fuodd Iesu Grist farw, dywed y Beibl bod y rhestr hon wedi'i hoelio ar y groes gyda Iesu. Buodd y rhestr farw hefyd. Cafodd ei rhwbio'n lân. Diflannodd y rhestr, oherwydd bod Duw wedi maddau i ni. Mae Duw yn gallu maddau i ni oherwydd i Iesu Grist gymryd y gosb am ein pechodau. Bydd yn hapus, felly, a chofia ddweud 'Diolch yn fawr' wrth Iesu am farw yn dy le di a fi.

DARLLEN COLOSIAID 2:13-15 YN OFALUS

MAWRTH 28

Cario'i Groes

Dywed y Beibl, 'Ac aeth allan, gan gario'i groes ei hun, i'r man a elwir Lle Penglog,'
IOAN 19:17

Pan aeth y milwyr â Iesu i'w ladd, fe fynnon nhw bod Iesu yn cario'i groes Ei hun.

Pe bait ti wedi bod ar un o'r strydoedd hynny, wrth i Iesu gerdded heibio, fe fyddet ti wedi Ei weld yn gwaedu. Byddet wedi Ei weld yn brifo. Beth fyddet ti'n ei feddwl, tybed? Beth fyddet ti'n ddweud wrtho?

Feddyliodd Iesu erioed am aros neu geisio rhedeg i ffwrdd. Gwyddai Iesu mai dyma beth roedd Duw eisiau Iddo ei wneud. Roedd rhaid i Iesu farw er mwyn cymryd dy bechodau di a fi. Mae Iesu yn ein caru. Mae Iesu eisiau i ni fod gydag Ef yn y nefoedd. A gwyddai Iesu na fydden ni'n gallu bod yno os na fyddai Ef yn gyntaf yn cario'i groes ac yn marw dros ein pechodau.

DARLLEN A CHOFIA HEBREAID 12:2

MAWRTH 29

Angau ar Groes

Dywed y Beibl, 'Fe'i darostyngodd ei hun, gan fod yn ufudd hyd angau, ie angau ar groes.'
PHILIPIAID 2:8

Mae marw ar groes yn beth hyll a chreulon. Ond dyma beth roedd Duw eisiau i Iesu ei wneud. Buodd Iesu yn ufudd i'w Dad. Gadawodd i filwyr Ei hoelio ar y groes.

Lladdwyd dau ddyn arall ar groesau yr un pryd â Iesu Grist. Roedd y ddau ohonyn nhw wedi gwneud nifer o bethau drwg. Roedden nhw'n cael eu cosbi. Buodd un dyn yn gas iawn wrth Iesu gan wneud hwyl am Ei ben. Ond gwyddai'r dyn ar y groes arall nad oedd Iesu wedi gwneud dim o'i le. Dywedodd, 'Iesu, cofia fi pan ddoi i'th deyrnas.' Atebodd Iesu Grist, 'Heddiw byddi gyda mi ym Mharadwys.'

Cofia mai Iesu Grist yw dy Frenin. Bydd Iesu yn dy gofio di AM BYTH.

DARLLEN Y STORI YN LUC 23:32-43

MAWRTH 30

Cario Ein Croes

Dywedodd Iesu Grist, 'Pwy bynnag nad yw'n cario ei groes ei hun ac yn dod ar fy ôl i, ni all fod yn ddisgybl i mi.'
LUC 14:27

Dywedodd Iesu nifer o weithiau bod rhaid i bawb gario'i groes a'i ddilyn Ef. Beth oedd Iesu'n ei feddwl?

Pan gariodd Iesu Ei groes, roedd ar Ei ffordd i'w ladd. Roedd Ef yn meddwl am Dduw ac am holl bobl y byd, fel ti a fi. Doedd Iesu ddim yn hunanol. Doedd Ef ddim yn meddwl amdano'i Hun. Doedd Ef ddim eisiau gwneud pethau'n haws Iddo'i Hun.

Pan fyddwn ni'n cario'n croes, mae hyn yn golygu na allwn ni fod yn hunanol. Byddwn ni'n meddwl am Dduw ac am bobl eraill. Byddwn ni'n byw er eu mwyn nhw, ac nid ni ein hunain. Os ydyn ni am fyw fel hyn, bydd Duw yn barod i'n helpu. Wyt ti eisiau byw fel hyn?

GWRANDA AR IESU YN LUC 9:23

MAWRTH 31

Gadewch i Adar Hedfan

Dywed Duw, 'Uwchlaw'r ddaear eheded adar ar draws ffurfafen y nefoedd.'
GENESIS 1:20

Wyddost ti pwy greodd yr adar sy'n hedfan mor uchel yn yr awyr? Duw, wrth gwrs! Efallai yr hoffet ti hedfan fel aderyn. Wel, un diwrnod, fe gei di hedfan fel angel.

Ond tra'n bod ni ar y ddaear, gallwn edrych i fyny i'r awyr a gwylio'r adar yn ymestyn eu hadenydd. Maen nhw'n hedfan mor rhydd uwchben y coed, y mynyddoedd a'r tai, on'd ydyn nhw? Pan na fyddan nhw'n hedfan, byddan nhw'n canu. Mae Duw yn gadael i ni weld, clywed a mwynhau'r adar hyn. Doedd dim rhaid i Dduw eu creu nhw, wyddost ti, ond fe wnaeth.

D'wed 'Diolch yn fawr' wrth Dduw am greu pethau mor rhyfeddol â'r adar sy'n hedfan ac yn canu.

CYMER GIPOLWG AR GENESIS 1:20-23

EBRILL 1

Edrychwch ar yr Adar

Dywed Iesu Grist, 'Edrychwch ar adar yr awyr.'
MATHEW 6:26

Mae Iesu'n dweud wrthon ni am edrych a meddwl am yr adar sy'n hedfan yn yr awyr. Fydd adar ddim yn hau hadau mewn gerddi nac yn casglu grawn. Fyddan nhw ddim yn adeiladu ysguboriau chwaith, er mwyn storio eu bwyd.

Ond mae Duw'n dal i'w bwydo. Mae Iesu'n ein helpu i gofio bod Duw, sy'n bwydo'r adar, hefyd yn Dad nefol i ti a fi. Ac rydyn ni'n llawer pwysicach na'r adar yng ngolwg Duw, wyddost ti.

Os yw Duw'n gofalu gymaint am yr adar, yna fe fydd yn siŵr o fynd i fwy o drafferth i ofalu amdanat ti a fi. Felly, paid anghofio dweud 'Diolch yn fawr' wrtho am ein cadw'n fyw.

GWRANDA AR IESU YN MATHEW 6:26

EBRILL 2

Heb le i Orffwys

Dywed Iesu Grist, 'Y mae gan adar yr awyr nythod, ond gan Fab y Dyn nid oes lle i roi ei ben i lawr.'
LUC 9:58

Pan oedd Iesu'n fachgen, roedd yn byw gyda Mair a Joseff. Ond wedi Iddo dyfu'n ddyn, gadawodd Ei gartref. Byddai'n cerdded yma ac acw, ar hyd a lled gwlad Israel. Teithiai o fan i fan gan ddysgu pobl am Dduw. Pan oedd hi'n nosi, byddai Iesu'n cysgu ble bynnag oedd yn gyfleus ar y pryd. Un noson, fe gysgodd mewn cwch. Aeth Iesu heb gwsg o gwbl, o leiaf unwaith. Y tro hwnnw, bu'n effro drwy'r nos am Ei fod yn gweddïo ar Dduw.
Doedd gan y Dyn Iesu ddim cartref. Doedd ganddo ddim nyth hyd yn oed, fel sy' gan adar.

Ond heddiw, mae Iesu yn Ei gartref gyda Duw - yn y nefoedd. Ac mae Ef yn paratoi lle yno ar ein cyfer ni hefyd, wyddost ti.

GWRANDA AR IESU YN LUC 9:57-62

EBRILL 3

Porfa sy'n Tyfu

Dywed y Beibl, 'Yr wyt yn gwneud i'r gwellt dyfu...'
SALM 104:14

Wyddost ti fod Duw wedi trefnu bod porfa'n tyfu ym mhobman bron drwy'r byd? Bydd miloedd ar filoedd o anifeiliaid yn bwyta'r borfa. Duw hefyd sy'n anfon y glaw i ddyfrhau'r glaswellt. Daw'r glaw o'r cymylau gaiff eu ffurfio gan Dduw yn yr awyr.

Y tro nesa' y gweli di borfa, cofia Un mor hael a charedig yw Duw. Cofia Ei fod yn gwylio dros y byd i gyd, ac yn gofalu am bawb a phopeth ynddo. Cofia'r holl bethau y bydd Ef yn eu gwneud er mwyn i'r glaswellt dyfu.

Felly, bydd yn hapus a chofia foli Duw. Canmol Ef a diolch Iddo, oherwydd Ei fod yn gofalu mor dyner amdanon ni a'r byd o'n cwmpas.

EDRYCH AR SALM 147:8

EBRILL 4

Digon o Borfa

Dywed y Beibl, 'Yr oedd llawer o laswellt yn y lle.'
IOAN 6:10

Un tro, roedd Iesu mewn man lle roedd digonedd o borfa las, ffres. Daethai llawer o bobl gyda Iesu. Roedd Mab Duw yn dysgu ac yn helpu'r bobl. Buodd y dyrfa gydag Ef am amser hir.

Ymhen tipyn, roedd pawb yn llwgu o eisiau bwyd. Mae glaswellt yn fwyd iawn ar gyfer nifer o anifeiliaid, ond dydi e ddim yn iawn i bobl, wyddost ti! Doedd dim llawer o fwyd gan y bobl y diwrnod hwnnw. Dim ond ychydig fara a physgod. Gofynnodd Iesu Grist i bawb eistedd ar y borfa. Yna, newidiodd Iesu'r ychydig bach o fwyd oedd ar gael yn wledd anferth o fara a physgod. Cafodd pawb ddigon i'w fwyta.

Felly, bydd yn falch fod Iesu Grist yn gallu gwneud gwyrthiau, fel yn y stori hon.

DARLLEN YR HANES YN MATHEW 14:13-21

EBRILL 5

Fel Glaswellt

Dywed y Beibl, 'Y mae pob dyn meidrol fel glaswellt…; y mae'r glaswellt yn crino…'
1 PEDR 1:24

Fydd glaswellt ddim yn aros yn wyrdd am byth. Pan na fydd glaw, neu pan ddaw tywydd oer, bydd y borfa'n troi'n frown ac yn marw.

Mae'r Beibl yn ein hatgoffa mai dyna'n union sut rai ydyn ni, yn y byd hwn. Rhyw ddiwrnod, bydd pob dyn a dynes yn y byd yn marw. Fyddwn ni ddim yn byw yma am byth.

Ond, os ydyn ni'n credu yn Iesu Grist ac yn Ei garu, does dim eisiau i ni ofni marw, wyddost ti. Pan fyddwn ni'n gadael y byd hwn, cawn fyw gyda Iesu am byth! Mae Duw wedi addo hyn i ni. Beth am i ti ddweud 'Diolch yn fawr' wrth Dduw felly, am Ei fod Ef bob tro'n cadw Ei addewid. Paid anghofio… byddwn ni'n byw gydag Ef am byth!

DARLLEN 1 PEDR 1:22-25 YN OFALUS

EBRILL 6

Nodi'r Tymhorau

Dywed y Beibl, 'Yr wyt yn gwneud i'r lleuad nodi'r tymhorau…'
SALM 104:19

Sylwaist ti erioed bod y lleuad, ambell noson, yn gylch crwn llawn ac enfawr ei maint? Bob noson wedyn, bydd rhan o'r cylch yn mynd yn fwy tywyll. Cyn bo hir, bydd y cylch i gyd yn dywyll. Yna, o dipyn i beth, daw mwy o'r lleuad i'r golwg eto. Hyd nes daw'r noson pan fydd y lleuad, unwaith eto'n gylch crwn llawn, enfawr.

Pan fydd y lleuad wedi gwneud hyn i gyd dair gwaith, bydd ein gaeaf oer wedi newid yn wanwyn. Tri thro arall, a bydd ein gwanwyn yn haf cynnes. Tri thro arall a bydd yr haf wedi troi'n hydref. Tri thro arall eto, a bydd yr hydref yn troi'n aeaf arall.

Beth am i ti ganmol Duw am Ei ffordd ryfeddol o beri i'r lleuad dywynnu a nodi holl dymhorau'r flwyddyn.

DARLLEN GENESIS 1:14-19

EBRILL 7

Y Lleuad yn Tywyllu

Dywed Iesu Grist, 'Yn y dyddiau hynny…ni rydd y lloer ei llewyrch…'
MARC 13:24

Fe ddaw noson pan na fydd y lleuad yn disgleirio, er y dylai hi! Bydd y lleuad yn tywyllu. Bydd hon yn noson ofnadwy i bawb sy' ddim yn credu nac yn caru Iesu Grist. Yn ystod y tywyllwch ofnadwy hwnnw, bydd Duw'n cosbi pawb sy'n gwrthod credu ynddo Ef a'i garu.

Mae Duw mor berffaith, wyddost ti. Dydi Ef ddim eisiau gweld dim byd drwg o gwbl, yn unman. Felly, mae'r amser ar ddod pan fydd Ef yn taflu popeth drwg i ffwrdd. Bydd Duw'n cosbi pawb sy'n gwrthod gadael i Iesu Grist eu gwneud yn dda.

Rho ddiolch i Dduw nawr am Ei fod mor berffaith. Diolch Iddo am Ei fod yn mynd i gael gwared ar bopeth drwg.

GWRANDA AR IESU YN MATHEW 24:29-51

EBRILL 8

Dim Lleuad

Dywed y Beibl, 'Nid oes ar y ddinas angen na'r haul na'r lleuad i dywynnu arni, oherwydd gogoniant Duw sy'n ei goleuo...'
DATGUDDIAD 21:23

Un diwrnod, cawn weld ein cartref newydd, fydd yn rhodd oddi wrth Dduw. Dyma'r Jerwsalem Newydd - y ddinas fydd yn disgyn o'r nefoedd oddi wrth Dduw.

Yno, fyddwn ni fyth yn gweld y lleuad. Fydd dim angen y lleuad i nodi'r tymhorau, oherwydd does dim amser yno. Fydd neb yn mynd yn hen. Fydd neb fyth yn brysio.

Fydd dim angen lleuad arnon ni, oherwydd fydd hi fyth yn nosi yno. Welwn ni fyth gysgodion na thywyllwch eto. Na chlywed rhyw sŵn rhyfedd ganol nos. Fydd dim byd tywyll yn codi ofn arnon ni eto. Felly, rho ddiolch i Dduw am y cartref disglair, llawn goleuni fydd gyda ni.

DARLLEN A MWYNHA DATGUDDIAD 21:22-27

EBRILL 9

Darparu Glaw

Dywed y Beibl, 'Y mae ef yn darparu glaw i'r ddaear; y mae'n gwisgo'r mynyddoedd â glaswellt.'
SALM 147:8

Rho ddiolch i Dduw am y glaw mae'n ei anfon!

Oni bai am y glaw, fyddai gyda ni ddim dŵr i'w yfed mewn byr o dro. Oni bai am y glaw, fyddai'r planhigion yn ein gerddi a'r cnydau yng nghaeau'r ffermwyr ddim yn tyfu. A bydden ninnau heb fwyd.

Dim ond Duw sy'n medru llunio'r cymylau glaw. Duw'n unig sy'n gallu creu pob diferyn o law. Mae pob un diferyn yn oer a gwlyb a gwych, am mai Duw ei Hun a'i gwnaeth. Y tro nesa' y bydd diferyn o law oer, gwlyb yn disgyn ar dy drwyn, paid anghofio yr Un a'i gwnaeth!

DARLLEN A MWYNHA SALM 147:7-11

EBRILL 10

Glaw i Bawb

Dywed y Beibl, 'Mae ef yn rhoi glaw i'r cyfiawn a'r anghyfiawn.'
MATHEW 5:45

I bwy mae Duw'n rhoi glaw? Ai dim ond i bobl dda, wyt ti'n meddwl? Neu a yw glaw Duw'n disgyn, er mwyn i bawb ei gael a'i fwynhau?

Wrth gwrs. Mae Duw'n rhoi glaw i bawb - i bobl dda a phobl ddrwg. Mae Duw bob tro'n garedig wrth bob un ohonon ni. Bydd Ef yn gwneud pethau da dros bob dyn byw. Mae Ef yn caru pawb drwy'r byd, oherwydd mai 'Duw, cariad yw'.

Felly, dylet ti a finnau hefyd garu pawb, bob amser. Dylen ni garu hyd yn oed y bobl hynny sy'n gas wrthon ni. Oes rhywun wedi bod yn gas wrthot ti? Os felly, sut ddylet ti fynd ati i ddangos cariad at y person hwnnw?

GWRANDA AR IESU YN MATHEW 5:43-47

EBRILL 11

Cawodydd Bendith

Dywed Duw, 'Anfonaf i lawr y cawodydd yn eu pryd, a byddant yn gawodydd bendith.'
ESECIEL 34:26

Pan fydd y glaw'n disgyn yn gawodydd, dyma i ti ddarlun o'r holl bethau da mae Duw'n eu gwneud droson ni. Mae'r cyfan fel darlun o'r holl anrhegion gwych mae Duw'n eu rhoi i ti a fi.

Mae'n rhoi i ni awyr i'w hanadlu. Mae pob curiad calon yn ein cadw'n fyw. Cawn fwyd i'n llanw gan Dduw a dillad i'n cadw'n gynnes. Bydd Duw'n rhoi i ni bobl sy'n ein caru, a lle i'w alw'n Gartref. Bydd yn maddau i ni pan fyddwn ni'n gwneud pethau drwg a gwael. Rhoddodd hefyd Ei Fab, Iesu Grist, i'n hachub rhag ein pechodau. Bydd Duw'n gadael i ni fyw am byth hefyd.

Bob tro y gweli di'r glaw yn disgyn, cofia'r holl bethau da sy'n dod i ti oddi wrth Dduw.

DARLLEN A CHOFIA IAGO 1:17

EBRILL 12

Y Bugail Da

Dywed Iesu Grist, 'Myfi yw'r bugail da.'
IOAN 10:11

Iesu Grist yw'n Bugail Da. Rydyn ninnau fel Ei ddefaid. Bydd Ef yn rhoi i'r defaid bopeth sy' angen arnyn nhw. Mae'n rhoi porfa las, ffres iddyn nhw'n fwyd. Mae'n gadael iddyn nhw yfed dŵr oer braf y nant. Bydd Ef yn dangos iddyn nhw pa lwybr i'w ddilyn bob tro.

Defnyddia Iesu Grist ei ffon fugail i warchod Ei ddefaid. Ble bynnag bydd Ef yn mynd â ni, does dim rhaid i ni ofni.

Felly, bydd yn hapus, a chofia foli Iesu. Canmol Ef a rho ddiolch Iddo am mai Ef yw dy Fugail Da.

DARLLEN A MWYNHA SALM 23

EBRILL 13

Y Bugail Da

Dywed Iesu Grist, 'Y mae'r bugail da yn rhoi ei einioes dros y defaid.'
IOAN 10:11

Bydd bugail da'n barod i amddiffyn ei ddefaid bob tro. Wnaiff e ddim gadael i unrhyw anifail gwyllt eu llarpio. Os daw blaidd, llew neu arth ar ôl y defaid, bydd y bugail da'n ymladd yn erbyn yr anifeiliaid gwyllt hynny. Byddai'n well gan y bugail farw na gadael i unrhyw un ymosod ar ei ddefaid a'u lladd.

Iesu Grist yw'n Bugail Da ni, wyddost ti. Rhoddodd Ei fywyd yn aberth droson ni. Buodd Ef farw, fel na fyddai Satan, y Diafol gwyllt, yn ein cipio ni.

Felly, bydd yn hapus, a rho foliant i Iesu Grist. Cofia ddiolch Iddo Ef am dy achub rhag dy elyn, Satan.

GWRANDA AR IESU YN IOAN 10:1-15

EBRILL 14

Y Bugail Da

Dywed Iesu Grist, 'Myfi yw'r bugail da; yr wyf yn adnabod fy nefaid, a'm defaid yn f'adnabod i.'
IOAN 10:14

Iesu Grist yw'n Bugail Da ni. Mae Ef yn gwybod POPETH amdanon ni, wyddost ti. Bydd yn galw pob un ohonon ni wrth ein henw.

Mae Iesu eisiau i ni glywed Ei lais, profi Ei gariad a bod yn Ei gwmni. Yna, gallwn ni Ei ddilyn Ef. Bydd yn cerdded o'n blaenau ar hyd y llwybr, a bydd yn galw arnon ni. Wedi clywed Ei lais, byddwn ni'n Ei ddilyn. Mae Iesu eisiau i ni aros yn agos wrth Ei ymyl.

Bydd yn ein cadw'n ddiogel. Does neb yn y byd all fynd â ni oddi wrtho Ef. Os ydym yn Ei garu, cawn fyw am byth. A Iesu fydd yn gofalu amdanon ni wedyn, yn dragywydd. Bydd Ef yn ein caru am byth. A bydd hyd byth gyda ni i ddod i'w adnabod Ef yn well.

GWRANDA AR IESU YN IOAN 10:27-30

EBRILL 15

Sychedu am Dduw

Yn y Beibl, gweddïa Dafydd, 'Fel y dyhea ewig am ddyfroedd rhedegog, felly dyhea fy enaid amdanat ti, O Dduw.'
SALM 42:1

Dychmyga am funud dy fod ti'n ewig - yn garw! Rwyt ti'n carlamu dros dir sych. Mae helwyr yn dy ddilyn. Rwyt ti mor sychedig, oherwydd dy fod wedi bod yn rhedeg fel y gwynt. Dim ond un peth rwyt ti eisiau ei weld erbyn hyn, yn fwy na dim arall - nant yn llawn dŵr, lle medri di dorri dy syched.

Dyma sut y dylen ni ddod at Dduw. Dylai fod arnon ni syched am Dduw. Dylen ni fod â syched am glywed Ei eiriau. Dylen ni fod â syched am Ei weld a'i adnabod Ef.

Y tro nesa' y byddi di'n ysu am gael diod o ddŵr, cofia hefyd y dylet ti fod â syched am Dduw.

GWRANDA AR WEDDI DAFYDD YN SALM 42:1-2

EBRILL 16

Dŵr Bywiol

Dywed Iesu Grist, 'Y dyn sy'n credu ynof fi, allan ohono ef, fel y dywedodd yr ysgrythur, y bydd ffrydiau o ddŵr bywiol yn llifo.'
IOAN 7:38

Un tro, aeth Iesu Grist ati i siarad mewn llais uchel â phobl Jerwsalem. Dywedodd, 'Pwy bynnag sy'n sychedig, deued ataf fi ac yfed!' Gwaeddodd hefyd: 'Y dyn sy'n credu ynof fi, allan ohono ef y bydd ffrydiau o ddŵr bywiol yn llifo!'

Roedd Iesu yn sôn am yr Ysbryd Glân. Pan ddown ni i gredu yn Iesu, bydd Duw yn anfon Ei Ysbryd Glân i fyw yn ein calonnau. Mae'r Ysbryd Glân fel ffrydiau o ddŵr sy'n llifo o'n calon. Ac mae'r dŵr hwn yn ddŵr byw!

Gofyn i Dduw heddiw adael i'w ddŵr bywiol Ef lifo'n ddwfn a nerthol o'r tu mewn i ti.

GWRANDA AR IESU YN IOAN 7:37-39

EBRILL 17

Dŵr y Bywyd

Yn y Beibl, dywed Ioan, 'Dangosodd yr angel i mi afon dŵr y bywyd, yn ddisglair fel grisial...'
DATGUDDIAD 22:1

Un diwrnod cyn hir, cawn weld ein cartref newydd. Dyma'r Jerwsalem Newydd, y ddinas sy'n dod i lawr o'r nefoedd oddi wrth Dduw.

Yn y ddinas hon, bydd afon. Hon fydd afon dŵr y bywyd. Dŵr yr afon hon fydd y dŵr cliriaf y byddi di a fi wedi'i weld erioed. Bydd yr afon yn tarddu o orsedd Duw a gorsedd Iesu Grist. Oddi yno, bydd yn llifo ar hyd stryd lydanaf y ddinas. Wrth ei gweld, bydd pawb yn teimlo'n hapus.

Dyma'r afon y byddi di'n chwarae ynddi pan ei di i fyw i'r ddinas nefol. Ond wyddost ti beth? Rwyt ti'n medru dweud 'Diolch yn fawr' wrth Dduw *heddiw* am adael i ti fynd yno ryw ddydd, i'w mwynhau.

DARLLEN A CHOFIA SALM 46:4

EBRILL 18

Nerth Ych

Dywed y Beibl, 'Trwy nerth ych ceir cynnyrch llawn.'
DIARHEBION 14:4

Yng nghyfnod y Beibl, byddai pobl Dduw yn defnyddio gwartheg mawr - eidion neu ych - i wneud llawer o waith caled. Byddai'r ych yn tynnu wagenni anferth. Rhain hefyd fyddai'n tynnu'r erydr wrth i'r ffermwyr aredig a pharatoi'r caeau ar gyfer tyfu cnydau. Anifeiliaid cryf iawn oedd yr ych.

Wyddost ti bod gyda ninnau lawer o waith caled i'w wneud hefyd? Felly, rhaid i ni fod yn gryf. Pwy all ein gwneud ni mor gryf ag sy' angen i ni fod? Duw, wrth gwrs. Dyma eiriau Duw yn y Beibl, 'Cryfhaf di a'th nerthu' (Eseia 41:10).

Gall Duw ein gwneud mor gryf ag ych, er mwyn i ni fedru gwneud Ei waith Ef.

CYMER GIPOLWG AR 1 CORINTHIAID 1:8

EBRILL 19

Yn Gryf Gyda'n Gilydd

Dyma ddywed y Beibl am bobl Dduw:
'...yr oedd eu nerth fel nerth ych gwyllt.'
NUMERI 23:22

Bydd Duw'n rhoi nerth i'w bobl. Mae pawb sy'n credu yn Iesu Grist ac yn Ei garu yn rhan o deulu Duw - ac mae teulu Duw yn gryf. Gyda'n gilydd, rydyn ni mor gryf ag ych gwyllt.

Yn y mannau lle rwyf i'n wan, rwyt ti'n gryf. A ble rwyt ti'n wan, rwyf i'n gryf. Ac yn y mannau lle rydyn ni'n dau'n wan, mae rhywun arall yn nheulu Duw yn gryf. Bydd Duw'n ein gwneud ni'n gryf gyda'n gilydd.

Rydyn ni'n gryf, oherwydd bod Duw Ei Hun gyda ni - ac mae Ef yn rymus a nerthol. Pobl wan ydyn ni, ond mae Ef yn gryf. Felly, bydd yn hapus, a chanmol Duw am Ei fod Ef mor aruthrol o gryf.

DARLLEN 2 CORINTHIAID 12:10

EBRILL 20

Cymerwch Ei Iau

Dywed Iesu Grist, 'Cymerwch fy iau arnoch a dysgwch gennyf...'
MATHEW 11:29

Yn yr hen ddyddiau, ych fyddai'n tynnu aradr neu gert. Cerddai dau ohonyn nhw, ochr yn ochr. Byddai'r ffermwr yn clymu darn mawr o bren ar draws eu gyddfau. 'Iau' oedd yr enw ar hwn. Byddai'r iau yn cadw'r ych gyda'i gilydd. Câi'r aradr neu'r wagen ei chlymu wrth yr iau. Byddai'r ych yn gwisgo'r iau, yn cerdded yn eu blaen, ac yn tynnu'r cert neu'r aradr.

Wyddost ti fod Iesu eisiau bod wrth ein hymyl yn y gwaith sy' gan Dduw i ni ei wneud? Felly, mae'n dweud wrthon ni am wisgo'i iau Ef. Mae Ei iau'n hawdd i'w wisgo. Gyda Iesu wrth dy ymyl yn dy helpu, dydi'n gwaith caled ni ddim yn rhy galed.

Gofyn i Iesu heddiw ddangos i ti sut i wisgo'i iau Ef.

GWRANDA AR IESU YN MATHEW 11:28-30

EBRILL 21

Yn Rhydd!

Dywed y Beibl, 'Dy was yn wir wyf fi,...yr wyt wedi datod fy rhwymau.'
SALM 116:16

Ers talwm, byddai carcharorion yn cael eu gosod mewn cadwyni. Câi'r cadwyni eu clymu o gwmpas eu breichiau neu eu traed, er mwyn eu cadw rhag dianc.

Un tro, gosododd Herod, y brenin drwg, ddyn da o'r enw Pedr yn y carchar. Roedd Pedr wedi bod yn dweud wrth bawb am Iesu Grist, a doedd Herod ddim yn hapus o gwbl! Cafodd Pedr ei glymu mewn cadwyni yn y carchar. Gosodwyd milwyr i'w warchod. Ond roedd pobl Dduw yn gweddïo dros Pedr.

Un noson, deffrowyd Pedr gan angel. Syrthiodd cadwyni Pedr oddi amdano. Arweiniodd yr angel Pedr heibio'r milwyr ac allan o'r carchar. Roedd Pedr yn rhydd! Felly, cofia ganmol Duw am Ei wyrthiau.

DARLLEN Y STORI YN ACTAU 12:1-19

EBRILL 22

Cadwyni Dros Grist

Yn y Beibl, dywed Paul, 'Er mwyn Crist rwyf yng ngharchar.'
PHILIPIAID 1:13

Cawn hanes Paul yn y Beibl. Roedd Paul yn credu yn Iesu Grist ac yn Ei garu. Byddai'n dweud wrth bawb am Iesu. Ond roedd rhai dynion drwg yn anfodlon iawn gydag e. Dyma nhw'n dodi Paul yn y carchar, a'i gadw mewn cadwyni.

Buodd Paul yn y carchar am amser hir. Oedd Paul yn drist neu'n ofnus, tybed? Na! Roedd Paul yn ddyn dewr, cryf a llawen. Hyd yn oed yn y carchar, byddai'n dweud wrth bawb am Iesu Grist. Doedd e ddim yn gadael i'r cadwyni ei boeni. D'wed 'Diolch yn fawr' wrth Dduw am nad wyt ti mewn cadwyni.

Wrth bwy fedri di sôn nawr am Iesu, yn union fel y gwnaeth Paul?

DARLLEN PHILIPIAID 1:7-19 YN OFALUS

EBRILL 23

Cadwyni'r Diafol

Dywed Ioan, yn y Beibl, 'Gwelais angel ...a chanddo yn ei law allwedd ... a chadwyn fawr.'
DATGUDDIAD 20:1

Mae gyda ni elyn, wyddost ti. Satan y diafol yw'r gelyn hwnnw. Mae Satan yn casáu Duw. Mae Satan hefyd yn ein casáu ninnau. Bydd yn ceisio'n brifo, oherwydd ein bod yn eiddo i Dduw, ac am fod Duw yn ein caru.

Mae Duw'n llawer cryfach na Satan. Oherwydd fod Duw'n byw ynon ni, bydd yn ein gwarchod pan fydd Satan yn ymosod.

Un diwrnod, bydd Duw'n anfon angel nerthol i glymu'r diafol mewn cadwyni. Bydd yn taflu Satan i'r carchar. Caiff Satan dreulio mil o flynyddoedd yn y carchar. Bydd Duw yn gadael iddo ddod allan eto am ychydig amser. Ond wedyn, bydd Ef yn taflu'r diafol i lyn o dân. Rhaid i Satan aros yno am byth. Felly, canmol Duw na fydd Satan, cyn bo hir, yn ein poeni fyth eto.

DARLLEN DATGUDDIAD 20:1-10

EBRILL 24

Iesu'n Gwneud Chwip

Dywed y Beibl, 'Gwnaeth (Iesu) chwip o gordenni...'
IOAN 2:15

Math o raffau bach yw cordenni. Un tro gwnaeth Iesu chwip gordenni. Roedd Ef yn y deml yn Jerwsalem ar y pryd. Iesu ei hun wnaeth y chwip. Defnyddiodd y chwip i yrru nifer o bobl ddrwg allan o'r deml - pobl oedd yn gwneud pethau hunanol ac anghywir. 'Tŷ fy Nhad' oedd enw Iesu ar y Deml. Dywedodd Ef wrth y bobl na ddylen nhw wneud eu triciau hunanol, drwg yn Nhŷ Dduw.

Ble bynnag yr aiff Iesu Grist, bydd yn dod i lanhau popeth sy'n hunanol ac o'i le.

Oes rhywbeth anghywir neu hunanol sy' angen ei wared o dy galon, neu o dy 'stafell neu dy dŷ? Cofia dy fod ti, dy 'stafell a dy gartref yn eiddo i Dduw'n gyntaf.

DARLLEN Y STORI YN IOAN 2:12-17

EBRILL 25

Cordyn Cryf

Dywed y Beibl, 'Ni ellir torri rhaff deirgainc ar frys.'
LLYFR Y PREGETHWR 4:12

Bydd pobl yn gwneud cortynnau a rhaffau trwy blethu edefynnau. Mae cordyn neu raff sy' wedi ei gwneud o ddau edefyn, yn llawer cryfach nag un edefyn ar ei ben ei hun. Mae rhaff ac iddi dri edefyn yn gryfach fyth.

Dywed y Beibl, nad yw'n syniad da bod ar dy ben dy hun yn y byd. Gwell cael ffrind da gyda ti. Yna, byddi di a dy ffrind yn gallu helpu'ch gilydd. Byddwch chi'n gryf gyda'ch gilydd.

Ond mae rhaff tri edefyn yn gryfach fyth. A Duw yw'r Person gorau i'ch clymu at eich gilydd. Y tro nesa' gweli di raff, cofia sut y gelli di a dy ffrindiau a Duw fod yn gryf gyda'ch gilydd.

DARLLEN LLYFR Y PREGETHWR 4:8-12

EBRILL 26

Achubwyd â Rhaffau

Dywed y Beibl, 'A thynasant Jeremeia i fyny wrth y rhaffau, a'i godi o'r pydew.'
JEREMEIA 38:13

Yn ôl y Beibl, roedd Jeremeia'n ddyn da oedd yn caru Duw ac yn llefaru Ei eiriau. Ond doedd pawb ddim yn hoff iawn ohono. Clymodd rhyw ddynion Jeremeia a'i ollwng i bydew neu ffynnon ddofn, yn llawn mwd. Doedd gan Jeremeia 'run ffordd i ddringo allan, a dim modd yn y byd i gael bwyd. Roedd ei elynion yn gobeithio byddai'n marw yno.

Ond, clywodd dyn da arall o'r enw Ebed am helynt Jeremeia. Casglodd Ebed ddynion i'w helpu. Gollyngon nhw raff i lawr y ffynnon at Jeremeia. Dyma nhw'n ei godi allan yn ofalus iawn. Chafodd mo Jeremeia ei adael i farw yn y ffynnon ddofn.

Cofia, mae Duw bob tro'n gwybod sut mae ein hachub, pan fyddwn ni mewn perygl.

DARLLEN Y STORI YN JEREMEIA 38:1-13

EBRILL 27

Arch Noa

*Dywed y Beibl, 'Trwy ffydd, ac o barch i rybudd Duw
...adeiladodd Noa arch i achub ei deulu.'*

HEBREAID 11:7

Roedd Noa'n ddyn da. Gwyddai Noa sut oedd gwneud yr hyn sy'n iawn, ac fe wnâi hynny bob tro. Doedd y bobl eraill oedd yn byw yn y byd bryd hynny, ddim cystal dynion â Noa. Dim ond pethau drwg roedden nhw eisiau'u gwneud. Ond roedd Noa'n awyddus i wneud pethau da, cywir.

Dywedodd Duw wrth Noa am adeiladu llong fawr - arch. Dangosodd Duw i Noa beth i'w wneud. Ufuddhaodd Noa i orchmynion Duw. Gwnaeth bopeth yn union fel y dywedodd Duw wrtho.

Beth mae Duw eisiau i ti ei wneud? Wyt ti'n dilyn ffordd Duw, fel mae Ef yn gofyn i ti?

DARLLEN Y STORI YN GENESIS 6:5-22

EBRILL 28

I Mewn i'r Arch

Dywedodd Duw wrth Noa, 'Dos i mewn i'r arch, ti a'th holl deulu…'

GENESIS 7:1

Wedi i Noa adeiladu'r arch, dywedodd Duw wrtho am fynd â'i holl deulu i mewn iddi. Daeth Duw â llawer o anifeiliaid hefyd at Noa - o leiaf dau o bob math o anifail oedd ar y ddaear. Dywedodd Duw wrtho am eu gosod yn y llong. Ufuddhaodd Noa. Gorchmynnwyd hefyd i Noa baratoi digon o fwyd ar gyfer pawb ar y llong. Gwnaeth Noa hyn yn llawen. Byddai Noa'n ufuddhau i Dduw ym mhob ffordd. Mae Noa, wyddost ti, yn dangos i ni mai peth da a chywir yw ufuddhau i Dduw.

Dyna falch oedd Noa ei fod wedi ufuddhau i Dduw wrth i'r glaw mawr ddisgyn a'r llifogydd godi!

Pan fyddi di'n ufuddhau i Dduw, byddi dithau hefyd yn hapus. Fyddi di fyth yn edifar neu'n flin dy fod ti'n ufudd i Dduw.

DARLLEN Y STORI YN GENESIS 7:1-16

EBRILL 29

Diogel yn yr Arch

*Dywed y Beibl, 'Cryfhaodd y dyfroedd…
a moriodd yr arch ar wyneb y dyfroedd.'*

GENESIS 7:18

Roedd Noa a'i deulu a'r holl anifeiliaid yn ddiogel yn yr arch. O'u hamgylch roedd y môr yn hyrddio ac yn rhuo fel llew. Ond ni foddwyd neb o deulu Noa na'r anifeiliaid chwaith. Wnaeth y dŵr ddim hyd yn oed eu cyffwrdd.

Mae Iesu fel yr arch honno i ni. Pan fyddwn ni'n credu ynddo Ef, pan fyddwn ni'n gwybod Ei fod yn ffrind i ni, a phan fyddwn yn gofyn am Ei help, mae hyn fel pe baen ni'n byw y tu mewn Iddo Ef. Efallai fod storm o'n cwmpas. Mae tywyllwch a thrafferthion yn agos, efallai. Ond bydd Iesu'n ein cadw'n ddiogel.

Pan fyddwn ni'n byw yn Iesu Grist, rydyn ni'n ddiogel. Wnaiff mo'r storm, na'r tywyllwch, na'r trafferthion chwaith, ein cyffwrdd.

DARLLEN Y STORI YN GENESIS 7:17-24

EBRILL 30

Colomen Amyneddgar

Dywed y Beibl, 'Gollyngodd [Noa] golomen...'

GENESIS 8:8

Wedi i'r glaw beidio, arhosodd Noa a'i deulu a'r anifeiliaid yn yr arch am amser hir. Roedd rhaid iddyn nhw aros. Roedd y llifogydd mawr yn araf iawn yn cilio. Ond buodd Noa'n amyneddgar ac yn ffyddlon.

Agorodd Noa ffenestri'r arch a gollyngodd golomen. Buodd y golomen yn amyneddgar hefyd. Doedd hi ddim yn medru dod o hyd i goeden, felly dychwelodd i'r arch. Ar ôl saith diwrnod, gollyngodd Noa'r golomen unwaith eto. Y tro hwn, dychwelodd gyda deilen yn ei cheg. Saith diwrnod yn ddiweddarach, gollyngodd Noa'r golomen drachefn. Ddaeth mo'r golomen yn ôl. O'r diwedd, roedd hi wedi dod o hyd i fan lle gallai adeiladu nyth.

Fedri di fod mor amyneddgar â Noa a'r golomen?

DARLLEN Y STORI YN GENESIS 8

MAI 1

Hedfan i Ffwrdd

Gweddïodd Dafydd yn y Beibl, 'O na fyddai gennyf adenydd colomen, i mi gael ehedeg ymaith…'

SALM 55:6

Weithiau, pan fydd pethau'n ddrwg arnon ni, byddwn ni'n dymuno hedfan i ffwrdd fel colomen. Ond fedrwn ni ddim. Rhaid i ni aros, wyddost ti, a gweld sut y bydd Duw'n ein helpu i gael ateb i'n problemau.

Pan oedd Dafydd eisiau hedfan i ffwrdd neu ddianc, byddai'n gweddïo ar Dduw. Byddai'n gweddïo ben bore. A byddai'n gweddïo ganol nos. Galwodd â llais uchel ar Dduw, a chafodd help gan Dduw.

Wyddost ti dy fod ti'n gallu galw ar Dduw unrhyw adeg o'r dydd a'r nos? Mae Duw bob tro'n falch dy glywed.

GWRANDA AR EIRIAU DAFYDD YN SALM 55:16-17

MAI 2

Ysbryd fel Colomen

Dywed y Beibl, 'A disgynnodd yr Ysbryd Glân arno mewn ffurf gorfforol fel colomen.'
LUC 3:22

Cyn i Iesu Grist ddechrau pregethu a dysgu, aeth i lan afon - afon Iorddonen. Roedd dyn da o'r enw Ioan yno. Aeth Ioan ati i helpu Iesu i drochi Ei gorff i gyd dan y dŵr, ac yna codi i fyny unwaith eto. Cafodd Iesu Ei fedyddio.

Wedi Iddo gael Ei fedyddio a chodi o'r dŵr, clywodd pawb lais Duw yn dod o'r nefoedd. 'Ti yw fy mab, yr Anwylyd; ynot ti yr wyf yn ymhyfrydu,' meddai Duw. Yna, disgynnodd Ysbryd Glân Duw ar Iesu. Wrth i'r Ysbryd Glân ddod i lawr, edrychai fel colomen.

Wedi hyn, dechreuodd Iesu bregethu a dysgu. Heddiw, pan fyddi di a fi yn sôn wrth bobl eraill am Iesu Grist, rhaid i ni'n gyntaf gael yr Ysbryd Glân gyda ni i'n helpu.

DARLLEN Y STORI YN MARC 1:9-11

MAI 3

Rhwyd Anferth

*Dywed Iesu Grist, 'Y mae teyrnas nefoedd
yn debyg i rwyd a fwriwyd i'r môr ...'*

MATHEW 13:47

Yn amser y Beibl, byddai pygotwyr weithiau'n defnyddio rhwyd anferth i ddal pysgod. Bydden nhw'n gollwng y rhwyd i'r môr, ac yn ei llusgo drwy'r dŵr. Wedyn, bydden nhw'n tynnu'r rhwyd i'r lan.

Fel arfer, byddai'r rhwyd yn llawn dop o wahanol fathau o bysgod: pysgod da a physgod gwael. Arferai'r pysgotwyr ddidoli'r pysgod. Bydden nhw'n cadw'r pysgod da ac yn taflu'r rhai gwael i ffwrdd.

Dywedodd Iesu mai dyma sut bydd hi yn hanes pobl, ryw ddydd. Daw angylion i ddidoli'r bobl. Caiff pobl dda aros gyda Duw. Caiff pobl ddrwg eu hanfon i le ofnadwy sy'n llawn tân yn llosgi. D'wed 'Diolch yn fawr' wrth Dduw am Ei fod Ef yn gwybod sut mae dy wneud di'n bysgodyn da i'w gadw am byth.

GWRANDA AR IESU YN MATHEW 13:47-50

MAI 4

Rhwyd Anferth

Dywed Iesu Grist, 'Y mae teyrnas nefoedd yn debyg i rwyd a fwriwyd i'r môr ...'

MATHEW 13:47

Rydyn ni gyd fel pysgod sy'n nofio yn y môr. Ym mhobman o'n cwmpas mae miloedd o bysgod eraill, rhai da a rhai gwael.

Dywed Iesu y bydd ein hamser yn y môr drosodd, ryw ddydd. Bydd rhwyd anferth Duw yn cael ei gollwng i'r dŵr ac fe gawn ni i gyd ein dal. Os ydym yn debyg i'r pysgod da, cawn aros gyda Duw am byth. Os ydym fel y pysgod gwael, cawn ein taflu i le ofnadwy sy' byth yn gorffen llosgi. Dyna beth ddywed Iesu Grist.

Gallwn ni fod yn falch bod y diwrnod hwn yn dod, wyddost ti. Does dim rhaid i ni ofni dim. Gallwn ni fod yn llawen, oherwydd bydd rhwyd fawr Duw yn ein codi, er mwyn i ni fod gydag Ef am byth.

GWRANDA AR IESU YN MATHEW 25:31-46

Rhwyd Anferth

Dywed Iesu Grist, 'Eto y mae teyrnas nefoedd yn debyg i rwyd…'

MATHEW 13:47

Sut gallwn ni fod fel y pysgod da sy'n cael eu dal a'u cadw gan y pysgotwyr? Dydyn ni ddim eisiau bod fel y pysgod gwael sy'n cael eu taflu i ffwrdd. Dydyn ni ddim eisiau bod fel y bobl ddrwg hynny gaiff eu taflu ryw ddiwrnod i'r tân ofnadwy sy' byth yn diffodd. Rydyn ni eisiau bod yn dda, ac yn bobl sy'n cael aros gyda Duw am byth. Sut gallwn ni fod yn dda, fel hyn?

Dim ond Iesu Grist sy'n medru'n gwneud ni felly. Pan fyddwn ni'n credu yn Iesu ac yn Ei garu, bydd Duw, yn y fan a'r lle'n penderfynu ein cadw am byth. Bydd Iesu yn Ffrind ac yn Athro arnon ni. Gall Ef ddangos i ni sut mae bod yn dda. A bydd Duw yn anfon Ei Ysbryd Glân i fyw o'n mewn ni. Bydd yr Ysbryd Glân yn ein newid o fod yn bobl ddrwg i fod yn bobl dda.

Cofia ddweud 'Diolch yn fawr' wrth Dduw am wneud yr holl bethau hyn er mwyn ein gwneud yn dda.

GWRANDA AR IESU YN IOAN 14:26-27

MAI 6

Edrych ar y Blodau!

Dywed Iesu Grist, 'Ystyriwch lili'r maes, pa fodd y maent yn tyfu.'
MATHEW 6:24

Bob tro y gweli di flodau, cofia mai Duw sy'n eu gwneud nhw mor hardd. Bydd Ef yn eu gwisgo mewn môr o wahanol liwiau. Pam, meddet ti, fod y blodau hyn yn gwisgo dillad mor smart? Ai am eu bod nhw'n treulio cymaint o amser yn eu gwneud nhw? Na, siŵr iawn! Ai am fod gyda nhw lawer iawn o arian i'w wario yn y siopau ar ddillad crand? Na, dim o gwbl! Mae Duw'n rhoi'r holl ddillad hardd hyn i'r blodau - AM DDIM!

Os yw Duw'n gofalu cymaint am y blodau, yna gwyddom y bydd yn cymryd y gofal mwyaf ohonon ni, hefyd.

Felly, bydd yn hapus. Canmol a rho ddiolch i Dduw am Ei ofal arbennig droson ni.

GWRANDA AR MATHEW 6:28-30

Blodau Hardd

Dywed Iesu Grist, 'Ystyriwch y lili, pa fodd y maent yn tyfu.'

LUC 12:27

Y brenin Solomon oedd y brenin mwyaf cyfoethog a welodd pobl Israel erioed. Roedd ganddo ddillad crand. Bob bore, gallai wisgo unrhyw fantell frenhinol a ddymunai, a gallai wisgo coron.

Ond, dywedodd Iesu Grist nad oedd hyd yn oed y Brenin Solomon yn edrych mor smart â'r blodau hardd sy'n tyfu o'n cwmpas. Duw Ei Hun sy'n rhoi eu gwisgoedd hardd i'r blodau. Fydd y blodau hyn fyth yn weithwyr nac yn filwyr nac yn adeiladwyr nac yn frenhinoedd. A fydd y blodau hyn fyth yn para'n hir. Ond, eto i gyd, mae Duw yn gwneud iddyn nhw edrych yn hardd.

Gall Duw wneud i ninnau edrych yn hardd - tu mewn a thu allan, wyddost ti. Gofyn Iddo wneud hyn. A phaid anghofio dweud 'Diolch yn fawr' wrtho Ef.

GWRANDA AR IESU YN LUC 12:27-28

MAI 8

Meddwl am Flodau

Dywed Iesu Grist, 'Ystyriwch y lili, pa fodd y maent yn tyfu.'

LUC 12:27

Dywed Iesu wrthon ni am feddwl am y blodau fyddwn ni'n eu gweld. Cofia wneud mwy na dim ond edrych arnyn nhw! Meddylia amdanyn nhw hefyd. Ystyria pa mor fach a gwan yw pob un ohonyn nhw. Fedran nhw ddim ymladd. Fedran nhw ddim bod yn gryf. Dydyn nhw ddim yn gallu amddiffyn eu hunain, chwaith. Ond eto, mae Duw'n eu gwneud nhw'n hardd.

Ystyria pa mor ddistaw a llawn heddwch yw pob un. Fyddan nhw fyth yn poeni nac yn crïo, fyth yn cwyno nac yn cweryla. Eto, mae Duw'n eu gwneud nhw'n hardd.

Bydd Duw'n cymryd mwy o ofal ohonot ti na'r blodau, wyddost ti. Bydd Ef yn gryf drosot ti. Bydd yn gofalu amdanat, yn d'amddiffyn ac yn dy wneud yn hardd. Felly, cofia beidio â phoeni na chwyno, na dadlau.

DARLLEN A MWYNHA 1 PEDR 5:7

MAI 9

Y Porth Cyfyng

Dywed Iesu Grist, 'Ewch i mewn trwy'r porth cyfyng.'

MATHEW 7:13

Bydd yn llawen a chofia ganmol Duw am Ei fod yn dweud wrthon ni sut gallwn ni fyw gydag Ef am byth! 'Bywyd tragwyddol' yw'r enw mae'r Beibl yn ei roi ar fyw gyda Duw am byth.

Wyddost ti fod 'na ffordd sy'n mynd â ni i'r bywyd tragwyddol? Ar ben isa'r ffordd hon, mae porth neu ddrws. Dydi'r drws ddim yn un mawr iawn. Pam bod y drws mor fach a chul? Wel, oherwydd ei fod fel Iesu Grist. Iesu Grist yw'r unig ffordd i ni gael mynd i fyw gyda Duw am byth. Dim ond un ffordd sy' i fynd trwy Ei borth Ef - rhaid i ni gredu yn Iesu a'i garu. Does dim ffordd arall ar gael i ni sy'n arwain i'r bywyd tragwyddol.

Felly, rho foliant i Iesu Grist am mai Ef yw'n hunig ffordd i'r nefoedd.

GWRANDA AR IESU YN MATHEW 7:113-14

MAI 10

Drws Agored

Dywed Iesu Grist, 'Myfi yw'r drws…'

IOAN 10:9

Dywed Iesu Grist wrthon ni mai Ef Ei Hun yw'r drws. Iesu yw ein drws i'r bywyd tragwyddol. Ystyr 'bywyd tragwyddol' yw cael byw gyda Duw yn Ei nefoedd, am byth.

Iesu yw'r drws sy'n agor ac yn cau. Os credwn ni ynddo Ef a'i garu, bydd yn agor Ei ddrws ac yn gadael i ni ddod i mewn. Ond mae rhai pobl yn gwrthod credu ynddo Ef a'i garu. Felly, dydi'r drws ddim yn agor iddyn nhw. Fyddan nhw ddim yn gallu mynd i fyw gyda Duw am byth.

Bydd yn falch, os wyt ti'n credu yn Iesu Grist. Bydd yn hapus bod y drws wedi cael ei agor i ti. Cofia ganmol Iesu a diolch Iddo oherwydd Ei fod wedi addo mynd â ti i fyw gyda Duw am byth yn Ei nefoedd.

GWRANDA AR IESU YN IOAN 10:7-9

MAI 11

Drws Daioni

Dywed Iesu Grist, 'Yn wir, 'rwy'n dweud wrthych, myfi yw drws y defaid.'
IOAN 10:7

Iesu yw'r drws sy'n ein harwain at bopeth da, popeth sy'n iawn a phopeth y byddwn ni'n ei garu a'i fwynhau.

Pan fyddwn ni eisiau gweld Duw, Ei adnabod a'i garu'n well, yna Iesu yw drws daioni i ni. Os gofynnwn Iddo, bydd yn ein dysgu sut i weld a charu Duw'n well. Drws yw Iesu sy'n agor a dangos y ffordd i ni at Ei Dad nefol.

Pan fyddwn ni eisiau caru'n teulu a'n ffrindiau'n fwy - Iesu yw ein drws. Bydd yn ein dysgu sut i garu pobl eraill yn well, os gofynnwn Iddo. Mae'r Iesu fel drws sy'n agor o'n blaen ac yn dangos y ffordd i'r bywyd. Beth hoffet ti i Iesu ddangos i ti? Cofia ofyn hynny Iddo mewn gweddi.

GWRANDA AR IESU YN IOAN 14:13-14

MAI 12

Rhoddodd Duw

Dywed y Beibl, 'Carodd Duw y byd gymaint nes iddo roi ei unig Fab...'
IOAN 3:16

Wedi i ti gael anrheg wedi ei lapio'n hyfryd gan un o dy ffrindiau, fyddi di'n dweud, 'Faint o arian sy' arna' i ti am yr anrheg 'ma?'

Na fyddi! Bydd dy fysedd prysur yn datod y rhuban hardd a'r papur lapio llachar. Rwyt ti'n agor y bocs. Mae gwên fawr yn lledu dros dy wyneb pan weli di beth sy' tu mewn. 'O, diolch yn fawr i ti!', rwy'n dy glywed yn dweud. A bydd dy ffrind yn gwenu.

Mae Duw yn rhoi i ti'r anrheg orau gefaist ti 'rioed, wyddost ti: bydd yn gadael i ti fyw am byth yn Ei nefoedd gyda Iesu Grist. Fedri di fyth ennill na phrynu'r anrheg werthfawr hon. Costiodd fwy na fedr neb yn y byd ei dalu. Prynodd Iesu'r anrheg hon - bywyd tragwyddol - i ti. A phan fyddi di'n dweud 'O, diolch yn fawr!' - bydd Ef yn gwenu nôl arnat ti.

DARLLEN A CHOFIA RHUFEINIAID 6:22

MAI 13

Pob Rhodd Berffaith

*Dywed y Beibl, 'Oddi uchod y daw pob rhoi da a phob rhodd berffaith.
Disgyn y maent oddi wrth Dad goleuadau'r nef...'*

IAGO 1:17

Dywed y Beibl fod pob anrheg gawn ni yn dod oddi wrth Dduw. Felly, mae'n syniad da i ni ddweud 'Diolch yn fawr' wrth Dduw bob dydd.

Bydd Duw BOB TRO yn rhoi i ni'r hyn sy'n dda. Dydi Duw fyth yn newid. Cawn anrhegion da a pherffaith oddi wrth ein Tad Nefol ar bob adeg.

Mae'n rhoi i ni anrhegion da a pherffaith, oherwydd mae Ef am i ninnau fod yn dda a pherffaith. Trwy ddiolch i Dduw am bopeth rwyt ti'n ei gael oddi wrtho - dyna sut mae dechrau bod yn dda dy hun, wyddost ti. Wnei di roi diolch iddo Ef nawr?

DARLLEN IAGO 1:17 YN OFALUS

MAI 14

Anrhegion i'w Defnyddio

Dywed y Beibl, 'Defnyddiwch eich dawn yng ngwasanaeth eich gilydd.'

1 PEDR 4:10

Beth ddylet ti wneud gyda'r anrhegion neu'r doniau da rwyt ti wedi eu derbyn? Ddylet ti eu cuddio? Na. Ddylet ti eu taflu? Na ddylet. Ddylet ti eu gadael yn rhywle ac anghofio amdanyn nhw? Na ddylet, wrth gwrs.

Pan fyddi di'n derbyn anrheg neu ddawn, dylet ei defnyddio.

Dyma sut y dylet ti ddefnyddio'r doniau da fyddi di'n eu derbyn oddi wrth Dduw: dylet eu defnyddio i helpu pobl eraill. Bydd hyn yn plesio Duw, a bydd pobl eraill yn diolch i Dduw amdanat. Pa ddoniau gwerthfawr sy' gyda ti allet ti eu defnyddio i helpu eraill?

DARLLEN 1 PEDR 4:8-11

MAI 15

Meirch Tanllyd

Dywed y Beibl, 'Dyma gerbyd tanllyd a meirch tanllyd yn eu gwahanu…'

2 BRENHINOEDD 2:11

Yn y Beibl, cawn hanes dyn o'r enw Eleias oedd yn caru Duw ac yn ufudd Iddo. Byddai'n mynd ble bynnag y dywedai Duw wrtho. Byddai'n gwneud ac yn siarad yn union yn ôl gorchymyn Duw.

Ymhen amser, daeth yn amser i Eleias adael y byd. Ond, fuodd e ddim farw fel pawb arall, wyddost ti. Anfonodd Duw gerbyd a cheffylau i gludo Eleias i fyny i'r nefoedd. Roedd y cerbyd a'r meirch yn disgleirio fel tân. Anfonodd Duw wynt cryf hefyd. Dyna felly, sut y gadawodd Eleias y ddaear.

Dyna i ti beth rhyfeddol wnaeth Duw dros Eleias, onid e? Cofia - bydd Duw yn gwneud pethau rhyfeddol drosot ti a fi hefyd.

DARLLEN Y STORI YN 2 BRENHINOEDD 2:11-12

MAI 16

Ar Glychau'r Meirch

Dywed y Beibl, 'Ar y dydd hwnnw, bydd "Sancteiddrwydd i'r Arglwydd" wedi ei ysgrifennu ar glychau'r meirch.'
SECHAREIA 14:20

Dywed y Beibl bod diwrnod newydd rhyfeddol ar ddod. Ar y diwrnod arbennig hwn, bydd popeth ym mhobman yn sanctaidd i'r Arglwydd. Bydd hyd yn oed y clychau sy' ar ffrwyn ceffylau yn sanctaidd i'r Arglwydd. Wyddost ti, bydd hyd yn oed ein sosbanau'n sanctaidd i'r Arglwydd.

Ond beth yw ystyr 'sanctaidd i'r Arglwydd'? Wel, bydd popeth yn eiddo i Dduw. Caiff popeth ei ddefnyddio er clod i Dduw. Caiff pob dim ei ddefnyddio er mwyn gwneud daioni. Chaiff dim byd ei ddefnyddio i wneud pethau drwg.

D'wed 'Diolch yn fawr' wrth Dduw am fod y diwrnod rhyfeddol hwn yn dod.

DARLLEN SECHAREIA 14:20-21

MAI 17

Ceffyl Gwahanol

Yn y Beibl, dywed Ioan, 'Gwelais…geffyl gwyn; enw ei farchog oedd Ffyddlon a Gwir.'

DATGUDDIAD 19:11

Mae'r Beibl yn dangos i ni beth fydd y byd yn ei weld pan ddaw Iesu Grist nôl. Bydd Ef yn marchogaeth ar gefn ceffyl gwyn. Daw fel Brenin mawreddog ac fel Milwr nerthol. Bydd ei lygaid fel fflam dân yn llosgi. Ar Ei ben bydd coronau. Bydd Ei eiriau'n finiog fel cleddyf llym. Dyma fydd Ei enwau: Ffyddlon a Gwir, Gair Duw, Brenin brenhinoedd ac Arglwydd arglwyddi.

Bydd holl fyddinoedd y nefoedd yn gorymdeithio tu ôl Iddo. Byddan nhw'n gwisgo dillad gwyn disglair ac yn marchogaeth ar gefn ceffylau gwyn.

D'wed wrth Iesu mor falch wyt ti mai Ef yw dy Frenin, a dy fod ti'n falch Ei fod yn dod nôl rhyw ddydd.

DARLLEN Y STORI YN DATGUDDIAD 19:11-16

MAI 18

Addewid mewn Darlun

Dywed y Beibl, 'Gosodaf fy mwa yn y cwmwl, a bydd yn arwydd cyfamod…'

GENESIS 9:13

Buodd Noa a'i deulu a'r holl anifeiliaid yn yr arch am amser hir. O'r diwedd, diflannodd y llifogydd mawr. O'r diwedd, roedd Noa a'i deulu a'r anifeiliaid yn rhydd i ddod allan o'r arch.

Yna, dyma Duw yn addo rhywbeth arbennig i Noa. 'Wna' i fyth eto anfon dilyw o ddŵr i ddinistrio'r ddaear', meddai Duw. Yna, gosododd Duw enfys odidog, amryliw yn yr awyr! Roedd bwa'r enfys hardd fel darlun o addewid Duw.

Y tro nesa' y gweli di enfys, cofia addewid Duw. Cofia na ddaw fyth eto unrhyw ddilyw mawr i foddi a dinistrio'r byd.

DARLLEN Y STORI YN GENESIS 9:8-17

MAI 19

Gogoniant Duw

Dywed y Beibl, 'Yr oedd y disgleirdeb o'i amgylch yn debyg i fwa mewn cwmwl ar ddiwrnod glawog.'

ESECIEL 1:28

Yn y Beibl cawn yr hanes am Dduw yn caniatáu i Eseciel, oedd yn ŵr da, i gael cipolwg ar y nefoedd trwy dwll yn yr awyr. Gwelodd Eseciel nifer o bethau yn y nefoedd - angylion, olwynion a gorsedd hardd. Ond y peth mwya' trawiadol welodd e oedd gogoniant Duw. Ystyr 'gogoniant Duw' yw goleuni, disgleirdeb a holl liwiau bendigedig Duw.

Cafodd Eseciel weld fod Duw yn disgleirio fel tân. O gwmpas Duw mae golau sy' mor ddisglair â'r enfys.

Y tro nesa' y gweli di enfys, cofia bod y gogoniant sy' o amgylch Duw yn ddisglair a hardd ac yn llawn lliw.

DARLLEN A MWYNHA ESECIEL 1:25-28

MAI 20

Enfys yr Orsedd

Dywed y Beibl, 'O amgylch yr orsedd yr oedd enfys debyg i emrallt.'

DATGUDDIAD 4:3

Dywed y Beibl yr hanes am Ysbryd Glân Duw yn cario Ioan trwy ddrws i mewn i'r nefoedd. Dyn da oedd Ioan. Dangosodd yr Ysbryd Glân lawer o bethau iddo. Gwelodd Ioan angylion a'r orsedd lle mae Duw yn eistedd fel Brenin.

O amgylch gorsedd Duw roedd enfys - mor ddisglair â gem gwerthfawr. Roedd yr enfys ar lun cylch o gwmpas yr orsedd.

Fedri di a fi ddim mynd drwy ddrws y nefoedd eto, wyddost ti. Ond mae Duw am i ni wybod sut le sy' yno. Mae Ef eisiau i ni sylweddoli mor hardd a disglair yw popeth sy' o amgylch Ei orsedd. D'wed 'Diolch yn fawr' wrth Dduw am adael i ni wybod hyn.

DARLLEN A MWYNHA DATGUDDIAD 4:1-11

MAI 21

Satan y Sarff

Dywed y Beibl, 'Yr oedd y sarff yn fwy cyfrwys…'

GENESIS 3:1

Pan greodd Duw y byd lle rydyn ni'n byw, roedd popeth yma'n dda. Duw greodd y dyn cynta' - Adda. Creodd Ef wraig i Adda - Efa. Roedd Adda ac Efa bob amser yn dda ar y dechrau. Roedden nhw'n ufudd i Dduw.

Ond cyn hir, daeth Satan, gelyn Duw, i siarad ag Efa. Roedd Satan yn edrych fel sarff. Dywedodd gelwydd am Dduw. Perswadiodd Efa i fod yn anufudd i Dduw. Gwrandawodd Efa ar y sarff. Dyma hi'n anufuddhau i Dduw. Yna buodd Adda'n anufudd i Dduw hefyd. Oherwydd hyn roedd Adda ac Efa yn bobl ddrwg - yn bechaduriaid. Doedden nhw ddim yn dda bob tro bellach.

Y tro nesa' y gweli di neidr neu sarff, cofia sut y daeth pechod i mewn i'n byd. Ond cofia hefyd sut y daeth Iesu Grist er mwyn cymryd ein pechodau i ffwrdd.

DARLLEN Y STORI YN GENESIS 3:1-15

MAI 22

Sarff ar Bolyn

*Dywedodd Duw wrth Moses,
'Gwna sarff a'i gosod ar bolyn...'*

NUMERI 21:8

Un tro, roedd holl bobl Dduw yn cerdded ar draws yr anialwch. Roedden nhw'n boeth a blinedig, ac yn crefu am rywbeth i'w fwyta a'i yfed. Dechreuon nhw gwyno. Yn sydyn, ymddangosodd nadroedd a dechrau cnoi'r bobl. Roedd y nadroedd hyn yn rhai gwenwynig. Aeth llawer o'r bobl yn sâl, a buodd rhai farw hyd yn oed.

Dywedodd Duw wrth Moses am wneud sarff neu neidr a'i gosod ar bolyn. Ufuddhaodd Moses. O hyn ymlaen, pan gâi'r bobl eu cnoi gan y nadroedd, bydden nhw'n edrych ar y sarff ar bolyn wnaeth Moses. Doedden nhw ddim yn marw wedyn wyddost ti!

Mae Iesu Grist felly hefyd. Pan fyddwn ni'n edrych i fyny at Iesu Grist ac yn credu ynddo Ef ac yn Ei garu, yna cawn fyw am byth bythoedd.

GWRANDA AR IESU YN IOAN 3:14-16

MAI 23

Satan yng Ngharchar

Dywed y Beibl, 'Gafaelodd [angel] yn y ddraig, yr hen sarff, sef Diafol a Satan…'

DATGUDDIAD 20:2

Creadur tebyg i neidr yw'r sarff. Enw arall am Satan yw 'Sarff' yn y Beibl. Mae Satan yn elyn i Dduw. Chwarae triciau ar bobl Dduw a'u brifo nhw yw un o hoff bethau Satan. Bydd yn dweud celwydd wrth bobl Dduw, yn dwyn ac yn lladd hefyd.

Ond chaiff Satan ddim dal i wneud y pethau drwg hyn am byth, meddai Duw. Rhyw ddiwrnod, bydd Duw yn cloi Satan mewn carchar. Wedi hynny, bydd Duw'n ei daflu i mewn i lyn sy'n llosgi'n fflamau. Bydd hyn yn brifo Satan am byth. Fydd dim diwedd ar ei boen.

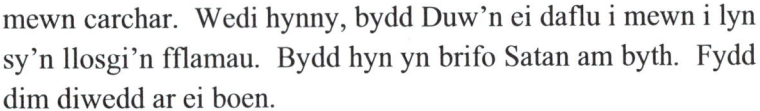

Canmol Dduw am Ei fod mor aruthrol fawr ac mor dda. Wnaiff Duw ddim gadael Satan i ennill y dydd.

DARLLEN DATGUDDIAD 20:7-10

MAI 24

Dos at y Cerbyd Acw

Dywed y Beibl, 'Dos a glŷn wrth y cerbyd acw.'
ACTAU 8:29

Yn yr hen amser, byddai brenhinoedd, milwyr a phobl bwysig yn cael eu cludo o fan i fan mewn cerbydau'n cael eu tynnu gan geffylau.

Un diwrnod, dywedodd Duw wrth ddyn o'r enw Philip am fynd ar hyd ffordd yn yr anialwch. Ar y ffordd honno, dyma Philip yn cyfarfod â dyn mewn cerbyd. Roedd y dyn yn darllen y Beibl. Ond doedd e ddim yn deall beth roedd e'n ei ddarllen. Felly, aeth Philip ati i ddweud wrtho bopeth roedd e'n ei wybod am Iesu Grist. Daeth y dyn yn y cerbyd i gredu yn Iesu Grist, ac o'r diwedd roedd e'n ddyn hapus iawn, wyddost ti.

Wyt ti'n barod i ddweud wrth bobl eraill am Iesu Grist?

DARLLEN Y STORI YN ACTAU 8:26-39

MAI 25

Ni Fedr Cerbydau Achub

Dywed y Beibl, 'Ymffrostia rhai mewn cerbydau ac eraill mewn meirch, ond fe ymffrostiwn ni yn enw'r Arglwydd ein Duw.'

SALM 20:7

Adeg y Beibl, roedd gan bobl Dduw nifer fawr o elynion. Roedd gan y gelynion hyn fyddinoedd anferth fel arfer. Yn aml byddai'r byddinoedd yn cynnwys miloedd o filwyr, miloedd o gerbydau a miloedd o geffylau.

Ond pan fyddai pobl Dduw yn rhoi eu ffydd yn Nuw - pan fydden nhw'n caru Duw, yn ufuddhau Iddo, ac yn gofyn Iddo am help - yna fyddai'r gelynion hyn ddim yn gwneud niwed i bobl Dduw.

Mae Duw'n gryfach nag unrhyw fyddin, wyddost ti. Ac yn gryfach na holl gerbydau'r gelyn. Felly, beth am i ti foli Duw a diolch Iddo, oherwydd Ei fod yn cadw'i bobl yn ddiogel?

DARLLEN JOSUA 11:1-9

MAI 26

Mae Duw'n Dod

Dywed y Beibl, 'Edrychwch, y mae'r Arglwydd yn dod â thân, a'i gerbydau fel corwynt.'

ESEIA 66:15

'Edrychwch!', medd y Beibl. 'Mae'r Arglwydd yn dod!' Bydd Duw'n dod rhyw ddydd i gosbi pawb sy'n gwrthod credu ynddo Ef a'i garu. Mae gan Dduw fyddin fawr o angylion yn y nefoedd. Bydd Ef yn eu hanfon i gosbi holl bobl ddrwg y byd sy'n ymladd yn erbyn Duw.

Pan ddaw'r diwrnod hwnnw, bydd cerbydau byddin Duw yn disgyn o'r awyr. Byddan nhw'n dod fel storm fawr. Bydd y storm yn llawn tân a gwynt cryf.

Cofia foli Duw am Ei fod yn dda ac yn nerthol. Duw yw'r Enillydd bob tro, wyddost ti, pan ddaw Ef wyneb yn wyneb â'i elynion.

DARLLENWCH GYDA'CH GILYDD ESEIA 66:15-16

MAI 27

Ffrindiau Da

Dywed y Beibl, 'Tynnodd [Jonathan] y fantell oedd amdano a'i rhoi i Ddafydd; hefyd ei arfau, ...ei gleddyf, ei fwa a'i wregys.'

1 SAMUEL 18:4

Doedd dim gynnau gan filwyr 'slawer dydd. Bydden nhw'n cario cleddyfau a gwaywffyn, bwâu a saethau. Dyma oedd arfau'r milwyr bryd hynny.

Y llanc Jonathan oedd un o filwyr dewraf y Beibl. Byddai'n ymladd yn ddewr bob tro yn erbyn gelynion Duw.

Roedd ganddo gleddyf da a bwa saeth penigamp. Roedd gan Jonathan ffrind da hefyd - Dafydd oedd ei enw. Gwyddai Jonathan y byddai Dafydd yn frenin dros bobl Dduw, ryw ddiwrnod. Felly, rhoddodd Jonathan ei gleddyf, ei ddillad milwr a'i wregys i Dafydd.

Oes ffrindiau da gyda ti? Pa bethau da wyt ti wedi eu rhoi iddyn nhw?

DARLLEN Y STORI YN 1 SAMUEL 18:1-4

MAI 28

Help Duw

Dywed y Beibl, 'Nid yn fy mwa yr ymddiriedaf...'

SALM 44:6

Mae milwr da yn ddyn ddewr ac yn ymladdwr caled. Bydd yn defnyddio'i arfau'n dda. Bydd yn gofalu am ei arfau hefyd, fel eu bod nhw ar eu gorau ac yn aros heb dorri.

Ond bydd milwr da'n gwybod hefyd mai dim ond Duw sy'n gallu penderfynu p'un o'r ddwy ochr fydd yn ennill y frwydr. Bydd milwr da'n gwybod bod rhaid iddo gredu yn Nuw a'i garu. Rhaid iddo hefyd ofyn am help Duw yn y frwydr yn erbyn ei elynion.

Wyddost ti dy fod ti'n gallu bod yn filwr da dros Dduw, os byddi di'n gofyn bob tro am help Duw, wrth wneud popeth?

DARLLEN SALM 44:4-8

MAI 29

Dim Mwy o Ryfeloedd

Dywed y Beibl, 'Dryllia'r bwa, tyr y waywffon…'

SALM 46:9

Mae llawer o ymladd wedi bod ers dechrau y byd lle rydyn ni'n byw. Nid rhywbeth newydd yw rhyfeloedd, wyddost ti. Maen nhw wedi bod erioed. Ac mae dynion wedi cario arfau ers cyn hanes.

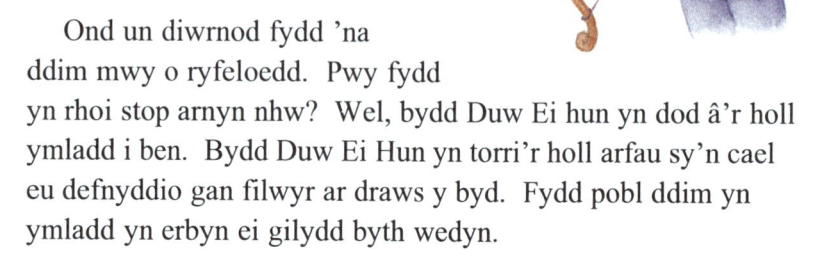

Ond un diwrnod fydd 'na ddim mwy o ryfeloedd. Pwy fydd yn rhoi stop arnyn nhw? Wel, bydd Duw Ei hun yn dod â'r holl ymladd i ben. Bydd Duw Ei Hun yn torri'r holl arfau sy'n cael eu defnyddio gan filwyr ar draws y byd. Fydd pobl ddim yn ymladd yn erbyn ei gilydd byth wedyn.

Felly, bydd yn hapus a chanmol ein Duw nerthol. Rho ddiolch Iddo am Ei fod yn mynd i ddod â'r holl ymladd creulon a'r rhyfeloedd cas sy'n y byd i ben, ryw ddiwrnod.

GWRANDA AR DDUW YN SALM 46:8-10

MAI 30

Priodferch Duw

Dywed y Beibl, 'Fel y bydd priodfab yn llawen yn ei briod, felly y bydd Duw yn llawen ynot ti.'

ESEIA 62:5

Fuest ti mewn priodas erioed? Mae priodas yn amser hapus, wyddost ti. Bydd dynes yno'n gwisgo ffrog wen hardd. Bydd hi'n gwenu. Hi yw'r briodferch.

Bydd dyn yno hefyd - y priodfab. Bydd e'n gwenu hefyd. Heddiw bydd y ddynes yn dod yn wraig i'r priodfab. Byddan nhw'n priodi. Daw'r briodferch i fyw ato ac aros gyda'i gŵr drwy'r amser. Mae'r priodfab felly'n hapus iawn.

Mae Duw'n meddwl am Ei holl bobl gyda'i gilydd fel Ei briodferch. Rydym yn dod i fyw gydag Ef, aros gydag Ef am byth a bod yn eiddo Iddo. Mae Duw'n hapus iawn wedyn. D'wed wrth Dduw dy fod ti'n falch dy fod ti'n eiddo Iddo Ef.

DARLLEN A MWYNHA ESEIA 65:17-19

MAI 31

Priodas yr Oen

Dywed y Beibl, 'Daeth dydd priodas yr Oen ac ymbaratôdd ei briodferch ef.'

DATGUDDIAD 19:7

Iesu yw Oen Duw. Dywed y Beibl y bydd Iesu Grist, Oen Duw, ryw ddiwrnod, fel priodfab ar ddydd ei briodas.

Bydd ganddo briodferch hardd. Bydd hi'n barod ar Ei gyfer. Bydd hi'n barod i fyw gydag Ef ac aros gydag Ef am byth. Bydd hi'n barod i fod yn eiddo Iddo yn oes oesoedd. Bydd yn gwisgo dillad gwyn, hardd amdani.

Pwy fydd priodferch Iesu? Bydd pawb sy'n credu yn Iesu Grist ac yn Ei garu yn rhan o'i briodferch. A beth am ddillad gwyn y briodferch? - wel, dyna'r holl bethau da a wnaeth Ei bobl. Pa beth da mae Iesu eisiau i ti ei wneud nawr?

DARLLEN A MWYNHA DATGUDDIAD 19:6-9

MEHEFIN 1

Mor Hardd â Phriodferch

Dywed y Beibl, 'A gwelais y ddinas sanctaidd, Jerwsalem newydd, ...wedi ei pharatoi fel priodferch wedi ei thecáu i'w gŵr.'

DATGUDDIAD 21:2

Bydd y diwrnod hwnnw pan welwn ni'r Jerwsalem Newydd - y ddinas ddaw allan o'r nefoedd oddi wrth Dduw - yn union fel diwrnod priodas, yn llawn hapusrwydd.

Jerwsalem Newydd yw enw'r ddinas lle bydd pobl Dduw'n byw. Dinas hardd fydd hon, mor brydferth â phriodferch. Bydd hi'n berffaith barod ar gyfer Duw. Dinas lân a da fydd hi. Bydd holl bobl Dduw yn berffaith, yn llawn cariad ac yn hapus yno. Iesu Grist Ei Hun fydd yn ein gwneud felly. Buodd Ef farw er mwyn cymryd ein holl bechodau hyll.

Felly, canmol enw Duw. Rho ddiolch Iddo oherwydd bydd Ef yn dy wneud yn lân a da, yn llawn cariad ac yn llawen.

DARLLEN EFFESIAID 5:25-32 YN OFALUS

MEHEFIN 2

Pysgota am Bobl

Dywed Iesu Grist, 'Dewch ar fy ôl i, ac fe'ch gwnaf yn bysgotwyr dynion.'

MATHEW 4:19

Roedd gan Iesu ffrindiau oedd yn bysgotwyr. Dal pysgod oedd eu gwaith. Bydden nhw'n mynd allan yn eu cychod ar y môr. Roedd ganddyn nhw rwydi er mwyn dal y pysgod. Un diwrnod, dywedodd Iesu wrthyn nhw, 'Dilynwch fi. Dewch gyda fi. Ewch ble bynnag y bydda' i'n mynd. Arhoswch ble bydda' i'n aros. Ac fe helpa i chi i fod yn bysgotwyr o fath newydd. Fyddwch chi ddim yn pysgota am bysgod. Pysgota am Bobl fyddwch chi.'

Gadawodd Ei ffrindiau eu cychod a'u rhwydi. Fyddai dim angen cychod a rhwydi arnyn nhw i ddal pobl. Dim ond bod gyda Iesu Grist a dysgu oddi wrtho Ef oedd y cyfan oedd ei angen arnyn nhw.

Wyt ti eisiau dysgu sut i bysgota am bobl? Gofyn i Iesu Grist dy ddysgu di.

DARLLEN Y STORI YN MATHEW 4:18-22

MEHEFIN 3

Pysgota am Bobl

Dywed Iesu Grist, 'Dewch ar fy ôl i, ac fe'ch gwnaf yn bysgotwyr dynion.'

MATHEW 4:19

Roedd gan Iesu Grist lawer o ffrindiau oedd yn bysgotwyr. Dysgodd Iesu nhw sut i bysgota pobl. Gall Iesu dy ddysgu di hefyd i wneud hyn, wyddost ti. Gall dy ddysgu sut i bysgota dynion a merched. Yna, byddi di'n gallu helpu pobl eraill i ddysgu am Iesu. Gallet ti eu helpu i gredu ynddo Ef a'i garu. Gallet ti eu helpu i fod yn wironeddol hapus yn eu calonnau.

Er mwyn gwneud hyn, rhaid i ti'n gyntaf ddilyn Iesu Grist. Aros mor agos ag y medri di at Iesu. Gwranda'n astud ar bopeth mae Ef yn ei ddweud. Cofia Ei eiriau a gwna beth mae'n ddweud wrthot ti.

Os wyt ti eisiau bod yn bysgotwr dynion, cofia siarad â Iesu am y peth mewn gweddi.

GWRANDA AR IESU YN IOAN 10:27

MEHEFIN 4

Pysgota am Bobl

Yn y Beibl, dywedodd Pedr, 'Rwy'n mynd i bysgota.'

IOAN 21:3

Wedi i Iesu Grist gael Ei ladd ar y groes, cododd eto'n fyw o'r bedd. Doedd Ei ffrindiau ddim yn gweld cymaint ohono Ef wedi i hyn ddigwydd. Doedden nhw ddim yn gwybod beth i'w wneud. Felly, un noson, fe aethon nhw i bysgota. Ond, ddalion nhw ddim un pysgodyn drwy gydol y nos, wyddost ti!

Roedd Dyn yn sefyll ar y traeth ben bore, yn eu gwylio. Gwaeddodd arnyn nhw, 'Bwriwch y rhwyd i'r ochr dde i'r cwch, ac fe gewch helfa o bysgod.' Dyna wnaethon nhw. Daliwyd 153 o bysgod. Edrychodd y pysgotwyr yn fwy gofalus ar y Dyn ar y lan. Ie, Iesu Grist oedd yno! 'Dilynwch Fi', meddai Ef wrthyn nhw eto. Dyna wnaethon nhw. Ac fe fuon nhw'n pysgota am bobl.

Os wyt ti hefyd am Ei ddilyn Ef, d'wed hynny wrth Iesu Grist mewn gweddi.

DARLLEN Y STORI YN IOAN 21:1-14

MEHEFIN 5

Geiriau Teg

Dywed y Beibl, 'Y mae geiriau teg fel diliau mêl.'

DIARHEBION 16:24

Bydd pawb yn hoffi clywed geiriau serchog, clên. Maen nhw lawn cystal â'r blas melys sy' gan fêl.

Rwyt ti'n gwybod sut mae dweud geiriau teg, ond wyt ti? Geiriau caredig yw geiriau teg. Fel pan fyddi di'n dweud wrth rywun 'Fe wnest ti waith da' neu 'Dwi'n hoffi bod gyda ti'. Geiriau teg yw'r rheiny pan fyddi di'n dweud. 'Diolch yn fawr am fy helpu i' neu'n gofyn 'Beth fedra i wneud i'ch helpu chi?' Pan fyddi di'n sibrwd, 'Rwy'n dy garu di' - dyna i ti eiriau teg hefyd.

Wrth bwy fedri di ddweud ychydig eiriau teg y funud hon?

DARLLEN AC UFUDDHA I EFFESIAID 4:29

MEHEFIN 6

Melysach na Mêl

*Dywed y Beibl, 'Y mae barnau'r Arglwydd...
yn felysach na mêl, ac na diferion diliau mêl.'*

SALM 19:9-10

Mae geiriau Duw yn eiriau teg. Mae Ei eiriau yn felysach na mêl. Dydi geiriau Duw fyth yn sur nac yn fudr. Dydyn nhw fyth yn chwerw nac yn eiriau sâl. Geiriau da, melys i'r glust yw geiriau Duw bob tro.

Mae geiriau Duw yn rhai da i'w cofio, wyddost ti. Ac maen nhw'n rhai da i ni feddwl drostyn nhw bob amser. Mae Ei eiriau yn rhai da i ni ufuddhau. Geiriau da i'w rhoi ar waith ydyn nhw hefyd. Mae geiriau Duw yn dda i'w dweud a'u rhannu gyda phobl eraill.

Mae Duw am i ni fwynhau Ei eiriau yn ein calonnau. Y tro nesa' y byddi di'n blasu mêl, cofia mor dda yw Gair Duw.

DARLLEN A CHOFIA SALM 119:103

MEHEFIN 7

Ioan Fedyddiwr

Dywed y Beibl am Ioan, 'Locustiaid a mêl gwyllt oedd ei fwyd.'

MARC 1:6

Yn y Beibl cawn hanes dyn o'r enw Ioan. Ioan Fedyddiwr fyddwn ni'n ei alw. Roedd ei ddillad wedi eu gwneud o flew camel. Ceiliogod rhedyn a mêl gwyllt oedd bwyd Ioan.

Doedd Ioan ddim yn ŵr cyfoethog. Doedd e ddim yn byw mewn tŷ mawr crand, nac yn gwisgo dillad smart. Fyddai e ddim yn bwyta bwyd ffansi chwaith. Dim ond gwneud beth fyddai Duw yn ddweud wrtho fyddai Ioan.

Roedd gan Dduw waith pwysig ar gyfer Ioan. Anfonodd Duw Ioan i baratoi Ei bobl ar gyfer dyfodiad Iesu Grist. Sut fydden nhw'n paratoi? Trwy droi eu cefnau ar yr holl bethau drwg roedden nhw'n eu gwneud. Oes rhyw ddrygioni mae Duw eisiau i ti droi dy gefn arno?

DARLLEN HANES IOAN YN MATHEW 3:1-12

MEHEFIN 8

Plannwyd ar lan Afon

*Dywed y Beibl, 'Y mae fel pren wedi ei blannu wrth ffrydiau dŵr
...a'i ddeilen heb fod yn gwywo.'*

SALM 1:3

Mae angen dŵr ar goed, wyddost ti, er mwyn iddyn nhw dyfu a chadw'u dail yn wyrdd. Mae'r wlad lle roedd Iesu Grist yn byw yn wlad sych iawn. Does dim digon o law yno ar gyfer llawer o goed gwyrddlas.

Ond mae afonydd i'w cael yno. Gall coed dyfu wrth ymyl dŵr. Dail gwyrdd sy' gan y coed hynny.

Dywed y Beibl y gallwn ni fod fel coeden sy' wedi ei phlannu ar lan afon. Os wyt ti'n hoffi clywed geiriau Duw o'r Beibl, ac os byddi di'n meddwl am y geiriau hynny yn ystod y dydd a'r nos, yna byddi dithau fel coeden sy' â'i dail yn aros yn wyrdd eu lliw.

DARLLEN SALM 1 YN OFALUS

MEHEFIN 9

Bythol Wyrdd

Dywed y Beibl, 'Y mae fel pren a blannwyd ar lan dyfroedd ...a'i ddail yn ir.'

JEREMEIA 17:8

Sut gwyddost ti dy fod ti fel coeden sydd â'i dail yn wyrdd?

Byddi di'n gwybod hyn pan fyddi di'n dal i gofio Duw. Byddi di'n cofio amdano Ef, hyd yn oed pan fydd pethau drwg yn digwydd i ti. Byddi di'n dal i gofio Duw. Pan fyddi di'n dal i gredu ynddo Ef a'i garu. Fyddi di ddim yn poeni, nac yn ofni. Rwyt ti'n gwybod y bydd Duw'n dy helpu. Byddi di'n amyneddgar ac yn aros am Ei help. Hyd yn oed pan fydd pethau'n mynd yn ddrwg a bywyd yn drafferthus, rwyt ti'n falch dy fod ti'n eiddo i Dduw. Bydd Ef yn gofalu amdanat. Rwyt ti'n gwybod bod y pethau drwg hyn yn bethau da, mewn gwirionedd. Wyt ti fel hyn nawr?

DARLLEN JEREMEIA 17:7-8 YN OFALUS IAWN

MEHEFIN 10

Dail Iachusol

Dywed y Beibl, 'Yr oedd dail y pren er iachâd y cenhedloedd.'

DATGUDDIAD 22:2

Un diwrnod, cawn weld y Jerwsalem Newydd, dinas Dduw yn disgyn o'r nefoedd.

Yn y ddinas honno bydd afon. Wrth ymyl yr afon bydd coeden yn tyfu. Dyma 'Bren y Bywyd'. Bydd dail y pren yn ddail sy'n iacháu. Pe bait ti'n sâl, byddai'r dail yn dy wella. Pe bait ti wedi dy anafu, byddai'r dail yn dy wneud yn holliach. Pe bait ti'n drist, byddai'r dail hynny'n dy wneud yn hapus.

Felly, bydd yn llawen, a chanmol Duw. Mola Ef a diolch Iddo am 'Bren y Bywyd' a'r dail rhyfeddol sy'n gallu iacháu.

DARLLEN A MWYNHA DATGUDDIAD 22:1-2

MEHEFIN 11

Caniad y Ceiliog

Dywedodd Iesu wrth Pedr, 'Ni chân y ceiliog heddiw cyn y byddi wedi gwadu deirgwaith dy fod yn fy adnabod i.'

LUC 22:34

Flynyddoedd yn ôl, yn amser y Beibl, byddai pobl Jerwsalem yn cadw ceiliogod. Roedden nhw'n clochdar ar doriad gwawr bob bore. Un noson, roedd Iesu gyda'i ffrindiau. Gwyddai y byddai Ef yn marw cyn hir. Gwyddai y byddai Seimon Pedr, Ei ffrind, yn dweud celwydd hefyd yn fuan; byddai Pedr yn dweud wrth bobl eraill nad oedd e'n adnabod Iesu.

Dywedodd Iesu wrth Pedr y byddai'n gwneud hyn i gyd cyn i'r ceiliog ganu yn y bore.

Mae dweud celwydd yn beth drwg. Ac mae esgus nad ydyn ni'n adnabod Iesu yn beth drwg hefyd. Bydd Iesu'n gwybod yn iawn pan fyddwn ni'n gwneud hyn. Gofyn Iddo nawr i dy helpu di i beidio gwneud y fath beth.

DARLLEN Y STORI YN MATHEW 26:31-35

MEHEFIN 12

Caniad y Ceiliog

Dywed y Beibl, 'Ar unwaith tra oedd [Pedr] yn dal i siarad, canodd y ceiliog.'

LUC 22:60

Un tro, dywedodd Iesu wrth Pedr y byddai e, Pedr, cyn i'r ceiliog ganu yn y bore, yn dweud celwydd ac yn esgus peidio adnabod Iesu.

Daeth milwyr a dynion eraill i gipio Iesu i ffwrdd. Roedden nhw'n paratoi i ladd Iesu. Gwelodd Pedr y tŷ lle roedd y milwyr wedi mynd â Iesu. Safodd Pedr y tu allan. Roedd nifer o bobl yno'n gwylio Pedr. 'Roeddet ti gyda Iesu', medden nhw. Ond atebodd Pedr, 'Na, dw i ddim hyd yn oed yn adnabod y Dyn 'na.' Roedd Pedr wedi dweud celwydd. Yn sydyn, clywodd Pedr ganiad ceiliog. Cofiodd beth ddywedodd Iesu wrtho. Rhedodd i ffwrdd a chrïo.

Cofia bob amser - bod dweud celwydd yn beth drwg. Paid byth â dweud nad wyt ti'n adnabod Iesu.

DARLLEN Y STORI YN MATHEW 26:69-75

MEHEFIN 13

Bydd yn Barod

Dywed Iesu, 'Ni wyddoch pa bryd y daw meistr y tŷ, ai gyda'r hwyr, ai ar hanner nos, ai ar ganiad y ceiliog...'

MARC 13:35

Amser maith yn ôl, roedd Iesu yn byw yn ein byd fel Dyn. Yna, dychwelodd i'r nefoedd. Ond mae Ef yn dod nôl i'n byd, wyddost ti? Pryd? Wyddon ni ddim yn union. Efallai y daw Ef yn gynnar rhyw fore, ar ganiad y ceiliog. Efallai'n hwyrach yn y bore, wedi i'r haul godi. Gyda'r nos, efallai, wrth i'r haul fachlud.

Neu'n hwyrach ar derfyn dydd, wedi i bopeth fynd yn dywyll.

Drwy gydol y dydd a'r nos, cofia fod Iesu yn dod nôl. A bydd yn barod!

GWRANDA AR IESU YN MARC 13:26-37

MEHEFIN 14

Disgleirio fel Sêr

*Dywed y Beibl, 'Gnewch bopeth heb rwgnach nac ymryson;
...yn disgleirio ...fel goleuadau yn y byd.'*

PHILIPIAID 2:14-15

Hoffet ti fod mor hardd a disglair â seren yn y nefoedd fin nos? Mae'r Beibl yn dweud wrthon ni sut y gallwn ni fod yn sêr, wyddost ti. Dyma beth sy'n rhaid i ni ei wneud:

Rhaid i ni wneud popeth heb gwyno. Ie, heb achwyn o gwbl. A rhaid i ni wneud popeth heb ddadlau. Ie, heb fyth ateb nôl.

Pan fyddwn ni'n cwyno neu'n dadlau, mae hyn fel bod yn fudr ac yn dywyll. Pan na fyddwn ni'n gwneud y pethau hyn, rydyn ni'n blant i Dduw, ac yn disgleirio fel sêr. Yna, gallwn ddweud wrth bawb yn llawen am Iesu Grist. Felly, paid â chwyno na dadlau.

DARLLEN PHILIPIAID 2:14-15 YN OFALUS

MEHEFIN 15

Cyfri'r Sêr

Dywedodd Duw wrth Abraham, 'Edrych tua'r nefoedd, a rhifa'r sêr os gelli.'

GENESIS 15:5

Un noson, dyma Duw yn siarad â dyn yn y Beibl o'r enw Abraham. Roedd Abraham eisiau cael plant, ond doedd ganddo fe a'i wraig, Sara, ddim un.

Aeth Duw ag Abraham allan i'r awyr iach. 'Edrych tua'r nefoedd. Rhifa'r sêr os gelli', meddai Duw wrtho. Roedd cymaint yno, fel na allai Abraham eu cyfrif. Atebodd Duw, 'Dyma faint o blant fydd gyda ti.'

Dywed y Beibl bod pawb sy'n credu yn Iesu yn blentyn i Abraham. Os wyt ti'n credu yn Iesu, rwyt ti fel un o'r sêr welodd Abraham yn yr awyr. Rwyt ti'n seren yn ffurfafen Abraham.

DARLLEN Y STORI YN GENESIS 15:1-6

MEHEFIN 16

Seren y Bore

Dywed Iesu, 'Myfi yw ...seren ddisglair y bore.'
DATGUDDIAD 22:16

Welaist ti seren y bore erioed? Mae hon fel pe bai'n disgleirio'n fwy nag unrhyw seren arall yn yr awyr cyn i'r haul godi yn y bore. Seren lachar, heb ei hail yw hon. Mae hi'n loyw a hardd i'r llygad.

Dywed Iesu Ei fod Ef fel Seren y Bore. Mae Ef hefyd yn ddisglair ac yn wledd i'r llygad. All neb arall fyth sgleinio mor ddisglair ag y gwnaiff Ef.

Felly, bydd yn hapus a chanmol Iesu. Mola Ef a diolch Iddo am Ei fod yn hardd a gloyw fel seren y bore. A phryd bynnag y byddi di'n codi'n ddigon cynnar i weld seren y bore yn yr awyr, cofia ganmol enw Iesu.

DARLLEN 2 PEDR 1:19 YN OFALUS

MEHEFIN 17

Y Winwydden

Dywed Iesu Grist, 'Myfi yw'r wir winwydden...'

IOAN 15:1

Bydd grawnwin yn tyfu ar winwydden. Planhigyn cryf yw hwn sy'n tyfu o'r ddaear. Mae llawer o ganghennau ar winwydden. Dyma ble bydd y grawnwin yn tyfu.

Ond dydi'r canghennau bach hyn ddim yn medru tyfu grawnwin ar eu pennau eu hunain. Rhaid iddyn nhw fod yn rhan o'r winwydden. Os caiff y gangen ei thorri i ffwrdd o'r winwydden, bydd y gangen fach yn marw. Fydd dim grawnwin yn tyfu arni wedyn.

Dywed Iesu Ei fod Ef fel y winwydden, a'n bod ninnau fel y canghennau. Os na chawn ni fywyd oddi wrth Iesu, yna byddwn ni'n marw. Ni fydd dim da yn tyfu ohonon ni. D'wed 'Diolch yn fawr' wrth Iesu am mai Ef yw ein gwinwydden ni.

GWRANDA AR IESU YN IOAN 15:1-8

MEHEFIN 18

Y Winwydden

Dywed Iesu Grist, 'Myfi yw'r winwydden…'

IOAN 15:5

Os bydd cangen fach yn aros yn rhan o'r winwydden, bydd yn parhau'n iach. Bydd llawer o rawnwin yn tyfu ohoni.

Iesu yw'r winwydden. Ni yw'r canghennau. Os arhoswn ni'n rhan o Iesu Grist, yna byddwn yn parhau'n iach ac yn fyw yn ein calonnau. A bydd pethau da'n tyfu ohonon ni. Beth yw'r pethau da hyn?

Os byddwn ni'n byw yn Iesu cawn ddysgu sut i garu eraill. Bydd gyda ni hapusrwydd a heddwch. Byddwn yn fwy amyneddgar a charedig. Byddwn ni'n dda a ffyddlon ac yn dyner. Byddwn yn gallu rheoli'n hunain. Dyma'r pethau da mae'r Iesu yn eu rhoi i ni pan fyddwn ni'n byw ynddo Ef.

DARLLEN IOAN 15:1-8 UNWAITH ETO

MEHEFIN 19

Y Winwydden

Dywed Iesu Grist, 'Myfi yw'r winwydden…'

IOAN 15:5

Iesu yw'r winwydden. Rwyt tithau'n un o'i ganghennau Ef. Mae Iesu am i ti aros a byw gydag Ef. Dydi Iesu ddim eisiau i ti dorri dy hun i ffwrdd oddi wrtho. Siarad ag Ef bob amser mewn gweddi. Bydd yn falch dy fod ti'n Ei adnabod a chofia ddiolch dy fod ti'n gallu gweddïo arno unrhyw bryd.

Wrth i ti weddïo, gwrando arno Ef. Gwranda'n astud ar Ei lais. Cofia Ei eiriau. Cofia beth sy' ganddo i'w ddweud yn y Beibl.

Mae Iesu eisiau i ti fod yn fyw ac yn iach y tu mewn. Fedri di ddim gwneud hynny ar dy ben dy hun, wyddost ti. Dim ond Iesu all dy gadw'n fyw ac yn iach y tu mewn.

DARLLEN A CHOFIA IOAN 15:1-8

MEHEFIN 20

Ar y Canghennau

*Dywed y Beibl, 'Y mae adar y nefoedd...
yn trydar ymysg y canghennau.'*

SALM 104:12

Wyt ti wedi sylwi ar ganghennau'r coed pan fydd adar ynddyn nhw? Glywaist ti nhw'n canu? Lle braf yw'r canghennau hynny wnaeth Duw. Creodd Duw y canghennau yn fan arbennig i'r adar gael trydar, yn lle i wiwerod sboncio ac i blant ddringo.

Fyddi di'n hoffi dringo'n uchel i ganol canghennau'r coed? Os wyt ti, rho ddiolch i Dduw am greu'r mannau arbennig hynny ar dy gyfer di a'r adar a'r wiwerod.

Y tro nesa'y byddi di'n edrych ar y byd o ganol canghennau rhyw goeden, cofia roi diolch i Dduw.

DARLLEN A MWYNHA SALM 104:10-24

MEHEFIN 21

Byw mewn Pebyll

Dywed y Beibl, 'Aeth y bobl allan i gyrchu canghennau, a gwnaethant bebyll iddynt eu hunain.'

NEHEMEIA 8:16

Yn nyddiau'r Beibl, byddai pobl Dduw'n cael gwyliau arbennig iawn. Bryd hyn, bydden nhw'n torri canghennau o'r coed o'u cwmpas ac yn eu gosod i bwyso yn erbyn eu tai. Wedyn, bydden nhw'n adeiladu cabanau bach neu bebyll gyda'r canghennau.

Byddai pobl Dduw yn byw o dan y canghennau hynny am saith diwrnod. Yn ystod yr wythnos honno, bydden nhw'n gwledda ar fwyd da ac yn cofio'r holl bethau rhyfeddol roedd Duw wedi eu gwneud drostyn nhw.

Gofyn i dy rieni a gei di dorri ambell gangen er mwyn gwneud caban bach. A chofia am y pethau da mae Duw'n ei wneud drosot ti.

DARLLEN Y STORI YN NEHEMEIA 8:14-18

MEHEFIN 22

Blaguryn yr Arglwydd

*Dywed y Beibl, 'Bydd blaguryn yr Arglwydd
yn brydferthwch ac yn ogoniant...'*

ESEIA 4:2

Dywed y Beibl fod Iesu Grist fel cangen. Mae Ef fel cangen ar goeden ffrwythau. Mae gan y gangen ddail gwyrdd a digonedd o ffrwythau arni. Mae Iesu felly, wyddost ti.

Pa ffrwyth sy' ar y gangen? Ffrwyth doethineb, oherwydd fod Iesu mor ddoeth. Mae Ef yn gwybod popeth. Mae ffrwyth deall yno hefyd, oherwydd fod Iesu yn deall popeth amdanon ni. A ffrwyth nerth, oherwydd Ei fod Ef mor nerthol.

Felly, y tro nesa' y gweli di gangen ag arni lawer o ffrwyth, cofia fod Iesu hefyd yn llawn o bethau da.

EDRYCH AM IESU YN ESEIA 11:1-5

MEHEFIN 23

Joseff yn y Carchar

*Dywed y Beibl, 'Ac yno y bu [Joseff] yn y carchar.
Ond yr oedd yr Arglwydd gyda Joseff...'*
GENESIS 39:20-21

Mae'r Beibl yn adrodd hanes dyn da o'r enw Joseff a gafodd ei daflu i garchar, un tro. Pam, meddet ti? Onid lle i bobl sy' wedi gwneud rhywbeth drwg iawn yw carchar? Ie, wir. Doedd hi ddim yn iawn bod dyn da fel Joseff wedi ei roi yng ngharchar. Ond dydi bariau carchar ddim yn gallu cadw Duw allan. Roedd Duw yno gyda Joseff. Roedd Ef yn ei helpu. Buodd Duw'n garedig ac yn dda wrth Joseff bob dydd tra roedd yn y carchar.

Ac ar ôl amser hi, daeth Joseff allan o'r ddalfa.

Mae Duw gyda ni bob amser, hyd yn oed pan gawn ni ein cosbi am rywbeth na wnaethon ni.

DARLLEN Y STORI YN GENESIS 39

MEHEFIN 24

Canu yn y Carchar

Dywed y Beibl, 'Bwriasant hwy [Paul a Silas] i garchar...'
ACTAU 16:23

Un tro, yn ôl y Beibl, taflwyd dau ddyn da - Paul a Silas - i garchar. Roedd Paul a Silas wedi bod yn dweud wrth bawb am Iesu. Ond dodwyd y ddau yn y carchar gan ddynion oedd yn gwrthod credu yn Iesu na'i garu.

Wnaeth Paul a Silas ddim cwyno, wyddost ti. Dyma hi'n nosi, ac roedd y carchar yn dywyll. Doedd dim ofn ar Paul a Silas. Aethon nhw ar eu gliniau i weddïo. Yna, dyma nhw'n canu caneuon o fawl i Dduw. Gwrandawodd y carcharorion eraill arnyn nhw'n canu ac yn gweddïo. Yn sydyn, digwyddodd daeargryn. Rhyddhaodd y ddaeargryn gadwyni'r carcharorion. Cafodd Paul a Silas gyfle i ddweud wrth lawer iawn mwy o bobl am Iesu.

Wrth bwy fedri di sôn am Iesu?

DARLLEN Y STORI YN ACTAU 16:16-34

MEHEFIN 25

Yn Rhydd o'r Carchar

Dywed y Beibl, 'Y mae'r Arglwydd yn rhyddhau carcharorion…'

SALM 146:7

Mae Duw'n ein caru ac mae Ef yn gryf. Os ydyn ni mewn carchar, gall Ef ein cael oddi yno. Gall Duw ein rhyddhau.

Mae sawl math o garchar, wyddost ti. Weithiau byddwn ni'n gwneud rhywbeth o'i le. A byddwn yn ei wneud eto, ac eto. Rydyn ni'n gwybod bod hyn yn anghywir. Rydyn ni eisiau rhoi'r gorau i wneud hyn. Ond mae hi mor anodd i stopio, rywsut. Byddwn ni'n dal i wneud beth sy' ddim yn iawn. Mae hyn fel bod mewn carchar.

Ond gall Duw ein rhyddhau o'r carchar hwnnw. Gall Duw ein helpu i beidio gwneud beth sy'n ddrwg, pan fyddwn yn gofyn Iddo ein helpu. Wyt ti'n gofyn am Ei help?

EDRYCH AR SALM 142:7

MEHEFIN 26

Fel Saeth

*Dywed y Beibl, 'Fel saethau yn llaw rhyfelwr
yw meibion ieuenctid dyn.'*

SALM 127:4

Mae pob plentyn fel saeth. Caiff y saeth ei chadw'n barod. Ac un diwrnod, bydd hi'n bryd saethu'r saeth. Bydd y saeth yn hedfan i le newydd.

Pan fyddi di wedi tyfu'n fawr, byddi di'n gadael dy gartref ac yn mynd i rywle newydd, ryw ddydd.

Mae pob plentyn yn tyfu ac yn gwneud hyn ryw dro neu'i gilydd. Ond bydd yn ddiolchgar bod ein rhieni, Mamgu a Datcu neu Nain a Taid, a'n hathrawon yn ein helpu i fod yn barod. Byddan nhw'n ein helpu i hedfan fel saeth syth, nid fel saeth gam. Byddan nhw'n ein helpu i'n hanfon ni ble mae Duw eisiau i ni fynd.

DARLLEN SALM 127:3-5

MEHEFIN 27

Saeth fel Mellt

Dywed y Beibl, 'Bydd yr Arglwydd yn ymddangos…
a'i saeth yn fflachio fel mellten.'

SECHAREIA 9:14

Mae'n Duw ni yn rhyfelwr nerthol. Saethau fel mellt sy' gan Dduw.

Mae'r Arglwydd yn gryfach nag unrhyw elyn. Mae Ef yn gryfach na'r storm fwyaf nerthol a swnllyd welaist ti erioed. Mae'r Arglwydd ein Duw yn gryfach na mil o fyddinoedd a'u holl arfau. Mae'r Arglwydd sy'n ein caru yn gryfach na miliwn o saethau neu fomiau neu rocedi.

Felly, bydd yn hapus, a mola Dduw! Canmol Ef a rho ddiolch Iddo am Ei nerth rhyfeddol. Bydd yn falch dy fod ti ar Ei ochr Ef.

DARLLEN SECHAREIA 9:14-16

MEHEFIN 28

Saethau ar Dân

Dywed y Beibl, 'Ymarfogwch â tharian ffydd; â hon byddwch yn gallu diffodd holl saethau tanllyd yr Un drwg.'

EFFESIAID 6:16

Yr un drwg yw'n gelyn ni. Satan a'r diafol yw'r enwau eraill arno.

Mae e'n elyn i ni oherwydd ei fod yn elyn i Dduw. Mae'r diafol yn casáu Duw, ac mae'n ein casáu ninnau. Weithiau bydd y diafol yn ceisio'n cael ni i feddwl am bethau drwg. Weithiau bydd y diafol yn ceisio gwneud i ni boeni. Bydd yn ceisio cael i ni beidio credu yn Nuw a pheidio â'i garu Ef.

Mae'r holl feddyliau drwg hyn fel saethau y bydd y diafol yn eu saethu aton ni. Mae'r saethau ar dân. Ond os byddwn ni'n dal ati i gredu yn Nuw a'i garu, byddwn yn diffodd fflamau pob un saeth. Paid byth â rhoi'r gorau i gredu yn Nuw!

DARLLEN A CHOFIA EFFESIAID 6:16

MEHEFIN 29

Popeth Mewn Basged

Dywed y Beibl, 'Pwy a roes holl bridd y ddaear mewn mantol?'

ESEIA 40:12

Faint o bridd a baw sy' 'na yn y byd, tybed? Pe bait ti'n casglu'r cyfan i un man, pa mor fawr fyddai'r pentwr, 'wn i? Byddai'n anferth, wrth gwrs! Byddai'n fwy nag unrhyw fynydd yn y byd!

Ond mae Duw'n gymaint mwy na hynny. Pe bai Ef yn mynd ati i bentyrru holl bridd a baw'r ddaear, dim ond llond basged fyddai'r cyfan yng ngolwg Duw.

Mae Duw mor aruthrol fawr! Mae popeth sy'n edrych yn fawr i ni yn rhyfeddol o fach yn Ei olwg Ef. Felly, bydd yn hapus a rho ddiolch am fawredd Duw.

DARLLEN ESEIA 40:12-15

MEHEFIN 30

Basgedi i'r Gweddillion

Dywed y Beibl, 'A chodwyd deuddeg basgedaid o dameidiau o'r hyn oedd dros ben ganddynt.'

LUC 9:17

Un tro, roedd tyrfa fawr yn gwrando ar Iesu'n dysgu. Cyn hir roedd pawb eisiau bwyd. Ond doedd dim bwyd ganddyn nhw.

Roedd disgyblion Iesu yn methu dod o hyd i ddim ond pum torth o fara a dau bysgodyn. Ond trodd Iesu'r ychydig bach hyn yn ddigon o fwyd ar gyfer y dyrfa i gyd. Roedd Iesu wedi gwneud cymaint o fwyd, roedd digon dros ben hyd yn oed. Dywedodd wrth Ei ffrindiau am fynd o gwmpas i gasglu'r bwyd oedd yn weddill a'i roi mewn basgedi.

Ddylen ni ddim gwastraffu dim y bydd Iesu yn ei roi i ni, wyddost ti. Beth mae Iesu wedi ei roi i ti ac na ddylet ti ei wastraffu?

DARLLEN Y STORI YN LUC 9:12-17

GORFFENNAF 1

Dianc mewn Basged

Yn y Beibl, dywed Paul, 'Cefais fy ngollwng i lawr mewn basged drwy ffenestr yn y mur...'

2 CORINTHIAID 11:33

Yn y Beibl, cawn hanes Paul. Roedd yn athro penigamp. Dywedai wrth bawb ym mhobman am Iesu Grist. Roedd Paul yn aml mewn perygl, oherwydd roedd llawer o elynion gan Iesu.

Pan oedd Paul yn ifanc, Saul oedd ei enw. Aeth i ddinas Damascus un tro. Penderfynodd gelynion Iesu ladd Saul. Ond daeth ffrindiau Saul i'w achub. Gosodon nhw Saul mewn basged fawr. Yna gollyngwyd Saul a'r fasged i lawr y mur mawr oedd o amgylch dinas Damascus. Duw drefnodd fod Paul yn dianc, wyddost ti.

Gall Duw dy helpu dithau i ddianc rhag perygl, wrth i ti gofio dweud wrth eraill am Iesu.

DARLLEN Y STORI YN ACTAU 9:19-25

GORFFENNAF 2

Deg Darn Arian

Dywed Iesu Grist, 'Bwriwch fod gan wraig ddeg darn o arian...'

LUC 15:8

Rwy'n siŵr dy fod ti'n hoffi gwario arian! Byddwn ni'n defnyddio arian i brynu pethau. Bydd pawb yn hoffi cael arian, a fyddwn ni ddim yn hoffi colli dim.

Mae gan Iesu stori am ddarnau arian. Roedd gan wraig ddeg darn o arian - rhai sgleiniog, go iawn. Gallet ti brynu llawer o bethau gyda phob un darn. Ond, fe gollodd hi un darn arian. Buodd hi'n edrych ym mhobman amdano. Pan ddaeth hi o hyd i'r darn, d'wedodd wrth ei ffrindiau a'i chymdogion. Roedden nhw'n falch dros ben ac roedd y wraig yn hapus.

Mae pob un ohonon ni fel darn o arian sy' ar goll, hyd nes down ni i gredu yn Iesu,. Ond mae Duw a'i angylion yn llawenhau pan fyddwn ni'n credu yn Iesu ac yn Ei garu. Fyddwn ni ddim 'ar goll' wedyn.

GWRANDA AR IESU YN LUC 15:8

GORFFENNAF 3

Dau Ddarn o Arian

*Dywed y Beibl, 'A daeth gweddw dlawd
a rhoi dwy hatling...'*

MARC 12:42

Un tro, aeth Iesu i'r deml yn Jerwsalem. Byddai pobl yn dod i'r deml i addoli Duw.

Gwelodd Iesu nifer o bobl yno'n rhoi arian yn rhodd i Dduw. Cyfrannodd y bobl gyfoethog lawer iawn o arian. Ond roedd ganddyn nhw ddigon o arian ar ôl. Roedd ganddyn nhw gryn dipyn o arian i'w wario arnyn nhw eu hunain. Yna, daeth Iesu ar draws gwraig dlawd. Yn ei llaw roedd ganddi ddwy geiniog fechan. Dyma'r cyfan oedd ganddi yn y byd. Ond rhoddodd y ceiniogau hynny i Dduw. Rhoddodd y wraig bopeth oedd ganddi i Dduw.

Beth fedri di ei roi i Dduw?

GWRANDA AR IESU YN MARC 12:41-44

GORFFENNAF 4

Deg ar Hugain o Ddarnau Arian

Dywed y Beibl, 'Talasant iddo [Jwdas] ddeg ar hugain o ddarnau arian.'

MATHEW 26:15

Mae'r Beibl yn adrodd hanes dyn o'r enw Jwdas. Byddai hwn yn mynd i bobman gyda Iesu a'i ffrindiau. Clywodd Jwdas yr holl bethau da ddywedodd Iesu. Gwelodd yr holl bethau da wnaeth Iesu. Ond roedd Jwdas yn caru arian yn fwy nag roedd e'n caru Iesu Grist.

Aeth Jwdas at griw o ddynion oedd eisiau lladd Iesu. D'wedodd Jwdas wrthyn nhw, 'Fe ddweda' i wrthoch chi sut mae dal Iesu. Faint o arian rowch chi i fi?' Rhoddodd gelynion Iesu dri deg darn o arian i Jwdas. Yna, helpodd Jwdas y dynion i ddal a lladd Iesu Grist.

Mae Jwdas wedi ei anfon i'r lle ofnadwy hwnnw sy'n llosgi drwy'r amser. Chaiff e ddim byw gyda Duw, oherwydd doedd e ddim yn caru Iesu.

DARLLEN MATHEW 26:14-16

Duw a Mellt

Dywed y Beibl, 'Y mae ei fellt yn goleuo'r byd'

SALM 97:4

Duw mellt yw ein Duw ni, wyddost ti. Mae Ef yn gryf a chadarn a nerthol fel mellt. Mae Duw'n olau tanbaid, llachar fel mellt. Mae Ei lais cryf a nerthol yn gryfach ac yn fwy pwerus na mellt.

Welaist ti fellt yn tasgu erioed? Glywaist ti dwrw taranau? Bob tro byddi di'n gweld mellt ac yn clywed sŵn taranau, cofia am Dduw. Cofia Un mor gryf a chadarn a llachar yw Ef. Cofia bod Duw wedi anfon Ei fellt i'n helpu ni i wybod sut Un yw Ef.

Mae Duw'n addfwyn ac yn ein caru. Ond mae Ef hefyd yn nerthol a llachar, fel mellt. Cofia ganmol Duw heddiw am Ei nerth.

DARLLEN A DEALL SALM 97:1-6

Iesu a Mellt

Dywed Iesu Grist, 'Oherwydd fel y fellten sy'n fflachio o'r naill gwr o'r nef hyd y llall, felly y bydd Mab y Dyn yn ei ddydd ef.'

LUC 17:24

D'wedodd Iesu y bydd Ef ei Hun yn ymddangos fel mellten, pan ddaw nôl i'r byd ryw ddydd.

Bydd, fe fydd yn dod fel mellten! Dydi mellt ddim yn ymddangos yn araf, wyddost ti. Daw mellt yn sydyn, fel fflach! Bydd Iesu'n ymddangos yn sydyn, ar amrantiad hefyd. Mae Iesu mor gyflym â mellten.

Mae mellt bob tro'n goleuo'r awyr a'r ddaear islaw. Gall pawb weld y goleuni llachar. Pan ddaw Iesu nôl, bydd pawb yn Ei weld. Bydd yn gloywi'r awyr a'r byd i gyd. Felly, bydd yn hapus a chanmol Iesu am y bydd Ef yn dod fel mellten.

GWRANDA AR IESU YN MATHEW 24:27

GORFFENNAF 7

Mellt yn y Nefoedd

Dywed y Beibl, 'O'r orsedd yr oedd fflachiadau mellt a swˆn taranau yn dod allan.'

DATGUDDIAD 4:5

Gadawodd Duw i Ioan gael cipolwg ar y nefoedd. Cariwyd Ioan gan Ysbryd Duw drwy ddrws yn yr awyr. Gwelodd Ioan orsedd Duw lle mae Duw Ei Hun yn eistedd fel Brenin.

Roedd mellt yn ffalchio o'r orsedd. Dyna i ti olygfa welodd Ioan! A chlywodd Ioan y taranau'n rhuo a chrynu.

Ydi, mae Duw'n arswydus a nerthol! Mae Duw'n gadarn! Dim ond Duw all greu'r mellt a'r taranau sy'n ymddangos yn sydyn o'r cymylau. Cawn ninnau weld mellt a tharanau Duw yn y nefoedd. Felly, bydd yn hapus, a chanmol Duw am Ei nerth aruthrol.

EDRYCH AR DATGUDDIAD 11:19

GORFFENNAF 8

Llechi o Garreg

Dywedodd Duw wrth Moses, 'Rhoddaf i ti lechi o garreg, gyda'r gyfraith a'r gorchymyn a ysgrifennais...'

EXODUS 24:12

Yn y Beibl, cawn glywed sut y gofynnodd Duw i Moses ddod i gwrdd ag Ef ar ben mynydd uchel.

Ufuddhaodd Moses a dringodd i'r copa. Ar y mynydd, gwelodd fellt a tharanau, tân a mwg. Anfonodd Duw ddaeargryn a chrynodd y mynydd.

Siaradodd Duw gyda Moses ar y mynydd. Rhoddodd Duw ddeddfau a rheolau i Moses. Roedd rhaid i bobl Dduw ufuddhau i'r rheolau hyn. Ysgrifennodd Duw Ei Hun rai o'r rheolau ar ddwy garreg fawr esmwyth - dwy lechen drom.

Mae Duw bob amser yn gwybod pa reolau i'w rhoi er mwyn i'w bobl Ef ufuddhau Iddo. Erbyn heddiw, mae'r rheolau hyn wedi cael eu hysgrifennu yn y Beibl, er mwyn i ni fedru eu dysgu a'u deall.

DARLLENWCH GYDA'CH GILYDD EXODUS 32:15-16

GORFFENNAF 9

Deg Gorchymyn

Dywed y Beibl, 'Rhoddodd yr Arglwydd iddo [Moses] ddwy lech y dystiolaeth, llechau o gerrig, wedi eu hysgrifennu â bys Duw.'

EXODUS 31:18

Pan oedd Moses ar fynydd Duw, rhoddodd Duw iddo ddwy lechen o garreg. Roedd geiriau wedi eu hysgrifennu arnyn nhw. Rheolau sut i fyw yn iawn oedd y geiriau hyn. Roedd deg rheol wedi eu hysgrifennu ar y llechi. Rheolau Duw i'w bobl oedd y rhain. Y Deg Gorchymyn yw'r enw ar y rheolau pwysig hyn.

Mae'r Deg Gorchymyn yn dweud wrth bobl Dduw am wneud dau beth yn arbennig: Yn gyntaf, rhaid iddyn nhw garu ac addoli Duw. Yn ail, rhaid iddyn nhw garu ei gilydd a pheidio gwneud drwg i'w gilydd, fyth.

Dyma beth mae Duw eisiau i bob un ohonon ni ei wneud. Wnei di gofio'r ddau beth pwysig hyn?

GWRANDA AR IESU YN MATHEW 22:37-40

GORFFENNAF 10

Torri'r Llechi

Dywed y Beibl, 'Gwylltiodd Moses, a thaflu'r llechau ...'
EXODUS 32:19

Ar gopa mynydd yr Arglwydd, rhoddodd Duw ddwy lechen o garreg i Moses. Roedd Deg Gorchymyn Duw wedi eu hysgrifennu arnyn nhw. 'Carwch Dduw' a 'Charwch eich gilydd' - dyna orchymynion Duw i'w bobl.

Daeth Moses i lawr o'r mynydd. Cariodd y ddwy lechen yn ôl at bobl Dduw. Ond pan ddaeth o hyd i bobl Dduw, roedden nhw'n ymddwyn yn ddrwg. Doedden nhw ddim yn caru Duw ac roedden nhw'n gwneud drwg i'w gilydd. Roedd Moses yn ddig iawn. Taflodd y ddwy lechen i'r llawr a'u torri'n deilchion. Ac roedd Duw'n fwy dig na Moses hyd yn oed.

Cofia, os ydyn ni eisiau plesio Duw, rhaid i ni Ei garu Ef a charu'n gilydd. Bydd Iesu'n ein helpu i wneud hyn, fel na fydd Duw'n ddig.

DARLLEN EXODUS 34:1-4

GORFFENNAF 11

Gweddi mewn Ogof

Dywed y Beibl, 'I Ddafydd, pan ddihangodd rhag Saul yn yr ogof.'
SALM 57

Un tro, roedd Dafydd mewn ogof. Roedd e'n cuddio rhag rhyw ddynion oedd yn ceisio'i ddal a'i niweidio. Yno, yn y tywyllwch, gweddïodd Dafydd. Gofynnodd am help Duw. Gofynnodd i Dduw ei amddiffyn. Dywedodd Dafydd ei fod yn gwybod bod Duw'n ei garu. Dywedodd fod cariad Duw'n uwch na'r awyr. Dywedodd Dafydd na fyddai'n teimlo'n ofnus.

Canodd Dafydd gân i Dduw. Mae'n addo moli Duw, ble bynnag y byddai'n mynd.

Wyt ti'n medru dweud hyn wrth Dduw? Rwyt ti'n gallu gweddïo gweddi hyfryd Dafydd, wyddost ti, heb i ti fynd i guddio mewn ogof!

DARLLEN WEDDI DAFYDD YN SALM 57

GORFFENNAF 12

Gweddi Dafydd

Dywed y Beibl, 'Gwrando, O Arglwydd, ar lef fy ngweddi.'
SALM 142:6

Yn ôl y Beibl, gweddïodd Dafydd weddi arall mewn ogof, rywdro. Unwaith eto, roedd e'n cuddio rhag rhyw ddynion oedd yn ei ddilyn. Roedd Dafydd wedi blino'n lân. Teimlai'n wan, nid yn gryf. Teimlai fod yr ogof fel carchar. Gwaeddodd Dafydd yn uchel ar Dduw. D'wedodd Dafydd wrth Dduw ei fod yn teimlo mor ofnus, mor anesmwyth ac mor bryderus.

D'wedodd ei fod yn teimlo fel pe bai heb un ffrind yn y byd. Ond gwyddai Dafydd fod Duw yn ffrind iddo. Gofynnodd Dafydd i Dduw ei achub a'i ryddhau. Addawodd Dafydd ddweud wrth bobl eraill Un mor dda yw Duw.

Pan fyddi di'n teimlo'n wan, yn ofnus neu'n bryderus, gweddïa fel y gwnaeth Dafydd.

DARLLEN WEDDI DAFYDD YN SALM 142

GORFFENNAF 13

Allan o'r Ogof

Dywed y Beibl, 'Daeth Iesu at y bedd. Ogof ydoedd a maen yn gorwedd ar ei thraws.'
IOAN 11:38

Roedd gan Iesu ffrind da o'r enw Lasarus. Carai Iesu Lasarus yn fawr iawn. Ond un tro, pan oedd Iesu i ffwrdd, buodd Lasarus farw. Dychwelodd Iesu i'r dref lle'r arferai Lasarus fyw gyda'i chwiorydd. Roedd chwiorydd Lasarus a'u ffrindiau i gyd yn crïo. Wylodd Iesu hefyd.

Aeth Iesu i'r lle roedd Lasarus wedi ei gladdu. Roedd Lasarus wedi cael ei ddodi mewn ogof fawr. Carreg anferth oedd drws yr ogof. Gofynnodd Iesu i rai o'r dynion symud y garreg fawr. Yna, gwaeddodd Iesu, 'Lasarus, tyrd allan!'

Ufuddhaodd Lasarus. Doedd e ddim yn farw nawr. Roedd Iesu wedi ei wneud e'n fyw unwaith eto! Cofia, wnei di, fod Iesu'n gryfach na marwolaeth. Mae'n gallu atgyfodi Ei ffrindiau o farw.

DARLLEN Y STORI YN IOAN 11:17-44

GORFFENNAF 14

Rhew Duw

Dywed y Beibl, 'Daw anadl Duw â'r rhew...'
JOB 37:10

Ydi hi'n gynnes tu allan heddiw? Wyt ti'n gallu cofio cyfnod yn y gaeaf pan oedd y gwynt yn oer ac roedd iâ a rhew ym mhobman? Duw sy'n gwneud y tywydd yn oer neu'n gynnes. Ffordd Duw o ddangos Ei nerth yw'r rhew a'r gwynt oer mae Ef yn eu hanfon, wyddost ti. Hyd yn oed ar ddiwrnod cynnes, gallai Duw anfon gwynt rhewllyd iawn, pe bai Ef yn dymuno.

Y tro nesa'y byddi di'n yfed diod oer, cofia'r rhew fydd Duw'n ei anfon yn y gaeaf. Cofia sut y bydd Duw'n anfon Ei wynt oer. Canmol Ef a rho ddiolch Iddo am hyn, ac am ddyddiau braf yr haf, wrth gwrs!

DARLLEN A MEDDWL AM JOB 37:9-10

GORFFENNAF 15

Tywydd y Byd

Dywed y Beibl, 'Pwy all ddal ei oerni ef?'
SALM 147:17

Ar ddiwrnod o haf fel heddiw, cofia unwaith eto am y storm o rew sy'n dod oddi wrth Dduw yn y gaeaf.

Gallwn foli Duw am y gwahanol fathau o dywydd y bydd Ef yn eu hanfon. Bydd Ef yn dangos Ei nerth mewn gymaint o ffyrdd. Duw sy'n dweud wrth dywydd y byd beth i'w wneud. Ac mae'r tywydd ym mhob man yn ufuddhau Iddo. Mae'r tywydd yn dangos i ni Un mor arswydus yw Duw. Mae Ef yn gallu gwneud cymaint o wahanol bethau.

Felly, bydd yn hapus, a mola Dduw. Canmol Ef a diolch Iddo am Ei nerth aruthrol - nerth fyddwn ni'n ei weld bob dydd yn y tywydd.

DARLLEN A MWYNHA SALM 147:15-18

GORFFENNAF 16

Awyr fel Grisial

Dywed y Beibl, 'Uwchben y creaduriaid, yr oedd math ar ffurfafen, yn debyg i belydrau grisial ac yn ofnadwy.'
ESECIEL 1:22

Un tro, gwnaeth Duw dwll yn y nefoedd er mwyn i Eseciel gael edrych drwyddo. Gwelodd Eseciel angylion ac olwynion, gorsedd Duw, a gogoniant Duw.

Gwelodd Eseciel rywbeth oedd yn edrych yn debyg i awyr neu ffurfafen. Roedd hon yn wahanol i'n hawyr ni. Roedd yr awyr welodd Eseciel i gyd yn disgleirio fel grisial neu iâ. Roedd yr angylion a'r olwynion o dan yr iâ. Uwchben yr iâ roedd gorsedd Duw. Penliniodd Eseciel a rhoddodd ei wyneb ar y llawr. Gwrandawodd ar lais Duw.

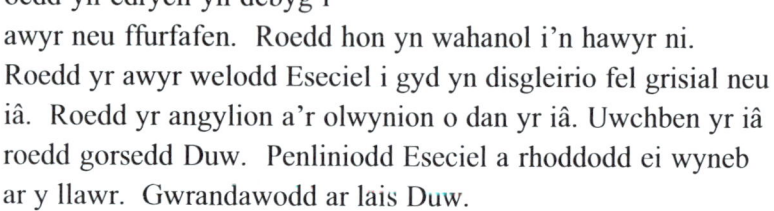

Pan fyddwn ni eisiau meddwl am Un mor arswydus yw Duw, gallwn ninnau benlinio a'i addoli, a gwrando ar Ei lais, wyddost ti.

CYMER GIPOLWG AR ESECIEL 1:22-28

Ar y Mynydd

Dywed y Beibl, 'Pan welodd Iesu'r tyrfaoedd, aeth i fyny'r mynydd...'
MATHEW 5:1

Un tro, roedd Iesu yng ngwlad Galilea. Mae llawer o fryniau a mynyddoedd yng Ngalilea. Cerddodd Iesu i fyny un o'r mynyddoedd. Eisteddodd. Dilynodd Ei ffrindiau Ef a dod ato. Yn fuan, casglodd tyrfa fawr yno. Dechreuon nhw wrando, oherwydd roedd Iesu'n dysgu llawer o bethau i'w ffrindiau.

Dywedodd Ef wrthyn nhw sut y gallen nhw fod yn wirioneddol hapus. Dyma beth dd'wedodd Ef: 'Efallai dy fod ti'n dlawd nawr, ond ryw ddiwrnod bydd dy gartref di'n y nefoedd. Efallai dy fod ti'n drist nawr, ond ryw ddiwrnod bydd Duw'n dy gysuro di. Efallai dy fod ti'n teimlo'n wan heddiw, ond ryw ddiwrnod byddi di'n ddigon cryf i fod yn berchen y byd yn grwn'.

Dim ond Duw all dy wneud di'n wirioneddol hapus. Ac mae'n siŵr o wneud hynny.

GWRANDA AR IESU YN MATHEW 5:1-5

GORFFENNAF 18

Ar y Mynydd

Dywed y Beibl, 'Aeth [Iesu] i fyny'r mynydd, ac wedi iddo eistedd i lawr daeth ei ddisgyblion ato.'
MATHEW 5:1

Un tro, aeth Iesu ati i ddysgu Ei ffrindiau ar ben mynydd yng Ngalilea. D'wedodd wrthyn nhw: 'Efallai eich bod chi'n newynog ac yn sychedig nawr am wneud beth sy'n iawn. Bydd Duw'n eich llanw hyd yr ymylon. Efallai eich bod chi'n brysur yn helpu eraill nawr. Bydd Duw'n eich helpu chi.'

Os wyt ti'n lân yn dy galon, cei weld Duw. Os byddi di'n helpu eraill i beidio cweryla ac ymladd, bydd pobl yn dweud dy fod ti'n blentyn i Dduw. Os bydd dynion yn dy frifo oherwydd dy fod ti'n caru ac yn credu yn Iesu Grist, yna bydd yn hapus, ar waetha' popeth. Fe gei di anrheg ryfeddol yn y nefoedd.

Felly, canmol Iesu a diolch Iddo. Bydd Ef yn dy wneud yn wirioneddol hapus.

GWRANDA AR IESU YN MATHEW 5:6-12

GORFFENNAF 19

Ar y Mynydd

Dywed y Beibl, 'Aeth yr un disgybl ar ddeg i Galilea i'r mynydd lle y trefnodd Iesu iddynt fod'
MATHEW 28:16

Un diwrnod, aeth ffrindiau Iesu Grist unwaith eto i fyny i ben mynydd yng Ngalilea. Roedd Iesu'n aros yno amdanyn nhw. Byddai Iesu'n mynd nôl i'r nefoedd cyn hir. Cyn Iddo adael y byd, roedd Iesu eisiau siarad â'i ffrindiau.

D'wedodd wrthyn nhw: 'Rwy'n gofalu am bopeth yn y byd ac yn y nefoedd. Ewch a dysgwch bawb ym mhobman sut i gredu ynof i a 'ngharu i. Dangoswch iddyn nhw sut y gall Duw, Iesu Grist a'r Ysbryd Glân wneud eu calonnau'n lân ac yn bur. Dysgwch nhw i fod yn ufudd i bob un o'm gorchmynion. Ac fe fydda' i gyda chi - drwy'r dydd, bob dydd ac am byth.'

Sut wyt ti'n gallu ufuddhau i'r hyn dd'wedodd Iesu y diwrnod hwnnw?

GWRANDA AR IESU YN MATHEW 28:16-20

GORFFENNAF 20

Byw mewn Pebyll

Dywed y Beibl, 'Trigodd [Abraham] mewn pebyll, fel y gwnaeth Isaac a Jacob…'
HEBREAID 11:9

Yn ôl y Beibl, fyddai Abraham ddim yn adeiladu tai nac yn byw mewn dinas. Pabell oedd ei gartref. Pan oedd hi'n bryd symud 'mlaen, byddai Abraham yn dymchwel ei babell a'i chario. Roedd hi'n hawdd i Abraham fynd i ble bynnag roedd Duw yn gofyn iddo.

Roedd Abraham yn gwybod na fyddai'n byw mewn pabell am byth. Rhyw ddiwrnod, byddai'n byw mewn dinas fawr gadarn fydd yn para am byth. Y nefoedd yw'r ddinas honno.

Fyddi dithau ddim yn byw yn dy gartref am byth, chwaith. Mae gan Dduw gartref gwell, mwy o faint a chryfach o lawer ar dy gyfer. Beth am i ti roi diolch Iddo Ef nawr am dy gartref yn y nefoedd?

DARLLEN A MEDDWL AM HEBREAID 11:8-10

GORFFENNAF 21

Y Tabernacl

Dywed yr Arglwydd, 'Yr wyt i godi'r tabernacl, pabell y cyfarfod...'
EXODUS 40:2

Ar un adeg, roedd holl bobl Dduw'n cerdded ar draws yr anialwch. Buon nhw yn yr anialwch am bedwar deg o flynyddoedd.

Tra roedden nhw yno, d'wedodd Duw wrthyn nhw am wneud a chodi pabell hardd. Nid lle i bobl fyw ynddi oedd y babell hon. Dyma lle byddai Duw'n dod er mwyn bod gyda'i bobl. Lle i bobl Dduw Ei addoli Ef oedd y babell. D'wedodd Duw wrthyn nhw sut yn union i fynd ati i wneud a chodi'r babell. Y Tabernacl oedd yr enw ar y babell hardd hon.

Canmol Dduw a diolch Iddo heddiw am Ei fod Ef yn caru Ei bobl, a'i fod eisiau bod gyda nhw bob amser.

DARLLEN Y STORI YN EXODUS 40:17-38

GORFFENNAF 22

Pabell yn yr Awyr

Dywed y Beibl, 'Yr wyt yn taenu'r nefoedd fel pabell...'
SALM 104:2

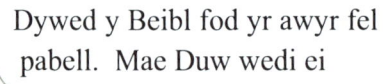

Dywed y Beibl fod yr awyr fel pabell. Mae Duw wedi ei hymestyn neu ei thaenu mor uchel uwch ein pennau.

Dyna i ti babell hardd yw'r awyr, onide? Weithiau mae'n babell las. Ac fe welwn belen aur o dân yn symud yn araf ar ei thraws. Weithiau bydd y babell yn gymylau llwyd. Bydd rhain yn symud ac yn chwyrlïo, gan ollwng glaw ac eira. Weithiau, pabell ddu fydd yno. A gwelwn belen o oleuni arian yn hwylio'n araf ar ei hyd. A gwreichion bychan o olau'n sbecian ac yn wincio o ganol y düwch.

Bryd arall, bydd y babell yn dywyll. Ond fe wyddom mai Duw a'i gwnaeth, a'i fod Ef yno, uwchlaw'r cyfan.

CYMER GIPOLWG AR ESEIA 40:22

Pam fod Drain yn Tyfu?

Dywed Duw, 'Bydd [y ddaear] yn rhoi i ti ddrain ac ysgall...'
GENESIS 3:18

Gest ti bigiad draenen ar dy ddwylo neu dy goesau erioed? Mae llawer o ddrain yn tyfu o'r ddaear. Maen nhw yno, oherwydd fod Duw wedi eu hanfon fel cosb.

Daeth y gosb oddi wrth Dduw wedi i Adda ac Efa fod yn anufudd Iddo'r tro cyntaf un. Adda ac Efa oedd y dyn a'r ddynes gyntaf i fyw ar y ddaear. Roedd Duw wedi eu creu nhw'n bobl dda. Ond, dewisodd y ddau fod yn ddrwg.

A heddiw, mae pob un ohonon ni'n ddrwg weithiau. Mae pawb wedi pechu. Mae pawb yn bechadur.

Y tro nesa' y gweli di ddraenen, cofia fod pawb yn bechadur. Ond cofia hefyd fod Iesu wedi dod i'r byd i gymryd ein pechodau ac i ddioddef ein cosb ni. Bydd Ef hefyd yn mynd â'r drain i ffwrdd.

DARLLEN A MWYNHA ESEIA 55:12-13

GORFFENNAF 24

Drain sy'n Tagu

Dywed Iesu Grist, 'Syrthiodd hadau eraill ymhlith y drain, a thyfodd y drain a'u tagu.'
MATHEW 13:7

Un tro, wrth adrodd stori, fe soniodd Iesu Grist am ddrain. Yn y stori hon, roedd gan ffermwr hadau. Taflodd yr hadau i bobman. Roedd y ffermwr eisiau i'r hadau dyfu'n fwyd iddo fe a'i deulu. Syrthiodd peth o'r hadau i ganol y drain. Doedd y drain ddim yn fodlon rhoi lle i'r hadau dyfu.

D'wedodd Iesu fod yr hadau fel geiriau Duw sy'n gallu tyfu y tu mewn i ni. Mae'r drain hefyd fel rhywbeth o'n mewn. Mae'r drain yn debyg i'r pethau sy'n ein poeni a'n teimladau hunanol. Wnaiff yr hen bethau hunanol hyn ddim rhoi digon o le i eiriau Duw dyfu.

Oes drain y tu mewn i ti sy' angen eu tynnu?

GWRANDA AR IESU YN MATHEW 13:22

GORFFENNAF 25

Coron Ddrain

Dywed y Beibl, 'A phlethodd y milwyr goron o ddrain a'i gosod ar ei ben ef...'
IOAN 19:2

Cyn i Iesu Grist farw ar y groes, buodd milwyr creulon yn Ei guro ac yn chwerthin am Ei ben. Roedden nhw wedi clywed bod pobl yn Ei alw'n Frenin. Ond doedd Iesu ddim yn edrych fel Brenin iddyn nhw. Felly, dyma nhw'n gwneud hwyl am Ei ben. Plethon nhw ddrain miniog, hyll at ei gilydd. Wedyn gwasgon nhw'r drain yn galed ar ben Iesu. Fe chwarddon nhw am Ei ben, gan ddweud mai'r drain hyn oedd Ei 'goron'.

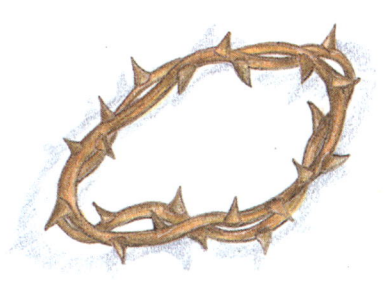

Gallai Iesu fod wedi eu rhwystro rhag gwneud hyn, wyddost ti. Ond wnaeth Ef ddim. Gadawodd i'r milwyr Ei frifo a chwerthin am Ei ben. Gadawodd Iesu iddyn nhw Ei ladd, er mwyn Iddo farw dros bechodau pob un ohonyn nhw. Cofia ddweud 'Diolch yn fawr' wrth Iesu heddiw.

DARLLEN Y STORI YN MATHEW 27:27-31

GORFFENNAF 26

Llwybr Duw

Yn y Beibl, gweddïodd Dafydd. 'Gwna imi wybod dy ffyrdd, o Arglwydd, hyffordda fi yn dy lwybrau.'
SALM 25:4

Bob dydd gallwn ofyn i Dduw ddangos i ni Ei ffyrdd a'i lwybrau Ef. Gallwn ofyn Iddo ddangos i ni'r gwaith sy' ganddo ar ein cyfer a'r bobl y gallwn ni eu helpu heddiw yn Ei enw Ef.

Wyt ti wir eisiau i Dduw ddangos i ti ble dylet ti fynd, beth i'w wneud a sut mae gwneud pethau? D'wed hyn i gyd wrth Dduw, a gofyn Iddo.

Bydd Duw'n dy ddysgu o'r Beibl. Bydd Ef yn dy arwain drwy gyngor dy rieni. Daw â'r gwaith mae Ef eisiau i ti ei wneud atat ti, a'r bobl sy' angen dy help hefyd. Mae Duw'n gwneud hyn am Ei fod mor dda, ac am Ei fod yn dy garu.

MWYNHA DDARLLEN SALM 25:4-10

GORFFENNAF 27

Llwybr Syth

Dywed y Beibl, 'Cydnabydda ef yn dy holl ffyrdd, bydd ef yn sicr o gadw dy lwybrau'n union.'
DIARHEBION 3:6

Mae gwneud pethau drwg yn debyg i gerdded ar hyd llwybr igam-ogam, meddai'r Beibl. Ond gall Duw gadw'n llwybr ni'n syth, wyddost ti. Mae llwybr syth, union, yn golygu ein bod yn gwneud yr hyn sy'n dda a chywir. Pan fyddwn yn gwneud, dweud ac yn meddwl pethau da, bydd Duw'n hapus.

Pan fyddi di ar lwybr syth, rwyt ti'n gallu rhedeg yn gyflym a rhwydd. Gall Duw gadw dy lwybr yn llyfn ac union. Bydd Duw'n gwneud hyn os cofiwn ni amdano Ef bob dydd a nos.

Cofia ddiolch Iddo a'i ganmol am Ei roddion i ti. A gofyn am Ei help. Bydd Duw'n falch o gadw dy lwybr yn syth.

DARLLEN A CHOFIA DIARHEBION 3:5-6

GORFFENNAF 28

Does Dim Ffordd Arall

Dywed Iesu Grist, 'Myfi yw'r ffordd...'
IOAN 14:6

Iesu Grist yw'r ffordd. Ef yw'r llwybr syth a llyfn y medrwn ni redeg arno. Mae ein Harglwydd Iesu Grist yn ein caru. Buodd Ef farw droson ni. Ef yw'r ffordd sy'n ein harwain at fywyd tragwyddol yn y nefoedd gyda Duw. Iesu yw'r unig ffordd, wyddost ti. Does 'na ddim un ffordd arall i'r nefoedd - dim ond trwy gredu yn Iesu Grist, Ei garu a cherdded gydag Ef ar hyd y llwybr.

Iesu Grist yw'r unig ffordd sy'n arwain at bopeth da a chywir. Felly, bydd yn hapus, a diolch Iddo. Cofia gerdded wrth Ei ymyl. D'wed wrth Iesu mai Ef yw'r llwybr rwyt ti am Ei ddilyn am byth.

GWRANDA AR IESU YN IOAN 14:5-6

GORFFENNAF 29

Dos at y Morgrugyn

Dywed y Beibl, 'Dos at y morgrugyn, a sylwa ar ei ffyrdd a bydd ddoeth.'
DIARHEBION 6:6

Mae morgrug yn weithwyr penigamp, wyddost ti. Welaist ti sut maen nhw'n prysuro wrth eu gwaith? Mae'r morgrug yn ddarlun ardderchog i ni o'r ffordd y dylen ninnau weithio, meddai'r Beibl. Ddylen ni ddim bod yn ddiog. Os wyt ti'n swrth a disymud, rwyt ti'n 'ddiogyn' yn ôl y Beibl. Does neb eisiau cael ei alw'n ddiogyn neu'n bwdryn! Felly, paid â bod yn ddiog!

Y tro nesa' y gweli di forgrugyn, cofia mor galed mae Duw eisiau i ti weithio. Pan fydd Duw'n rhoi gwaith i ti, gwna'r dasg gyda dy holl nerth. Gofyn am Ei help Ef. Hyd yn oed pan fyddi di'n gorffwys, defnyddia'r amser i siarad â Duw.

CYMER GIPOLWG AR SALM 105:4

GORFFENNAF 30

Cynilo a Chasglu

Dywed y Beibl, 'Y mae'r morgrugyn yn darparu ei gynhaliaeth yn yr haf, yn casglu ei fwyd amser cynhaeaf.'
DIARHEBION 6:8

Mae'r morgrug yn gweithio'n galed er mwyn casglu bwyd. Fyddan nhw ddim yn bwyta popeth yn syth, wyddost ti. Byddan nhw'n cadw rhan ohono a'i storio, fel bod ganddyn nhw fwyd rywbryd eto. Dyna i ti greaduriaid doeth!

Pan fyddi di'n cael rhywbeth da, wyt ti'n gwybod sut mae cadw peth ohono tan yn hwyrach? Neu fyddi di'n brysio a defnyddio pob dim ohono'r funud honno? Mae'n well ac yn ddoethach cadw peth ar gyfer rhywdro arall.

Os gwnei di hyn nawr gyda phethau bach, bydd gwneud 'run peth gyda phethau mawr yn hawdd i ti, nes ymlaen. Byddi di'n falch dy fod ti wedi dysgu'r wers bwysig hon.

DARLLEN DIARHEBION 6:6-11

GORFFENNAF 31

Stôr o Drysorau

Dywed y Beibl, 'Y morgrug, pobl sydd heb gryfder, ond sy'n casglu eu bwyd yn yr haf.'
DIARHEBION 30:25

Rhaid i'r morgrug weithio'n galed er mwyn storio bwyd ar gyfer rhywdro arall.

D'wed Iesu Grist wrthon ninnau hefyd y dylen ni storio pethau da at y dyfodol. Gallwn ni grynhoi trysorau ar gyfer y nefoedd, lle cawn eu mwynhau am byth, meddai ef. Fydd dim byd yn torri na'n treulio, yn rhwygo nac yn dod i ben yn y nefoedd. Mae pob peth da yn y nefoedd yn para AM BYTH.

Sut gallwn ni storio'r trysorau hyn? Bydd Iesu Ei Hun yn dangos i ti. Daw Ef â phobl atat ti er mwyn i ti eu caru, eu helpu a maddau iddyn nhw. Daw Ef â gwaith i ti. Yna bydd Iesu'n rhoi i ti drysorau yn y nefoedd yn wobr.

GWRANDA AR IESU YN MATHEW 6:19-21

AWST 1

Dysgu o Long

Dywed y Beibl, 'Eisteddodd [Iesu] a dechrau dysgu'r tyrfaoedd o'r cwch.'
LUC 5:3

Mae Iesu'n hoffi dysgu. Un tro, roedd Ef yn ymyl Môr Galilea. Roedd tyrfa fawr o'i amgylch. Roedden nhw eisiau clywed popeth oedd gan Iesu i'w ddweud. Gwelodd Iesu nifer o gychod pysgota. Dyma Iesu'n camu i mewn i gwch Pedr. Gwthiodd Pedr y cwch ychydig yn bellach o lan y dŵr. Nawr roedd pawb ar y tir mawr yn medru Ei weld a'i glywed Ef.

Bydd Iesu bob amser yn dod o hyd i ffyrdd i'n dysgu, er mwyn i ni Ei weld a'i glywed Ef yn well.

Y tro nesa' y gweli di gwch, cofia gymaint mae Iesu'n hoffi ein dysgu. Chwilia amdano Ef a gwranda arno, a bydd Iesu'n dysgu llawer o bethau i ti.

DARLLEN Y STORI YN LUC 5:1-11

AWST 2

Y Storm yn Cilio

Dywed y Beibl, 'Aeth Iesu i mewn i gwch, a'i ddisgyblion hefyd...'
LUC 8:22

D'wedodd Iesu wrth Ei ffrindiau, un tro, eu bod nhw'n mynd i hwylio ar draws Môr Galilea i'r ochr arall. Aeth pawb i mewn i gwch a dechreuwyd ar y daith. Roedd Iesu wedi blino. Aeth Ef i gysgu yn y cwch.

Yn sydyn, cododd storm a gwynt enbyd. Roedd y cwch yn cael ei daflu i bob cyfeiriad. Dechreuodd y dŵr lifo i'r cwch. Ond roedd Iesu'n dal i gysgu. Dyma'i ffrindiau'n Ei ddeffro. Roedden nhw bron â drysu gan ofn! Doedd neb eisiau boddi. Safodd Iesu ar Ei draed a d'wedodd wrth y gwynt a'r môr am ymdawelu. Ciliodd y storm ar unwaith.

Cofia ganmol Iesu am Ei fod Ef yn gryfach nag unrhyw storm.

DARLLEN Y STORI YN LUC 8:22-25

AWST 3

Cerdded ar y Dŵr

Dywed y Beibl, 'Dyma hwy'n gweld Iesu yn cerdded ar y môr ac yn nesu at y cwch...'
IOAN 6:19

Un noson, roedd ffrindiau Iesu Grist mewn cwch ar Fôr Galilea. Doedden nhw ddim yn gallu hwylio'n gyflym. Roedd y gwynt yn chwythu'n gryf yn eu herbyn. Yn hwyrach y noson honno, daeth Iesu allan atyn nhw. Cerddodd Iesu ar y wyneb y dŵr. D'wedodd Iesu wrthyn nhw pwy oedd Ef. 'Peidiwch ag ofni,' meddai Iesu.
Rhoddodd Iesu ganiatâd i Pedr gerdded ar y dŵr hefyd. Mewn chwinciad, cododd ofn ar Pedr a dechreuodd foddi. Ond achubodd Iesu Ef. Pan oedd Iesu a Pedr yn ddiogel yn y cwch, tawodd y gwynt. Dyma ffrindiau Iesu'n Ei ganmol. 'Ti yw Mab Duw,' medden nhw. Gallwn ninnau hefyd foli Iesu am mai Ef yw mab Duw.

DARLLEN Y STORI YN MATHEW 14:22-33

AWST 4

Grawnwin Anferth

Dywed y Beibl, 'Torasant gangen ac arni glwstwr o rawnwin.'
NUMERI 13:23

Addawodd Duw y byddai'n rhoi gwlad newydd odidog i'w bobl. Byddai Ei bobl yn gallu byw, adeiladu tai a thyfu bwyd yno.

Dewisodd Duw ddyn o'r enw Moses i arwain Ei bobl i'r wlad newydd hon. Cyn cyrraedd yno, anfonodd Moses filwyr o'u blaen, er mwyn gweld sut wlad oedd hi.

Daeth y milwyr o hyd i lawer o bethau da i'w bwyta. Dychwelon nhw gyda grawnwin anferth. Roedden nhw eisiau dangos i Moses bod y wlad roedd Duw yn ei rhoi iddyn nhw'n lle braf. Roedd yno ddigonedd o rawnwin melys a llawer o bethau da eraill.

Mae rhoddion Duw bob amser yn rhai arbennig o dda, wyddost ti.

DARLLEN Y STORI YN NUMERI 13:17-25

AWST 5

Caredig wrth y Tlawd

Dywed y Beibl, 'Nid wyt i ddinoethi dy winllan yn llwyr na chasglu'r grawnwin a syrthiodd; gad hwy i'r tlawd ...'
LEFITICUS 19:10

Medrai pobl Dduw dyfu llawer o bethau da yng Ngwlad yr Addewid - y wlad roddodd Ef iddyn nhw. Pethau hyfryd megis grawnwin mawr melys, blasus.

Roedd Duw eisiau i'w bobl dyfu cymaint o ffrwythau braf ag roedd eu hangen arnyn nhw. Dymuniad Duw oedd iddyn nhw fwynhau'r holl bethau da hyn. Ond roedd Duw eisiau iddyn nhw gofio am bobl dlawd hefyd. Felly, d'wedodd Duw wrth Ei bobl am beidio casglu'r grawnwin i gyd iddyn nhw eu hunain. Roedd rhaid gadael peth ar ôl i'r tlodion.

Mae Duw'n garedig wrth y tlawd. Ei ddymuniad yw bod Ei bobl hefyd yn garedig wrth y rhai sy' mewn angen. Pa beth caredig fedri di ei wneud i'r tlawd?

DARLLEN DEUTERONOMIUM 24:19-21

AWST 6

Dal i Garu Duw

Dywed y Beibl, 'Er nad yw'r gwinwydd yn dwyn ffrwyth… eto llawenychaf yn yr Arglwydd.'
HABACUC 3:17-18

Trigai pobl Dduw yng Ngwlad yr Addewid. Ond doedden nhw ddim yn ufudd Iddo bob amser. Bydden nhw'n gwneud pethau drwg yn aml. Ond roedd Duw'n eu caru, yn eu helpu ac yn dweud wrthyn nhw am fod yn ufudd a da. Ond roedden nhw'n dal i fod yn anufudd.

Bu'n rhaid i Dduw eu cosbi. Anfonodd Ef elynion i'w brifo ac i ddifetha'r tir. Roedd Habacuc yn ddyn da. Siaradodd â Duw am y broblem. Penderfynodd Habacuc y byddai'n dal i gredu yn Nuw a'i garu, hyd yn oed os nad oedd mwy o rawnwin - nac unrhyw fwyd arall - i'w cael yng Ngwlad yr Addewid.

Fyddet ti'n credu yn Nuw ac yn Ei garu, hyd yn oed pe bai gyda ti ddim i'w fwyta?

DARLLEN HABACUC 3:17-18

AWST 7

Dilyn y Llew

Yn y Beibl, dywed Dafydd, 'Mae dy was wedi lladd llewod ac eirth...'
1 SAMUEL 17:36

Roedd Dafydd yn llencyn o fugail. Gofalu am ddefaid oedd ei waith. Byddai'n eu gwarchod rhag llewod ac eirth. Creodd Duw Ddafydd yn fachgen cryf a dewr.

Un tro, pan ddaeth llew a chipio un o'r defaid yn ei geg, rhedodd Dafydd ar ei ôl. Trawodd Dafydd y llew ac achub y ddafad o geg yr anifail. Pan drodd y llew ac ymosod ar Dafydd, aeth y bugail ifanc ati i ymladd yr anifail rheibus a'i ladd.

Gwyddai Dafydd mai Duw oedd yn ei wneud yn gryf a dewr. Pan fyddwn ninnau'n wirioneddol gryf a dewr, Duw sy'n ein gwneud felly, wyddost ti. Felly, bydd yn falch a rho ddiolch i Dduw am Ei fod yn medru dy wneud di'n ddewr hefyd.

DARLLEN AM DAFYDD YN 1 SAMUEL 17:34-37

AWST 8

Rhuo fel Llew

Dywed y Beibl, 'Y mae eich gwrthwynebydd, y diafol, yn cerdded oddi amgylch fel llew yn rhuo…'
1 PEDR 5:8

Mae ein gelyn, y diafol, fel llew, yn ôl y Beibl. Bydd llew yn rhuo ac yn chwilio am ysglyfaeth - rhywbeth i'w ladd.

Rydyn ni fel y defaid y mae'r diafol am eu dal a'u bwyta. Ond mae Iesu Grist fel Dafydd, y llencyn o fugail. Bydd Iesu'n mynd i fyny at y llew ac yn achub Ei ddefaid o geg yr anifail. Yna, bydd yn lladd y llew.

Wyddost ti bod ein gelyn, y diafol, yn rhuo ac yn ymosod. Ond mae Iesu, ein Harglwydd, yn gryfach na'r diafol. Bydd Iesu'n ein helpu, fel na fydd y diafol yn medru gwneud niwed i ni. Caiff y diafol ei ladd ryw ddiwrnod. Canmol Iesu heddiw am Ei fod yn llawer cryfach na'r diafol.

DARLLEN 1 PEDR 5:8-9 YN OFALUS

Iesu'r Llew

Dywed y Beibl, 'Wele, y mae'r Llew o lwyth Jwda, Gwreiddyn Dafydd, wedi gorchfygu...'
DATGUDDIAD 5:5

Mae gan y Beibl nifer o enwau am Iesu Grist. Arglwydd, Iachawdwr, Brenin, Athro a Bugail - dyma fyddwn ni'n Ei alw. 'Bara'r Bywyd', 'Goleuni'r Byd', 'Y Drws', 'Y Seren Fore', 'Y winwydden' a'r 'Ffordd' yw enwau'r Beibl am Iesu. D'wed y Beibl hefyd mai'n Iesu ni yw 'Oen Duw'.

Caiff Iesu hefyd ei alw'n 'Llew' yn y Beibl. Ef yw'r 'Llew o lwyth Jwda'. Mae Ef yn nerthol ac yn gryf fel llew. Un ofnadwy yw Ef. Fydd Ef fyth yn ofnus.

Mae Iesu'n hapus pan fyddi di'n gwybod pob un o'i enwau, ac yn Ei alw wrthyn nhw. Cofia wneud hyn.

DARLLEN DATGUDDIAD 5:1-10

AWST 10

Dringo Coeden

Dywed y Beibl, 'Rhedodd [Sacheus] ymlaen a dringo sycamorwydden er mwyn gweld Iesu.'
LUC 19:4

Rho ddiolch i Dduw am goed! Mae coed yn bethau da, am nifer o resymau. Dyma ble bydd adar a gwiwerod yn adeiladu nythod. Gall coeden ein cysgodi rhag gwres yr haul. Ac wrth gwrs, gallwn ddringo'n uchel i'w changhennau er mwyn gweld yn bell.

Un tro, yn ôl y Beibl, dringodd dyn o'r enw Sacheus i ben coeden. Roedd e eisiau gweld Iesu'n well. Ac fe lwyddodd!

Y tro nesa' y byddi di'n dringo coeden, meddylia am Iesu tra bod ti yno. Cofia siarad ag Ef a moli Ei enw. Mae Ef yn addo y cei di Ei weld yn well, yn dy galon.

DARLLEN Y STORI YN LUC 19:1-10

AWST 11

Dan Goeden

Dywedodd Iesu wrth Nathaniel, 'A wyt yn credu oherwydd ...fy mod wedi dy weld dan y ffigysbren?'
IOAN 1:50

Mae'r Beibl yn adrodd hanes dyn o'r enw Nathaniel. Un tro roedd e'n cysgodi dan goeden. Dyna i ti le da ar ddiwrnod crasboeth o haf! Daeth gŵr arall o'r enw Philip heibio a gweld Nathaniel. D'wedodd Philip bopeth a fedrai am Iesu wrth Nathaniel. 'Tyrd i'w weld Ef,' ebe Philip.

Aeth Nathaniel gydag e i gwrdd â Iesu. Doedd Nathaniel ddim yn adnabod Iesu Grist. Ond roedd Iesu'n gwybod popeth am Nathaniel. Meddai Iesu wrtho, 'Fe welais i di dan y goeden.'

Y tro nesa' y byddi di'n cysgodi dan goeden, cofia bod Iesu'n gwybod pob dim amdanat ti. Cofia hefyd Ei fod Ef yn dy garu.

DARLLEN Y STORI YN IOAN 1:43-51

AWST 12

Dan Goeden

Dywed y Beibl, 'A bydd pob dyn yn eistedd o dan ei ... ffigysbren, heb neb i'w ddychryn.'
MICHA 4:4

Mae'r Beibl yn sôn am adeg arbennig iawn sy' ar ddod i bobl Dduw. Bydd pawb yn medru eistedd a gorffwys dan gysgod y coed. Fydd neb fyth yn ofni dim, bryd hynny. Daw pobl o bob rhan o'r byd at Dduw, er mwyn i Dduw eu dysgu. Bydd pob un ohonyn nhw'n gwrando'n astud ar eiriau Duw. Fydd neb yn cweryla nac yn ymladd mwyach. Duw fydd wedi eu helpu i fod yn ffrindiau.

Felly, bydd yn hapus a mola Dduw. Canmol Ef a diolch Iddo am y dyddiau rhyfeddol hyn sy' i ddod yn hanes pobl Dduw.

DARLLEN A MWYNHA MICHA 4:1-5

AWST 13

Dan Ei Adain

D'wedodd Iesu, 'Mor aml y dymunais gasglu dy blant ynghyd, fel y mae iâr yn casglu ei chywion dan ei hadenydd...'
MATHEW 23:37

Roedd 'na bobl yn Jerwsalem oedd eisiau gweld Iesu'n cael Ei ladd ar groesbren. Ond roedd Iesu'n caru'r rhain. Pan ddaeth Ef i'r ddinas lle byddai'n cael Ei ladd, d'wedodd wrthyn nhw gymaint roedd Ef yn eu caru. Roedd Iesu'n dymuno casglu'r bobl hyn ynghyd, fel y bydd iâr yn casglu ei chywion dan ei hadenydd. Roedd Ef eisiau gofalu am y bobl a'u hamddiffyn. Ond doedden nhw ddim yn fodlon gwrando arno Ef a dyma nhw'n gofyn am i'r milwyr ladd Iesu.

Dangosodd Iesu Ei gariad tuag atyn nhw. Buodd Ef farw ar y groes dros eu pechodau. D'wed 'Diolch yn fawr' wrth Iesu am fod Ei gariad tuag aton ni'n para am byth.

GWRANDA AR IESU YN LUC 13:34-35

AWST 14

Chwech Adain

Dywed y Beibl, 'Uwchlaw yr oedd seraffiaid i weini arno, pob un â chwech adain.'
ESEIA 6:2

Yn y Beibl, cawn hanes Duw'n gadael i Eseia gael cipolwg ar y nefoedd. Gwelodd Eseia yr Arglwydd yn eistedd ar Ei orsedd. Roedd yno seraffiaid - angylion - hefyd, pob un â chwech adain. Roedd dwy o'u hadenydd yn cuddio'u hwyneb. (Mae hyn yn help i ni gofio mor ddisglair yw gogoniant Duw.) Gorchuddio'u traed a wnâi dwy adain arall. (Mae hyn yn help i ni weld mor wylaidd a chwrtais oedden nhw o flaen Duw.) Defnyddiai'r seraffiaid y ddwy adain arall i hedfan.

'Sanct, sanct, sanct, yw Arglwydd y Lluoedd' oedd geiriau'r angylion wrth ei gilydd. Roedd y seraffiaid hyn yn addoli Duw gyda'u hadenydd a'u lleisiau.

Sut medrwn ni addoli Duw, tybed?

DARLLEN ESEIA 6:1-4

AWST 15

Chwech Adain

Dywed y Beibl, 'I'r pedwar creadur byw yr oedd chwech adain yr un…'
DATGUDDIAD 4:8

Un tro, cariodd Ysbryd Glân Duw ŵr o'r enw Ioan drwy ddrws i mewn i'r nefoedd. Cafodd Ioan weld gorsedd Duw. O'i hamgylch roedd enfys lachar, mellt a tharanau.

Gwelodd Ioan hefyd bedwar creadur byw oedd yn debyg i angylion. Roedd gan bob un chwech adain. Roedd un anifail yn debyg i lew, un arall fel ychen. Roedd gan y trydydd wyneb tebyg i ddyn ac roedd yr olaf fel eryr yn hedfan. 'Sanct, sanct, sanct yw'r Arglwydd Hollalluog' medden nhw wrth ei gilydd, yn ddi-stop. Maen nhw'n moli Duw drwy'r amser, wyddost ti.

Sut medri di a fi ddal ati i foli Duw?

DARLLEN DATGUDDIAD 4

AWST 16

I mewn i'r Bedd

Dywed y Beibl, 'Yn y fan lle croeshoeliwyd Ef yr oedd gardd, ac yn yr ardd yr oedd bedd newydd...'
IOAN 19:41

Wedi i Iesu Grist gael Ei ladd ar y groes, roedd Ei ffrindiau'n ofni na fydden nhw'n Ei weld Ef yn fyw fyth wedyn.

Cymerodd gŵr o'r enw Joseff gorff marw Iesu oddi ar y groes. Cafodd help gan ddyn o'r enw Nicodemus. Lapiodd Joseff a Nicodemus gorff Iesu mewn lliain. Carion nhw gorff Iesu a'i osod mewn bedd. Ogof wedi ei naddu o graig oedd y bedd. Gosododd Joseff a Nicodemus garreg enfawr wrth y fynedfa. Doedd neb yn medru mynd i mewn nac allan o'r bedd heb rowlio'r garreg drom i ffwrdd.

Cofia bob amser bod Iesu wedi marw o ddifrif, ac wedi cael Ei gladdu.

DARLLEN LUC 23:50-54, IOAN 19:38-42

AWST 17

Gwylio'r Bedd

Dywed y Beibl, 'Fe ddilynodd y gwragedd… a gwelsant y bedd a'r modd y gosodwyd ei gorff.'
LUC 23:55

Buodd Iesu farw. Yna cafodd Ei gladdu mewn bedd. Y diwrnod hwnnw roedd nifer o wragedd yn gwylio tra gosodai Joseff a Nicodemus gorff Iesu yn y bedd. Gwelodd y gwragedd ble roedden nhw'n claddu Iesu Grist. Roedd y merched eisiau dod nôl yn ddiweddarach i roi peraroglau ac eneiniau ar Ei gorff. Dyma sut roedden nhw'n gallu dangos eu cariad tuag at Iesu.

Ddaeth mo'r gwragedd at y bedd ar y bore wedi i Iesu gael ei gladdu. Byddai pawb yn gorffwys ar y diwrnod hwnnw - y Saboth. Felly, dyma'r gwragedd yn aros tan y bore trannoeth cyn dychwelyd.

Beth fedri di a fi ei wneud er mwyn dangos ein cariad at Iesu?

DARLLEN LUC 23:55-56

AWST 18

Bedd gwag

Dywed y Beibl, 'Daethant at y bedd gan ddwyn y peraroglau yr oeddent wedi eu paratoi.'
LUC 24:1

Roedd Iesu wedi marw. Roedd nifer o wragedd oedd yn caru Iesu wedi gweld sut y cafodd Ef Ei gladdu.

Yn gynnar ar fore Sul, cerddodd y gwragedd at y bedd. Roedd ganddyn nhw beraroglau ac eneiniau i'w rhoi ar gorff Iesu, er mwyn dangos eu cariad tuag ato Ef. Roedden nhw mewn penbleth - sut y gallen nhw fynd i mewn i'r bedd, gan fod carreg enfawr wedi ei gosod wrth y fynedfa?

Ond pan gyrhaeddon nhw, roedd y garreg wedi ei symud yn barod! D'wedodd angel y newyddion da wrthyn nhw. Roedd Iesu wedi atgyfodi o'r bedd! Doedd Ef ddim yn farw mwyach. Mae Iesu Grist yn fyw am byth! Ydi wir, mae Iesu'n fyw, ac fe elli di a fi siarad ag Ef yr union funud hon.

DARLLEN LUC 24:1-8

AWST 19

Dŵr i'r Camelod

Yn y Beibl, dywedodd Rebeca, 'Codaf ddŵr i'th gamelod hefyd...'
GENESIS 24:19

Yn y Beibl, cawn hanes Rebeca - merch ifanc garedig.

Un noson, aeth at y ffynnon lle byddai trigolion ei thref yn tynnu dŵr. Llanwodd stên gyda dŵr a dechreuodd ar ei thaith adref. Ond roedd ymwelydd blinedig a sychedig iawn yno. Roedd camelod gydag e hefyd. Gofynnodd i Rebeca am ddiod o ddŵr o'i stên. Rhoddodd Rebeca lymaid o ddŵr iddo. 'Rhoddaf ddŵr i dy gamelod hefyd,' meddai'r ferch. Cariodd ddŵr yn ei stên i bob un o'r camelod. Buodd hi'n garedig wrth y dyn a'i anifeiliaid.

Pa beth caredig fedri di ei wneud dros rywun cyn hir?

DARLLEN Y STORI YN GENESIS 24:10-27

AWST 20

Camelod yn Dod

Dywed y Beibl, 'Pan oedd Isaac allan…fin nos, …gwelodd gamelod yn dod.'
GENESIS 24:63

Isaac oedd enw mab y gŵr da hwnnw, Abraham. Ond roedd mam Isaac wedi marw. Roedd Isaac yn drist.

Un tro, roedd Isaac ar ei ben ei hun mewn cae. Cododd ar ei draed. Roedd nifer o gamelod yn dod tuag ato. Cerddodd Isaac i'w cyfarfod. Gwelodd wraig ifanc hardd yn marchogaeth ar gefn un o'r camelod. Rebeca oedd ei henw. Wedi dod er mwyn bod yn wraig i Isaac roedd hi. Duw oedd wedi ei dewis i fod yn briodferch i Isaac. Priodwyd Isaac a Rebecca. Doedd Isaac ddim mor drist erbyn hyn.

Pan fyddwn ni'n drist, bydd Duw'n garedig wrthon ni. Felly, paid byth â rhoi'r gorau i gredu ynddo Ef a'i garu.

DARLLEN Y STORI YN GENESIS 24:62-67

AWST 21

Pobl Gyfoethog

Dywed Iesu Grist, 'Y mae'n haws i gamel fynd trwy grau nodwydd nag i ddyn cyfoethog fynd i mewn i deyrnas Dduw.'
MARC 10:25

Yng nghyfnod y Beibl, byddai gan bobl gyfoethog nifer fawr o gamelod, a llawer o bethau eraill hefyd.

Credai rhai fod Duw'n fwy hoff o bobl gyfoethog na phobl dlawd. 'Mae Duw'n rhoi mwy o bethau i bobl gyfoethog, oherwydd eu bod nhw'n well na phobl dlawd,' medden nhw. Ond gwyddai Iesu nad yw hyn yn wir. D'wedodd Iesu ei bod hi'n anodd i bobl gyfoethog gredu yn Nuw a'i garu. Dim ond Duw all wneud hynny'n bosib. Gall Ei Ysbryd Glân roi calon lân i berson cyfoethog. Yna gall y person hwnnw garu Duw yn fwy nag y mae'n caru ei arian a'i gyfoeth. Pa bethau wyt ti'n berchen arnyn nhw? Wyt ti'n caru Duw yn fwy na'r pethau hynny?

GWRANDA AR IESU YN MATHEW 19:23-30

AWST 22

Ef yw ein Tarian

Dywed y Beibl, 'Yr ydym yn disgwyl am yr Arglwydd; Ef yw ein cymorth a'n tarian.'
SALM 33:20

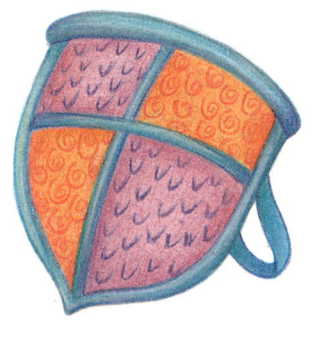

Yn y Beibl byddai pobl Dduw yn moli'r Arglwydd gyda chân newydd. Salm 33 yw ein henw ni arni. Yn y gân hon, bydden nhw'n canmol Duw am mai Ef yw eu tarian.

Darn mawr o fetel y byddai milwr yn ei gario i'w amddiffyn mewn rhyfel yw tarian. Duw yw tarian Ei bobl. Bydd Ef yn ein hamddiffyn a'n helpu ni. Mae Duw'n ein hachub ni rhag ein gelyn, y diafol, wyddost ti. Os yw Duw'n gwneud yr holl bethau hyn drosom, onid yw'n iawn i ni gredu ynddo Ef a'i garu, gan ofyn Iddo am Ei help bob amser.

Gofyn i Dduw fod yn darian i ti. A chofia gredu y bydd Ef yn gwneud hynny.

DARLLEN SALM 33

AWST 23

Ef yw fy Nharian

Dywed Dafydd, yn y Beibl, 'Bendigedig yw yr Arglwydd...fy nharian a'm lloches...'
SALM 144:1-2

Canodd Dafydd gân newydd yn y Beibl. Salm 144 yw hon i ni. Roedd gelynion Dafydd yn ceisio'i ddal. Ond yn y gân hon, gweddïodd Dafydd y byddai Duw'n ei amddiffyn a'i achub. Gofynnodd Dafydd i Dduw estyn Ei law o'r nefoedd i'w helpu. Dywedodd mai Duw oedd ei gaer a'i darian. A galwodd Dafydd yr Arglwydd yn 'fy nghâr' - yr Un sy'n fy ngharu.

Addawodd Dafydd ganu ei gân newydd a chyfansoddi cerddoriaeth i Dduw.

A yw Duw'n darian ac yn Un sy'n dy helpu di? Pa gân newydd fedri di ei chanu Iddo Ef?

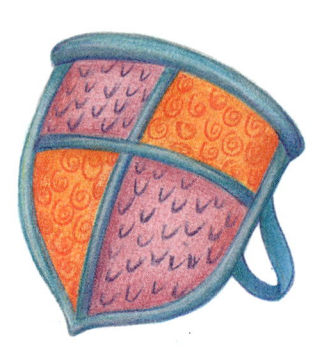

GWRANDA AR GÂN DAFYDD YN SALM 144

AWST 24

Tarian y Ffydd

Dywed y Beibl, 'Ymarfogwch â tharian ffydd...'
EFFESIAID 6:16

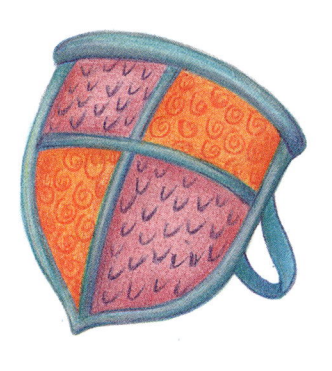

Rwyt ti a fi mewn brwydr, wyddost ti. Mae ein gelyn, y diafol, yn ymladd yn erbyn pobl Dduw. Er mwyn bod yn filwyr da i Dduw yn y frwydr hon, rhaid ymladd yn union fel mae Duw'n dweud wrthon ni am wneud. Ef yw ein Cadfridog a'n Capten.

Rhaid i ni hefyd wisgo'r arfwisg mae Duw'n ei rhoi i ni. Os ydyn ni o ddifri'n credu bod Duw'n gadarn a nerthol, a'i fod Ef yn dda wrthon ni drwy'r amser, yna gallwn ni gario tarian arbennig Duw. Dyma darian y ffydd. Pan fydd y diafol yn anelu saethau o dân aton ni, bydd y darian hon yn eu rhwystro. Felly, bydd yn hapus, a d'wed 'Diolch yn fawr' wrth Dduw am yr arf arbennig hwn.

DARLLEN A CHOFIA EFFESIAID 6:1-16

Ef yw'r Graig

Dywed y Beibl, 'Cyffeswch fawredd ein Duw. Ef yw'r Graig...'
DEUTERONOMIUM 32:3-4

P'un yw'r graig fwyaf welaist ti erioed? Waeth pa mor anferth oedd hi, fe wn i am Un sy'n fwy fyth.

Un o'r enwau mae'r Beibl yn ei roi ar Dduw yw ' Y Graig'. Mae Ef yn fwy ac yn drymach na'r graig fwyaf a thrymaf welodd neb erioed. Mae Duw'n ein hamddiffyn, fel caer neu fur wedi ei gwneud o graig. Mae Duw'n Graig gadarn, gref, y gallwn ni sefyll arni heb syrthio. Mae Ef yn Graig mor gadarn fel y gallwn ni adeiladu ein tŷ arni.

Y tro nesa' y gweli di graig, cofia feddwl am Dduw. Bydd yn hapus, a chanmol Ef am mai Ef yw ein Craig nerthol.

DARLLEN A MWYNHA DEUTERONOMIUM 31:30-32:4

AWST 26

Adeiladwyd ar Graig

Dywed Iesu Grist, 'Dyn call, a adeiladodd ei dŷ ar graig.'
MATHEW 7:24

Duw yw ein Craig nerthol. Mae Ef yn ddigon cadarn i ni adeiladu ein tŷ arno. Sut gallwn ni adeiladu ein tŷ ar y graig gadarn hon? Gyda Iesu mae'r ateb. Rhaid i ni wneud dau beth meddai Ef. Yn gyntaf, rhaid i ni wrando ar beth sy' gan Iesu i'w ddweud. Yn ail, rhaid i ni ufuddhau i orchmynion Iesu.

Ond beth os mai dim ond gwrando ar Ei eiriau wnawn ni, ac yna anghofio gwneud yn ôl Ei orchmynion? Os na wnawn ni'r hyn mae Iesu am i ni ei wneud, rydyn ni'n adeiladu ein tŷ ar dywod, fel petai. Pan ddaw'r glaw a'r gwyntoedd stormus, bydd ein tŷ yn syrthio'n bendramwnwgl.

Beth mae Iesu am i ti ei wneud nawr?

GWRANDA AR IESU YN MATHEW 7:24-29

AWST 27

Dŵr o'r Graig

Dywedodd Duw wrth Moses, 'Taro'r graig a daw dŵr allan ohoni, a chaiff y bobl yfed.'
EXODUS 17:6

Roedd pobl Dduw'n cerdded ar draws yr anialwch. Roedden nhw'n mynd i'w cartref newydd yn y wlad roedd Duw yn ei rhoi iddyn nhw - Gwlad yr Addewid. Lle poeth a sych oedd yr anialwch. Doedd dim digon o ddŵr gan bobl Dduw i'w yfed. Moses oedd yn arwain y bobl. Gweddïodd Moses ar Dduw. D'wedodd Duw wrtho sut i ddod o hyd i ddŵr ar gyfer y bobl. Ufuddhaodd Moses i orchmynion Duw. Aeth at graig fawr. Dyma fe'n taro'r graig gyda'i ffon. Llifodd afon o ddŵr allan ohoni.

Mae Iesu Grist fel craig sy'n rhoi dŵr i ni, meddai'r Beibl. Fedri di Ei foli am hynny heddiw?

DARLLEN A CHOFIA DIARHEBION 3:5-6

AWST 28

Cwpanaid o Ddŵr

Dywed Iesu, 'Pwy bynnag a rydd gwpanaid o ddŵr i chwi i'w yfed o achos eich bod yn perthyn i'r Meseia… ni chyll hwnnw mo'i wobr.'
MARC 9:41

Oes rhywun erioed wedi rhoi diod oer o ddŵr i ti pan oeddet ti bron â llwgu?

Mae Iesu am i ti fod yn rhywun sy'n rhoi llymaid o ddŵr i bobl eraill. Mae Ef eisiau i ti wneud hyn, yn arbennig i unrhyw un sy'n credu ynddo Ef ac yn Ei garu. Gwna hynny er mwyn Iesu'n unig. Dyma sut wyt ti'n medru dangos dy gariad tuag ato Ef. Wrth wneud pethau da dros bobl eraill sy'n perthyn i Iesu Grist, rwyt ti'n dangos faint rwyt ti'n Ei garu.

Os gwnei di'r pethau hyn drostyn nhw, bydd Iesu'n gwenu arnat. Ac fe gei di roddion bendigedig ganddo Ef yn y nefoedd.

GWRANDA AR IESU YN MATHEW 10:40-42

AWST 29

Dŵr i'r Iesu

Dywed Iesu Grist, 'Bûm yn sychedig a rhoesoch ddiod i mi...'
MATHEW 25:35

Rhyw ddiwrnod, bydd pawb yn gweld Iesu Grist fel y Brenin nerthol. Caiff pob un ohonon ni sefyll o flaen Ei orsedd. Yna bydd Ef yn rhannu'r bobl. Caiff rhai pobl eu gosod ar y naill law Iddo, ac eraill ar y llall.

Bydd gan Iesu eiriau da i'w dweud wrth y bobl ar un ochr. Bydd ganddo wobrau arbennig ar eu cyfer. 'Bûm yn sychedig a rhoesoch ddiod i mi,' fydd Ei eiriau. 'Arglwydd, pryd welson ni Ti'n sychedig a rhoi diod i Ti?' fyddan nhw'n gofyn. Bydd Iesu'n ateb trwy ddweud: 'Pryd bynnag y byddi di'n gwneud tro da â rhywun sy'n perthyn i Fi, yna rwyt ti'n gwneud tro da â Fi fy Hun.'

Pa bethau da fedri di eu gwneud i rywun sy'n perthyn i Iesu?

GWRANDA AR IESU YN MATHEW 25: 31-46

AWST 30

Syched y Tu Mewn

Dywed y Beibl, 'A'r hwn sy'n sychedig...derbynied ddŵr y bywyd yn rhad.'
DATGUDDIAD 22:17

Wyt ti erioed wedi dymuno bod mor agos at Dduw fel dy fod ti'n teimlo'n sychedig y tu mewn?

Mae Iesu'n addo y bydd Ef yn rhoi diod i ni pan fyddwn ni'n teimlo'n wironeddol sychedig yn ein calonnau. Bydd diod Iesu'n blasu'n llawer gwell na dim rydyn ni wedi ei brofi erioed. Bydd Ef yn rhoi i ni 'ddŵr y bywyd'. Mae'r dŵr hwn ar gael, yn rhad ac am ddim, gan Iesu Grist. 'Dewch ac yfwch,' meddai Iesu.

Dŵr glân a phur yw hwn. Ac mae digon ohono i'w gael bob amser. Rwyt ti'n gallu yfed gymaint fynnot ti, wyddost ti. A bydd pob llymaid yn blasu'n fendigedig. Wyt ti'n falch fod gan Iesu'r dŵr hwn ar ein cyfer? Cofia siarad â Iesu am hyn mewn gweddi.

DARLLEN DATGUDDIAD 21:6, 22:17

AWST 31

Coed o bob Math

Dywed y Beibl, 'A gwnaeth yr Arglwydd Dduw i bob coeden ddymunol i'r golwg, a da i fwyta ohoni, dyfu o'r tir.'
GENESIS 2:9

Pan greodd Duw'r byd, roedd popeth yn berffaith. Doedd dim byd o gwbl yn ddrwg nac o'i le.

Adda ac Efa oedd y gŵr a'r wraig gyntaf. Gadawodd Duw iddyn nhw fyw mewn lle o'r enw Eden. Tyfai nifer fawr o goed ffrwythau yno. Roedd blas godidog ar y ffrwythau. D'wedodd Duw wrth Adda y câi e ac Efa fwyta'r ffrwyth oedd yn tyfu ar yr holl goed - ac eithrio un. Doedden nhw ddim i fwyta ffrwyth y goeden arbennig hon. Ond roedd Duw wedi rhoi hawl iddyn nhw fwyta'r ffrwythau ar y coed eraill i gyd.

Canmol Dduw am Ei fod yn rhoi i ni gymaint o bethau da i'w mwynhau!

DARLLEN GENESIS 1:29, 2:8-17

MEDI 1

Y Goeden Wahanol

Dywedodd Duw, 'A wyt ti wedi bwyta o'r pren y gorchmynnais iti beidio â bwyta ohono?'
GENESIS 3:11

Lle hardd iawn oedd Eden, ble trigai Adda ac Efa. Tyfai dwy goeden ffrwythau arbennig yng nghanol gardd Eden. 'Coeden y Bywyd' oedd enw un ohonyn nhw. Câi pwy bynnag fyddai'n bwyta ffrwyth y goeden hon fyw am byth. Fydden nhw ddim yn marw. Roedd y goeden arall yn wahanol. D'wedodd Duw wrth Adda ac Efa am beidio â bwyta dim o ffrwyth y goeden hon. 'Byddwch farw os bwytewch ffrwyth hon,' ebe Duw.

Ond buodd Adda ac Efa'n anufudd i Dduw. Fe fwyton nhw ffrwyth o'r goeden honno. Fel rhan o'u cosb, gorfododd Duw y ddau i adael Eden. Doedden nhw ddim i ddychwelyd na bwyta o 'Bren y Bywyd'.

Pan weli di goed ffrwythau, cofia am yr hyn ddigwyddodd yn Eden.

DARLLEN GENESIS 3

MEDI 2

Pren y Bywyd

Dywed Iesu Grist, 'Gwyn eu byd y rhai sy'n golchi eu mentyll er mwyn iddynt gael hawl ar bren y bywyd…'
DATGUDDIAD 22:14

Buodd Adda ac Efa'n anufudd i Dduw. Felly, dyma Duw'n eu hanfon allan o ardd Eden. Yn Eden roedd 'Pren y Bywyd'. Doedd Duw ddim yn fodlon i Adda ac Efa fwyta ffrwyth y goeden hon. Byddai pwy bynnag oedd yn bwyta ffrwyth 'Pren y Bywyd' yn byw am byth. Ond fedrai Adda ac Efa ddim byw am byth. Roedd rhaid iddyn nhw farw. Rhyw ddydd, cawn ninnau weld 'Pren y Bywyd'.

Cawn weld y goeden ynghanol y Jerwsalem Newydd, y ddinas ddaw i lawr o'r nefoedd oddi wrth Dduw. Byddwn ni'n hapus ar ôl ei gweld. Buodd Iesu farw drosot ti a fi. Gallwn ni fwyta o 'Bren y Bywyd' nawr.

Canmol Dduw am gael byw am byth.

GWRANDA AR IESU YN DATGUDDIAD 22:12-16

MEDI 3

Fel Morthwyl

Dywed Duw, 'Onid yw fy ngair fel tân, ac fel gordd sy'n dryllio'r graig?'
JEREMEIA 23:29

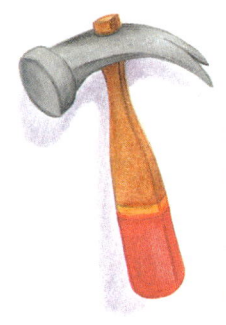

Faint o bethau fedri di eu gwneud gyda morthwyl? Pan fyddwn ni'n cydio mewn morthwyl ac yn ei anelu, gallwn daro hoelen i mewn i ddarn o bren trwchus. Gall morthwyl falu rhywbeth yn ei hanner neu'n ddarnau mân, wyddost ti.

Gair Duw yw'r Beibl. D'wed Duw fod Ei Air fel morthwyl sy'n gallu dryllio craig yn deilchion.

Weithiau byddwn ni'n meddwl am bethau drwg yn lle pethau da. Mae'r hen deimladau drwg 'na fel cerrig caled yn ein meddwl. Rho ddiolch i Dduw nawr Ei fod Ef wedi rhoi'r Beibl i ni, er mwyn malu'r creigiau hynny'n ddarnau mân.

DARLLEN JEREMEIA 23:29

MEDI 4

Fel Morthwyl

Dywed Duw, 'Onid yw fy ngair ... fel gordd sy'n dryllio'r graig?'
JEREMEIA 23:29

D'wed Duw bod Ei Air fel morthwyl sy'n gallu malu craig yn ddarnau mân. Os oes hen feddyliau drwg yn dy ben, gad i Air Duw eu chwalu nhw. Efallai dy fod ti'n teimlo fel gwneud tro gwael â rhywun. Ond cofia Air Duw. Dywed y Beibl, 'Byddwch yn dirion wrth eich gilydd' (Effesiaid 4:32).

Efallai dy fod ti'n teimlo fel dweud celwydd. Yna cofia Air Duw. Mae'r Beibl yn dweud, 'Peidiwch â dweud celwydd' (Colosiaid 3:9).

Efallai dy fod ti'n poeni ac yn teimlo'n siomedig ynghylch rhywbeth, yn lle gweddïo. Yna cofia Air Duw. 'Peidiwch â phryderu am ddim' (Philipiaid 4:6) meddai'r Beibl.

DARLLEN 2 CORINTHIAID 10:5

MEDI 5

Fel Morthwyl

Dywed Duw, 'Onid yw fy ngair...fel gordd?'
JEREMEIA 23:29

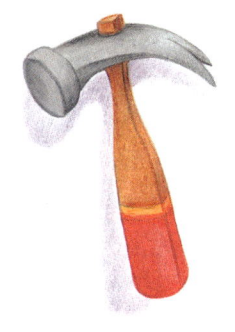

Pan fydd meddyliau drwg yn dy ben, gall Gair Duw eu malu'n ddarnau mân. Mae Gair Duw fel morthwyl sy'n medru dryllio craig yn deilchion. Efallai dy fod yn teimlo fel brolio neu ymffrostio ynghylch rhywbeth. Ond cofia Air Duw: 'Ymostyngwch o flaen yr Arglwydd' (IAGO 4:10).

Efallai dy fod yn teimlo fel bod yn bwdlyd neu'n flin. Yna cofia Air Duw: 'Llawenhewch bob amser' (1 THESALONIAID 5:16).

Efallai dy fod yn teimlo fel cwyno am rywbeth, neu ddadlau â rhywun. Cofia Air Duw: 'Gwnewch bopeth heb rwgnach nac ymryson' (PHILIPIAID 2:14).

DARLLEN SALM 29:3-5

MEDI 6

Helmed Iachawdwriaeth

Dywed y Beibl, 'Derbyniwch iachawdwriaeth yn helm…'
EFFESIAID 6:17

Rwyt ti a fi mewn brwydr, wyddost ti. Mae ein gelyn, y diafol, yn ymladd yn erbyn pobl Dduw. Fel milwyr da Duw, rhaid i ni ymladd yn union fel mae ein Harglwydd yn dweud wrthon ni. Rhaid i ni hefyd wisgo'r arfwisg gawn ni ganddo Ef. Mae Duw'n rhoi helmed i ni orchuddio'n pennau.

'Helm iachawdwriaeth' yw'r enw arni. Os ydyn ni eisiau ei gwisgo, rhaid i ni gofio sut yr achubodd Iesu ni. Paid byth anghofio sut y buodd Iesu Grist farw er mwyn cymryd ein pechodau. Meddylia sut y buodd Ef farw - yn arbennig drosot ti a fi a phawb arall.

Os byddi di'n cofio hyn yn dy galon, cei wisgo helmed iachawdwriaeth.

EDRYCH YN OFALUS AR 1 TIMOTHEUS 1:15

MEDI 7

Helmed Iachawdwriaeth

Dywed y Beibl, 'Derbyniwch iachawdwriaeth yn helm...'
EFFESIAID 6:17

Mae Duw'n rhoi helmed iachawdwriaeth i ni i'w gwisgo. Os cofiwn sut y buodd Iesu farw er mwyn ein hachub rhag ein pechodau, gallwn wisgo'r helmed hon.

Os gwisgwn ni'r helmed, bydd ein meddyliau'n rhai da ac nid yn rhai drwg. Byddwn yn cofio gymaint mae Iesu'n ein caru. Cofiwn Un mor fawr a pherffaith yw Ef. A chymaint y mae Ef yn caru pobl eraill. Cofiwn hefyd y cawn ni weld Iesu rhyw ddiwrnod.

Cyn bo hir, bydd Iesu'n dychwelyd i'n nôl ni. Ac rydyn ni am fod yn barod amdano Ef. Rydyn ni eisiau bod yn meddwl pethau da. Pa feddyliau da sy' gyda ti'r funud hon?

DARLLEN 2 CORINTHIAID 5:6-10 YN OFALUS

MEDI 8

Helmed Iachawdwriaeth

Dywed y Beibl, 'Gadewch inni… wisgo … gobaith iachawdwriaeth yn helm.'
1 THESALONIAID 5:8

Os gwisgwn ni helmed iachawdwriaeth, yna bydd ein meddwl yn llawn syniadau da ac nid rhai drwg.

Bydd helmed iachawdwriaeth yn gwarchod ein ffordd o feddwl. Fyddwn ni ddim yn gwylio rhaglenni a ffilmiau gwael ar y teledu. Fyddwn ni ddim yn gwrando ar bobl sy'n defnyddio geiriau drwg ac yn dweud jôcs budr. Fyddwn ni ddim yn gwrando ar bobl sy' bob tro'n achwyn neu'n dadlau.

Yn lle hynny, byddwn ni'n gofyn i Iesu fod yn helmed i ni. Ac i'n helpu ni i lanw'n meddyliau â phethau da yn lle pethau drwg. Fedri di weddïo a gofyn am hyn nawr?

DARLLEN A CHOFIA PHILIPIAID 4:8

MEDI 9

Duw sy'n Tyfu Grawn

Dywed y Beibl, 'Y mae afon Duw'n llawn o ddŵr; darperaist iddynt ŷd.
SALM 65:9

Fyddi di'n hoffi bwyta bara, rholiau, byns, nwdls, bisgedi, myffins, grawnfwyd, pancws neu grempog, toesenni, picau neu gacen? Mae'r holl fwydydd hyn wedi eu gwneud o rawn, wyddost ti. Creodd Duw ein byd yn arbennig fel bod digon o rawn yn tyfu. Yna cawn lond ein gwala o fwydydd da fel rhain.

Duw wnaeth y pridd lle caiff y grawn ei blannu hefyd. Ac Ef sy'n anfon glaw i'w ddyfrhau wrth iddo dyfu. Mae Duw'n gwneud hyn i gyd er ein mwyn ni.

Felly, bydd yn hapus a chanmol Ef. Mola Dduw a d'wed 'Diolch yn fawr' wrtho Ef am ofalu mor dda amdanon ni.

DARLLEN A MWYNHA SALM 65:9-13

MEDI 10

Y Deyrnas yn Tyfu

Dywed Iesu Grist, 'Ohoni ei hun y mae'r ddaear yn dwyn ffrwyth, eginyn yn gyntaf, yna tywysen, yna ŷd llawn yn y dywysen.'
MARC 4:28

Pan oedd Iesu yma, yn y byd, roedd yn ein helpu i gofio mai Ef yw'n Brenin. Person sy'n edrych ar ôl pawb a phopeth yw brenin. A'r enw am bopeth sy' dan ei ofal yw ei 'deyrnas'. D'wedodd Iesu fod Ei deyrnas yn tyfu. Mae'n tyfu fel y grawn sy'n tyfu allan yn y cae. Hedyn bychan yw i ddechrau. Yna, bydd yn tyfu'n fwy. Ac yna'n fwy eto. Bydd wedi gorffen tyfu ymhen amser.

Mae teyrnas Iesu Grist yn tyfu. Felly rhaid i ni fod yn amyneddgar. Rhyw ddydd, cawn Ei weld yn Frenin y Byd. Cawn weld Ei goron a'i orsedd. Ond rhaid i ni aros rhyw ychydig eto. Wyt ti'n medru bod yn amyneddgar, ac aros?

GWRANDA AR IESU YN MARC 4:26-29

MEDI 11

Yn Gyfoethog tuag at Dduw

Dywed Duw, 'Yna byddaf yn anfon glaw yn ei bryd ... a byddwch yn medi eich ŷd.'
DEUTERONOMIUM 11:14

Un tro, roedd 'na ddyn a aeth ati i dyfu tunelli o rawn yn ei gaeau. Daeth yn ŵr cyfoethog iawn. Roedd yn medru prynu popeth a fynnai.

Cyn hir, penderfynodd adeiladu siediau gwair anferth er mwyn storio'i holl rawn. Doedd dim angen iddo weithio bellach. Fe gâi barti mawr bob dydd o'r flwyddyn. Wnaeth e ddim meddwl am roi unrhywbeth i Dduw, wyddost ti, na rhoi peth o'r grawn i bobl eraill. Felly'r noson honno, d'wedodd Duw wrth y dyn cyfoethog, 'Mae'n amser i ti farw'.

Cofia fod yn fwy hael wrth Dduw a phobl eraill nag wyt ti wrthot ti dy hun.

GWRANDA AR IESU YN LUC 12:16-21

MEDI 12

Cysgod Duw

Dywed y Beibl, 'Y mae'r sawl sy'n byw yn lloches y Goruchaf ... yn aros yng nghysgod yr Hollalluog.'
SALM 91:1

Oes cysgod gyda Duw? Oes, efallai. Cysgod o oleuni a gwres yw cysgod Duw. Y fan honno lle gallwn ddod yn nes ato Ef yw Ei gysgod. Rydyn ni'n ddiogel yn Ei gysgod. Mae Ef yn ein hamddiffyn yno. Byddwn yn mynd at Ei gysgod am ein bod yn Ei garu.

Yng nghysgod Duw, gallwn deimlo Ei wres a chlywed Ei lais, hyd yn oed pan fydd Ef yn sibrwd. Gallwn orffwys. Gwyddom na all dim wneud niwed i ni. All dim byd drwg ein cyrraedd.

Mae Duw'n hapus iawn pan ddown ni i mewn i'w gysgod. Rwyt ti'n medru gwneud hynny wrth weddïo arno, wyddost ti. Beth am siarad â Duw nawr?

DARLLEN SALM 91

MEDI 13

Cysgod Pedr

Dywed y Beibl, 'Yr oeddent yn dod â'r cleifion allan i'r heolydd fel pan fyddai Pedr yn mynd heibio y câi ei gysgod o leiaf ddisgyn ar ambell un ohonynt.'
ACTAU 5:15

Roedd Pedr yn caru Iesu'n fawr. Wedi i Iesu atgyfodi o farw a mynd nôl i'r nefoedd, daeth Ysbryd Glân Duw i fyw yng nghalon Pedr. Daeth Pedr yn ddyn dewr. Byddai'n dweud wrth bawb am Iesu Grist.

Gwnaeth Pedr a ffrindiau eraill Iesu lawer o wyrthiau rhyfeddol. Daeth llawer o bobl sâl yn iach eto. Roedd y cleifion i gyd eisiau dod at Pedr. Roedd y bobl sâl hyn am i gysgod Pedr ddisgyn arnyn nhw, a'u gwella yn y ffordd honno.

Mae gwyrth yn beth rhyfeddol - a dim ond Duw all gyflawni gwyrthiau. Gwaith Duw yn unig yw gwyrth, wyddost ti. Ac weithiau bydd Ef yn cyflawni gwyrthiau drwy bobl fel Pedr, neu ti, neu fi hyd yn oed.

DARLLEN Y STORI YN ACTAU 5:12-16

MEDI 14

Dim ond Cysgod

Dywed y Beibl, 'Cysgod sydd gan y gyfraith o'r pethau da sy'n dod...'
HEBREAID 10:1

Weithiau byddwn ni'n gweld cysgod rhywun, ond heb fod yn medru gweld y person. (Efallai ei fod e tu ôl i gornel, ond bod ei gysgod yn troi'r cornel o'i flaen.) Nid y person iawn yw'r cysgod. Dim ond llun o siâp y person yw'r cysgod.

Mae rhai pethau y byddwn ni'n darllen amdanyn nhw yn y Beibl fel cysgodion, wyddost ti. Yn Jerwsalem safai adeilad o'r enw 'Y Deml'. Dyma ble byddai pobl Dduw'n Ei addoli Ef. Roedd yn cael ei alw'n Dŷ Dduw. Ond yn y nefoedd mae cartref Duw. Dim ond cysgod o Dŷ Dduw oedd y Deml. Canmol Dduw am y byddwn ni'n gweld gwir Nefoedd Duw ryw ddydd, a fydd 'na ddim sôn yno am unrhyw gysgodion.

DARLLEN HEBREAID 8:3-6

MEDI 15

Arhosodd yr Haul

Dywed y Beibl, 'Ac arhosodd yr haul yn llonydd, a safodd y lleuad, nes i'r genedl ddial ar ei gelynion.'
JOSUA 10:13

Un diwrnod, roedd milwyr Duw'n ymladd brwydr fawr yn erbyn Ei elynion. Casglodd nifer fawr o elynion ynghyd, ac roedden nhw'n rhai cryf.

Josua oedd arweinydd milwyr Duw. D'wedodd Duw wrth Josua am beidio ag ofni'r gelynion y diwnod hwnnw. Addawodd yr Arglwydd i Josua y byddai Ei filwyr yn ennill y frwydr. Gweddïodd Josua ar Dduw. Gweddïodd y byddai'r haul a'r lleuad yn aros yn llonydd. Do, safodd yr haul yn ei unfan ynghanol yr awyr! Wnaeth yr haul ddim machlud tan y diwrnod wedyn. Roedd gan bobl Dduw ddigon o amser i ennill y frwydr.

Canmol Dduw am y wyrth a wnaeth, pan atebodd Ef weddi Josua.

DARLLEN Y STORI YN JOSUA 10:7-15

MEDI 16

Disgleirio fel yr Haul

Dywed Iesu Grist, 'Bydd y rhai cyfiawn yn disgleirio fel yr haul yn nheyrnas eu Tad.'
MATHEW 13:43

Rhyw ddiwrnod, cawn weld teyrnas Dduw. Iesu fydd y Brenin. Ef fydd yn edrych ar ôl popeth. Cawn Ei weld yn gwisgo'i goron ac yn eistedd ar Ei orsedd.

Dim ond pobl gyfiawn, dibechod fydd gydag Ef am byth. Pwy yw'r bobl gyfiawn hyn? Dyma'r bobl mae Iesu wedi eu glanhau. Maen nhw'n credu ynddo ac yn Ei garu. Ystyr 'cyfiawn' yw eu bod yn iawn, yn ddieuog. Mae Iesu'n eu gwneud yn bobl dda a chywir.

Pan fydd diwrnod teyrnas Dduw'n gwawrio, d'wed Iesu y byddwn ni'n disgleirio fel yr haul. Rho ddiolch i Iesu y byddi di mor llachar â'r haul, rhyw ddydd.

GWRANDA AR IESU YN MATHEW 13:40-43

MEDI 17

Dim Haul

Dywed y Beibl, 'Nid oes ar y ddinas angen na'r haul na'r lleuad oherwydd gogoniant Duw sy'n ei goleuo...'
DATGUDDIAD 21:23

Bydd yn hapus - achos byddwn ni'n gweld dinas y Jerwsalem Newydd yn disgyn o'r nefoedd oddi wrth Dduw, rhyw ddiwrnod.

Fydd 'na ddim tywyllwch yno. Ai oherwydd fod yr haul yn tywynnu drwy'r amser a byth yn machlud? Na. Fydd 'na ddim haul yn yr awyr uwchlaw'r ddinas honno. Fydd dim hyd yn oed angen yr haul yno. Duw Ei Hun fydd yn goleuo'r ddinas. Ac mae Duw'n fwy disglair na'r haul, wyddost ti. Yno, yn ninas nefol Duw, chaiff neb weld tywyllwch fyth eto.

Mola Dduw am Ei fod yn llawn goleuni, ac am y bydd Ef yn tywynnu drosom am byth.

DARLLEN A CHOFIA 1 IOAN 1:5

MEDI 18

Marchogaeth Asyn

Dywed y Beibl, 'Fe welodd yr asen angel yr Arglwydd ...'
NUMERI 22:23,25,27

Un tro, roedd dyn yn marchogaeth ar gefn asyn. Roedd ar ei ffordd i wneud tro gwael â phobl Dduw. Doedd Duw ddim yn blês iawn gydag e. Daeth angel Duw i'w rwystro.

Gwelodd yr asyn yr angel a safodd yn yr unfan. Ond welodd mo'r dyn yr angel. Dechreuodd y dyn guro'r asyn, druan. A dyma Duw'n agor ceg yr asyn fel bod yr anifail yn medru siarad. Yna, agorodd Duw lygaid y dyn er mwyn iddo fe weld yr angel. O'r diwedd dechreuodd y dyn wrando ar Dduw.

Gofyn i Dduw ddangos i ti pan wyt ti ar fin gwneud rhywbeth o'i le, er mwyn i ti beidio â'i wneud. Edrych a gwranda'n ofalus am lais Duw.

DARLLEN Y STORI YN NUMERI 22:21-35

MEDI 19

Marchogaeth Asyn

Dywed y Beibl, 'Wele dy frenin yn dod atat â buddugoliaeth a gwaredigaeth, yn ostyngedig ac yn marchogaeth ar asyn ...'
SECHAREIA 9:9

Un diwrnod, roedd Dyn arbennig iawn ar gefn asyn. Roedd ar Ei ffordd i wneud rhywbeth da dros bobl Dduw. Roedd Duw'n blês iawn gydag Ef.

Dyn da oedd Ef. Roedd Ef bob tro'n gwneud yr hyn sy'n iawn a chymwynasgar. Roedd Ef yn addfwyn. Iesu Grist, ein Brenin oedd Ef, wrth gwrs. Roedd yn marchogaeth ar gefn asyn i mewn i Jerwsalem, lle byddai'n cael Ei ladd. Byddai'n marw er mwyn cymryd ein cosb am yr holl bethau drwg fyddwn ni'n eu gwneud.

Wrth i Iesu farchogaeth yr asyn i Jerwsalem, daeth llawer o bobl i weiddi a chymeradwyo. Pe bait ti wedi bod yno, beth fyddet ti wedi ei ddweud wrtho Ef? Beth fedri di ddweud wrtho Ef nawr?

DARLLEN MATHEW 21:1-11

MEDI 20

Marchogaeth Asyn

Dywedodd Iesu Grist, 'Gosododd ef ar ei anifail ei hun…'
LUC 10:34

Un tro, roedd dyn yn eistedd ar gefn asyn. Wrth iddo deithio ar y ffordd, gwnaeth dro da â rhywun oedd angen help. Ac roedd Duw'n blês iawn gydag e.

Gwelodd y dyn rywun yn gorwedd wrth ymyl y ffordd. Roedd y person hwnnw wedi ei anafu'n ddrwg. Felly, dyma'r dyn oedd ar gefn yr asyn yn aros. Aeth at y dyn oedd wedi ei glwyfo. Rhoddodd foddion iddo fe a dododd rwymau am ei glwyfau. Gosododd y dyn oedd wedi cael niwed i eistedd ar gefn yr asyn. Aeth ag e i fan lle gallai orffwys a gwella.

D'wedodd Iesu y dylen ni gyd helpu pobl eraill sy' wedi cael niwed, yn union fel y gwnaeth y dyn oedd yn marchogaeth ei asyn.

DARLLEN Y STORI YN LUC 10:25-37

MEDI 21

Brwydr yr Arglwydd

Yn y Beibl, dywed Dafydd, 'Nid trwy gleddyf na gwaywffon y mae'r Arglwydd yn gwaredu, oherwydd yr Arglwydd biau'r frwydr...'
1 SAMUEL 17:47

Doedd Dafydd y llencyn ddim yn ofni ymladd Goliath. Un o elynion Duw oedd Goliath. Roedd e'n gawr o ddyn. Cariai waywffon anferth, drom. Roedd cleddyf a gwaywffon fechan gydag e hefyd.

Doedd gan Dafydd ddim cleddyf na gwaywffon pan aeth i ymladd Goliath. Gwyddai nad oedd angen arfau arno oherwydd roedd Duw gydag e. Gwyddai fod Duw yn gryfach nag unrhyw arf. Gwyddai hefyd mai Duw sy'n penderfynu pwy yw'r enillydd ym mhob brwydr, oherwydd fod Duw'n gryfach na holl fyddinoedd y byd i gyd. 'Yr Arglwydd biau'r frwydr', ebe Dafydd.

Mola Dduw am Ei fawredd.

DARLLEN Y STORI YN 1 SAMUEL 17:1-50

MEDI 22

Cymryd Gwaywffon

Dywed y Beibl, 'Cymerodd Dafydd y waywffon…'
1 SAMUEL 26:12

Doedd Saul ddim yn ufudd i Dduw. Roedd e a'i filwyr yn rhedeg ar ôl Dafydd. Roedden nhw'n ceisio gwneud niwed iddo fe. Roedd rhaid i Dafydd ffoi am ei fywyd.

Un noson roedd Saul a'i filwyr yn cysgu ar y llawr. Gwelodd Dafydd y dynion. Cerddodd atyn nhw. Wnaeth Saul ddim deffro. Gallai Dafydd fod wedi gwneud niwed iddo, ond wnaeth e ddim. Y cyfan wnaeth Dafydd oedd codi gwaywffon Saul a mynd â hi am ychydig amser. Rhoddodd Dafydd y waywffon yn ôl iddo nes ymlaen, a dangosodd i Saul nad oedd yn dymuno gwneud niwed iddo.

Os bydd rhywun yn ceisio gwneud niwed i ti, rhaid i ti ymddwyn fel gwnaeth Dafydd y noson honno. Paid â cheisio brifo neb, cofia.

DARLLEN 1 PEDR 2:21-24

MEDI 23

Trywanu Iesu

Dywed y Beibl, 'Fe drywanodd un o'r milwyr ei ystlys ef â phicell...'
IOAN 19:34

Pan gafodd Iesu Ei hoelio ar y groes, dioddefodd Ef boen ofnadwy iawn. Dechreuodd farw'n araf. Ar un adeg, gwaeddodd 'Mae syched arna i.' Dyma un o'r milwyr yn dodi sbwng mewn finegr. Gosododd y sbwng ar ffon a'i godi at wefusau Iesu. Sugnodd Iesu beth o'r finegr o'r sbwng.

Yna d'wedodd Iesu, 'Gorffennwyd.' Gwyrodd Ei ben a gadael Iddo'i Hun farw. Ond taflodd un o'r milwyr waywffon at gorff Iesu. Llifodd mwy o waed o gorff Iesu Grist.

Paid byth anghofio gymaint o ddolur gafodd Iesu'r diwrnod hwnnw. Cofia Iddo Ef farw drosot ti a fi.

DARLLEN IOAN 19:28-37

MEDI 24

Modrwy'r Brenin

Dywed y Beibl, 'A thynnodd [Pharo] ei fodrwy oddi ar ei law a'i gosod ar law Joseff.'
GENESIS 41:42

Roedd Joseff yn ddyn da, ond roedd e mewn carchar. Ddylai'r bobl roddodd e yn y carchar ddim fod wedi gwneud hynny. Dyna i ti beth drwg. Ond buodd Joseff yn amyneddgar.

Un noson fe gafodd Pharo, brenin yr Aifft, ddwy freuddwyd ryfedd. Roedd Duw'n dangos rhywbeth i'r brenin drwy'r breuddwydion hyn. Ond doedd y brenin ddim yn deall. Dim ond Joseff fedrai helpu'r brenin i ddeall ystyr y breuddwydion. D'wedodd Joseff wrth y brenin beth roedd Duw'n ei ddangos iddo.

Roedd Pharo'n ddiolchgar. Dewisodd Joseff yn gynorthwywr iddo. A gadawodd Pharo i Joseff wisgo modrwy'r brenin hyn yn oed. Mola Dduw am Ei fod mor dda wrth y rhai sy'n aros yn amyneddgar amdano Ef.

DARLLEN GENESIS 41

MEDI 25

Modrwy'r Brenin

Dywed y Beibl, 'Yna tynnodd y brenin ei fodrwy,…a'i rhoi i Mordecai.'
ESTHER 8:2

Yn y Beibl, cawn hanes dyn da o'r enw Mordecai a oedd yn ewythr i wraig arbennig o'r enw Esther. Roedd Mordecai ac Esther yn perthyn i bobl Dduw. Ond roedd 'na ddyn drwg a oedd yn casáu Mordecai. Roedd e'n dymuno gweld holl bobl Dduw yn cael eu lladd.

Beth fedrai Mordecai ac Esther ei wneud? Aeth Mordecai ati i helpu Esther i fod yn ddewr. Aeth Esther i siarad yn gwrtais â'r brenin. D'wedodd wrth y brenin beth roedd y dyn drwg yn ceisio'i wneud. Dyma'r brenin yn penderfynu amddiffyn pobl Dduw. Dewisodd Mordecai yn gynorthwywr iddo. A gadawodd i Mordecai wisgo modrwy'r brenin hyd yn oed.

Canmol enw Duw am Ei fod mor fawr ac mor garedig wrth Ei bobl.

DARLLEN ESTHER 8

MEDI 26

Modrwy'r Brenin

Dywedodd Duw, 'Fe'th wisgaf fel sêl-fodrwy, oherwydd tydi a ddewisais…'
HAGGAI 2:23

Yn ôl y Beibl, rhoddodd Duw Wlad yr Addewid i'w bobl fel lle iddyn nhw fyw. Ond doedden nhw ddim bob tro'n caru Duw nac yn ufudd Iddo yno. Buodd Duw'n amyneddgar iawn.

Ond cyn hir daeth yn amser i Dduw eu cosbi a'u danfon allan o Wlad yr Addewid. Buon nhw oddi yno am amser hir iawn. O'r diwedd gadawodd Duw iddyn nhw ddychwelyd.

Bryd hynny, Sorobabel oedd brenin pobl Dduw. Addawodd Duw iddo y byddai e fel sêl-fodrwy Duw Ei Hun. Addawodd Duw ei helpu.

Mola Dduw am mai Ef yw'n Brenin. Gan ein bod yn blant Iddo, ni yw Ei deulu brenhinol. Rydym fel Ei sêl-fodrwy frenhinol.

DARLLEN HAGGAI 2:20-23

MEDI 27

Esgyrn Sychion

Dywed y Beibl, 'Esgyrn sychion, clywch air yr Arglwydd!'
ESECIEL 37:4

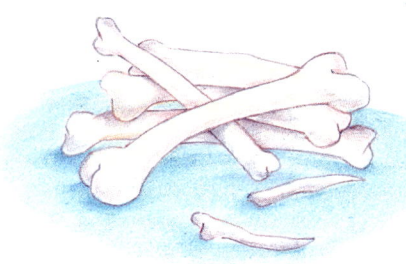

Yn y Beibl, darllenwn fod yr Ysbryd Glân wedi mynd ag Eseciel i ddyffryn. Roedd y dyffryn yn llawn esgyrn sych. Penderfynodd Duw wneud i'r esgyrn ddod yn fyw. D'wedodd wrth Eseciel am siarad â'r esgyrn, gan gyhoeddi wrthyn nhw beth roedd Duw'n mynd i'w wneud.

Siaradodd Eseciel â'r esgyrn. Dechreuon nhw ysgwyd a chadw sŵn. Daeth yr esgyrn at ei gilydd. Yn sydyn, dyma nhw'n cael eu gorchuddio â chyhyrau a chroen. Siaradodd Eseciel â nhw eto. Y tro hwn, chwythodd y gwynt, a daeth anadl i'r cyrff newydd hyn. Roedden nhw'n fyw!

Canmol Dduw a diolch Iddo am Ei fod Ef yn medru cymryd yr hyn sy'n farw a'i wneud yn fyw.

DARLLEN Y STORI YN ESECIEL 37:1-14

MEDI 28

Asgwrn Adda

*Yn y Beibl, dywed Adda, 'Asgwrn o'm hesgyrn, a chnawd o'm cnawd.
Gelwir hi yn wraig ...'*
GENESIS 2:23

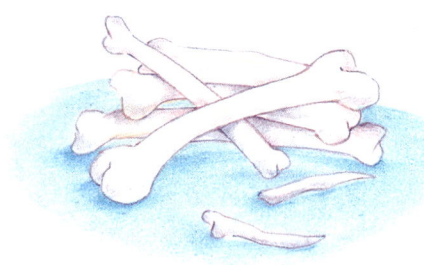

Ar y dechrau un, dim ond dyn greodd Duw. Creodd Duw y dyn Adda o bridd y ddaear.

Roedd Adda'n byw yn Eden. Doedd neb arall yno. Doedd gan Adda ddim neb i'w helpu. Roedd ar ei ben ei hun bach. Yna d'wedodd Duw, 'Nid yw'n beth da bod y dyn ar ei ben ei hun; gwnaf iddo gynorthwywraig addas.' Trefnodd Duw bod Adda'n syrthio i gwsg trwm. Cymerodd Duw asgwrn o gorff Adda. O'r asgwrn hwn, creodd Duw wraig. Yna deffrôdd Adda. Daeth Duw â'r wraig at Adda.

Rho ddiolch a moliant i Dduw am Iddo greu dynion a merched.

DARLLEN Y STORI YN GENESIS 2:18-24

MEDI 29

Esgyrn Marw

Dywedodd Iesu, 'Rydych yn debyg i feddau wedi eu gwyngalchu, sydd o'r tu allan yn ymddangos yn hardd, ond y tu mewn y maent yn llawn o esgyrn y meirw.'
MATHEW 23:27

Yn y dyddiau pan oedd Iesu'n byw yng Ngwlad yr Addewid, roedd yno ddynion o'r enw Phariseaid. Doedden nhw ddim yn bobl garedig, nac yn deg na chariadus. Doedden nhw ddim yn wylaidd chwaith. Roedden nhw'n ffroenuchel a balch. Roedden nhw eisiau i bawb eu gweld, dweud 'helô' wrthyn nhw a sylwi mor dda oedden nhw. Bydden nhw'n gweddïo mewn lleisiau uchel er mwyn i bobl eraill eu clywed.

D'wedodd Iesu wrth y Phariseiaid eu bod nhw fel beddau wedi eu paentio'n wyn. Roedden nhw'n edrych yn grand ar y tu allan. Ond y tu mewn roedden nhw'n llawn esgyrn marw a phridd.

Gofyn i Dduw dy gadw'n lân y tu mewn - y man pwysicaf oll, wyddost ti.

GWRANDA AR IESU YN MATHEW 23:25-28

MEDI 30

Trwy'r Pyrth

Dywed y Beibl, 'Dewch i mewn i'w byrth â diolch…'
SALM 100:4

Flynyddoedd maith yn ôl, roedd muriau mawr trwchus i'w gweld o gwmpas pob dinas. Er mwyn teithio i mewn ac allan o'r dinasoedd roedd rhaid mynd trwy byrth neu glwydi mawr oedd fel drysau yn y muriau.

Roedd muriau gyda phyrth ynddyn nhw o amgylch Jerwsalem. Byddai'r bobl oedd yn dod i Jerwsalem i addoli Duw yn cerdded drwy'r pyrth hyn. Bydden nhw'n canu caneuon o fawl i Dduw wrth ddod drwy'r pyrth. Roedden nhw'n rhoi diolch i Dduw.

Wyddost ti dy fod ti'n gallu dod at Dduw yn unman, unrhyw bryd, er mwyn Ei foli a'i addoli. Felly, bydd yn hapus a chofia ddiolch Iddo.

DARLLEN A MWYNHA SALM 100

HYDREF 1

Tu Allan i'r Porth

Dywed y Beibl, 'Felly Iesu hefyd, dioddef y tu allan i'r porth a wnaeth ef ...'
HEBREAID 13:12

Cipiwyd Iesu gan y milwyr yn Jerwsalem a'i ladd ar y groes. Aethon nhw ag Ef drwy'r porth i ddarn o dir oedd yr ochr draw i furiau'r ddinas.

Dyma'r fan lle buodd Iesu Grist farw drosot ti a fi. Wrth Iddo farw, cymrodd Iesu ein pechodau ni arno Ef Ei Hun. Pan fydd ein pechodau'n cael eu dileu, yna rydyn ni'n lân y tu mewn. Mae Iesu'n ein caru, ac mae Ef am i'n calonnau fod yn lân. Dyna pam buodd Ef farw, wyddost ti.

Felly, gad i ni gofio diolch i Dduw bob dydd am anfon Iesu Grist i farw droson ni. Galw ar enw Iesu bob dydd, a chanmol Ef.

DARLLEN HEBREAID 13:11-16

HYDREF 2

Deuddeg Porth

Dywed y Beibl, 'Yr oedd iddi [y Jerwsalem Newydd] fur mawr ac uchel a deuddeg porth, ac wrth y pyrth ddeuddeg angel.'
DATGUDDIAD 21:12

Rho fawl i Dduw am y byddwn ni, ryw ddiwrnod, yn gweld y Jerwsalem Newydd yn disgyn o'r nefoedd oddi wrth Dduw. Bydd waliau'r ddinas wedi eu gorchuddio â gemau a thlysau hardd iawn. Yn ei muriau, bydd deuddeg porth neu fynedfa. Bydd pob porth wedi ei wneud o berl anferth.

Bydd y pyrth ar agor bob amser. Daw pobl Dduw i gyd i mewn i'r ddinas. Bydd pawb sy'n credu yn Iesu Grist, yn Ei garu, ac sy'n perthyn Iddo'n dod trwy'r pyrth yn hapus.

Rho ddiolch i Dduw am y pyrth a'r muriau hyn. Canmol Ef am greu'r ddinas hardd hon a fydd yn gartref i ni am byth. 'Llawenhewch yn yr Arglwydd bob amser; fe'i dywedaf eto, llawenhewch!'

DARLLEN DATGUDDIAD 21:12-21

HYDREF 3

Mwy Nag Aur

Dywed y Beibl, 'Y mae cyfraith yr Arglwydd yn berffaith ... Mwy dymunol ydynt nag aur, na llawer o aur coeth.'
SALM 19:7,10

Pan ddaw tymor yr Hydref, bydd llawer o ddail y coed yn newid eu lliw i aur. On'd yw aur yn lliw hardd?

Mae aur bob tro'n gyfoethog ei liw. Wyddost ti bod modrwyon, cadwyni gwddf, breichledau a strapiau watshis yn aml yn cael eu gwneud o aur. Bydd unrhyw beth gaiff ei wneud o'r metel hwn yn costio'n ddrud. Mae pawb yn hoff o aur.

Ond mae 'na rywbeth llawer gwell nag aur, yn ôl y Beibl, wyddost ti. Mae geiriau Duw'n fwy gwerthfawr nag aur. Gymaint gwell yw clywed a gwybod geiriau Duw na chael llond tŷ o aur. Oes mwy o awydd arnat ti i wybod geiriau Duw na chael rhywbeth sy' wedi ei wneud o aur?

DARLLEN SALM 19:7-11

HYDREF 4

Aur Pur

Dywed y Beibl bod 'eich ffydd' yn 'fwy gwerthfawr na'r aur sy'n darfod…'
1 PEDR 1:7

Aur - dyna'r metel mae pobl drwy'r byd i gyd yn hoff ohono. Mae aur yn fetel trwm iawn. Os caiff aur ei ddodi gyda metalau eraill mewn tân poeth iawn, bydd y tân yn toddi'r metalau eraill, ond nid yr aur. Mae'r aur sy' ar ôl yn lân a chryf.

Mae ein ffydd ninnau fel aur, medd y Beibl. Ystyr 'ffydd' yw credu yn Nuw. Weithiau byddwn ni'n gorfod wynebu problemau a thrafferthion. Bydd y trafferthion hyn yn dangos pa mor lân a chryf yw ein ffydd.

Wyt ti'n dioddef gan drafferthion? Os wyt ti, d'wed 'Diolch yn fawr' wrth Dduw am Ei fod Ef yn gwneud dy ffydd yn lân a chryf.

EDRYCH YN OFALUS AR 1 PEDR 1:6-9

HYDREF 5

Dinas o Aur

Dywed y Beibl, '...a'r ddinas ei hun yn aur pur, gloyw fel gwydr.'
DATGUDDIAD 21:18

Mae'r Jerwsalem Newydd - y ddinas fydd yn dod i lawr o'r nefoedd oddi wrth Dduw - wedi ei gwneud o aur pur. Mae'r stryd fawr hyd yn oed wedi ei gwneud o aur. Dychmyga stryd hir lydan o aur, yn ymestyn mor bell ag y medri di weld. Dyna i ti fwy o aur nag a welodd neb erioed.

Bydd dinas sanctaidd Duw yn y nefoedd yn fwy crand, yn fwy cyfoethog, yn fwy ac yn harddach nag unrhyw beth a welwn ni yn y byd hwn. Ond nid dyma'r hyn fyddi di'n ei hoffi fwyaf yno. Cael bod gyda Duw fydd hwnnw.

D'wed wrth Dduw mewn gweddi, gymaint fyddi di'n mwynhau bod gydag Ef.

EDRYCH UNWAITH ETO AR DATGUDDIAD 21:18-21

HYDREF 6

Mynydd o Fwg

Dywed y Beibl, 'Pan welodd yr holl bobl ... y mynydd yn mygu, safasant o hirbell'
EXODUS 20:18

Roedd pobl Dduw'n mynd i'w cartref newydd yng Ngwlad yr Addewid. Moses oedd eu harweinydd. Cyn bo hir fe ddaethon nhw at fynydd uchel o'r enw Sinai. Gofynnodd Duw i Moses ddringo'r mynydd er mwyn Iddo gael siarad â Moses.

Roedd 'na gymylau a tharanau a mellt ar y mynydd. Ac roedd yno fwy o fwg nag a welaist ti a fi erioed. Tân sy'n gwneud mwg. Roedd cymaint o fwg ar y mynydd oherwydd yno roedd tân Duw. Mae Duw'n nerthol a disglair. Mae Ef yn gryfach, yn boethach ac yn fwy llachar nag unrhyw dân welaist ti a fi.

Y tro nesa' y gweli di fwg, cofia am dân aruthrol Duw.

DARLLEN EXODUS 19:16-19

HYDREF 7

Teml yn Mygu

Dywed y Beibl, '... llanwyd y tŷ gan fwg.'
ESEIA 6:4

Rhoddodd Duw ganiatád i Eseia sbecian i mewn i'r nefoedd. Gwelodd Dduw'n eistedd ar Ei orsedd yn Ei Deml yn y nefoedd. Clywodd Eseia angylion yn dweud wrth ei gilydd: 'Sanct, Sanct, Sanct yw Arglwydd y Lluoedd'. 'Y mae'r holl ddaear yn llawn o'i ogoniant,' medden nhw eto.

Wrth iddyn nhw ddweud hyn, dechreuodd popeth ysgwyd fel pe bai'n ddaeargryn. Gwelodd Eseia'r deml yn cael ei llenwi gan fwg.

Pan fydd tân yn rhywle, bydd 'na fwg hefyd. Mae gogoniant Duw fel tân, ac mae'n cynhyrchu mwg. Cofia am Dduw y tro nesa' y gweli di fwg. Rho fawl Iddo am Ei ogoniant aruthrol.

EDRYCH AR DATGUDDIAD 15:8

HYDREF 8

Diflannu fel Mwg

Dywed y Beibl, 'Y mae'r nefoedd yn diflannu fel mwg'
ESEIA 51:6

Wedi i fwg esgyn i fyny i'r awyr, wyddost ti i ble bydd e'n mynd? I ble'r aeth yr holl fwg a ddaeth o'r holl danau welodd y byd erioed?

Bydd mwg, ymhen ychydig, yn diflannu. Bydd e'n darfod ac yn mynd i ffwrdd. Dyma fydd yn digwydd i'r nefoedd, ryw ddiwrnod, yn ôl y Beibl. Bydd yr awyr welwn ni nawr yn diflannu. Fydd yr awyr ddim yno. Bydd y cyfan yn darfod - yr haul, y lleuad, y sêr, a'r cymylau - a glas a llwyd yr awyr. Yna, cawn weld popeth yn newydd, gan gynnwys awyr newydd.

D'wed 'Diolch yn fawr' wrth Dduw am yr awyr roddodd Ef i ni i'w mwynhau am ychydig amser eto.

DARLLEN JOEL 2:28-32

HYDREF 9

O Bren

Dywedodd Duw wrth Noa, 'Gwna i ti arch o bren...'
GENESIS 6:14

O goed y daw pren. Pan adeiladodd Noa arch, fe'i gwnaeth hi o bren. Mae'n siŵr ei fod wedi gorfod llifio nifer fawr o goed er mwyn cael digon o bren. Cwch mawr oedd yr arch. Cadwodd yr arch hon o bren Noa a'i deulu a'r anifeiliaid yn ddiogel yn ystod y dilyw mawr. Doedd dim rhaid iddyn nhw farw. Trefnodd Duw ffordd i'w cadw nhw'n fyw.

Roedd y groes y buodd Iesu farw arni wedi ei gwneud o bren. Y groes sy'n dy gadw di a fi a holl bobl Dduw'n ddiogel, wyddost ti. Trwy'r groes, mae Duw'n gadael i ni fyw am byth.

D'wed 'Diolch yn fawr' wrth Dduw am i Iesu Grist farw ar groes o bren.

DARLLEN 1 PEDR 2:24

HYDREF 10

O'r Chwerw i'r Melys

Dywed y Beibl, 'Galwodd yntau [Moses] ar yr Arglwydd, a dangosodd yr Arglwydd iddo bren.'
EXODUS 15:25

Roedd pobl Dduw'n cerdded ar draws yr anialwch. Roedd y tywod a'r tywydd yn boeth. Pobl flinedig a sychedig oedden nhw.

Cyrhaeddon nhw fan lle roedd pwll o ddŵr. Ond roedd y dŵr yn chwerw iawn. Roedd blas ofnadwy arno. Fedrai'r bobl mo'i yfed. 'Beth gawn ni i'w yfed?' gofynnodd y bobl i Moses.

Moses oedd eu harweinydd. Gweddïodd Moses ar yr Arglwydd. Dangosodd yr Arglwydd ddarn o bren i Moses. Cododd Moses y pren a'i daflu i mewn i'r dŵr. Yn sydyn, trodd y dŵr yn felys a blasus. Gall Duw gymryd beth bynnag sy'n chwerw a'i droi'n felys, wyddost ti.

D'wed 'Diolch yn fawr' wrth Dduw am ei fod Ef bob amser yn medru gwneud hyn.

DARLLEN Y STORI YN EXODUS 15:22-27

HYDREF 11

Pren ar gyfer y Deml

Yn y Beibl, dywed Dafydd, 'Rhoddais ar gyfer tŷ'r Arglwydd ... goed a cherrig.'
1 CRONICL 22:14

Adeiladodd pobl Dduw adeilad hardd o'r enw'r Deml yn Jerwsalem. Dyma fan lle gallen nhw addoli Duw. D'wedodd Duw wrth Dafydd sut i gynllunio'r deml. D'wedodd Dafydd wrth Solomon. Yna aeth Solomon ati i adeiladu'r deml.

Roedd digon o bren cryf, hardd yn y deml. Roedd arogl hyfryd ar y pren hefyd. Coed cedrwydd oedd y rhan fwyaf ohono. Wyt ti wedi arogli pren cedrwydd o'r blaen?

Roedd popeth ynglŷn â'r deml yn dda, yn gadarn ac yn hardd. Rho fawl i'n Duw am Ei fod Ef yn caru'r hyn sy'n dda a chadarn a hardd.

DARLLEN 2 CRONICL 2:3-16

HYDREF 12

Y Blaidd yn Ymosod

Dywed Iesu Grist, 'Y mae'r blaidd yn eu hysglyfio [y defaid] ac yn eu gyrru ar chwâl.'
IOAN 10:12

Anifail peryglus yw blaidd pan fydd yng nghwmni defaid. Bydd bleiddiaid yn bwyta defaid. Gall blaidd hela pa ddafad bynnag mae e eisiau.

Beth ddylai bugail wneud pan fydd blaidd yn ymosod ar ei ddefaid? Bydd bugail da'n ymladd yn erbyn y blaidd. Byddai'n well ganddo gael ei frifo gan y blaidd na gweld un o'i ddefaid yn cael ei bwyta. Ond bydd bugail drwg yn rhedeg i ffwrdd pan ddaw blaidd. Dydi e ddim yn poeni am y defaid.

Rydyn ninnau fel defaid, wyddost ti. Iesu Grist yw ein Bugail Da. Ef sy'n ein hamddiffyn rhag y blaidd. Bydd Ef yn ymladd y diafol yn ein lle ni. Rho fawl a diolch i Iesu am Ei fod yn rhoi Ei fywyd dros y defaid.

GWRANDA AR IESU YN IOAN 10:11-15

HYDREF 13

Athrawon Twyllodrus

Dywed Iesu Grist, 'Dyma fi yn eich anfon allan fel defaid i blith bleiddiaid.'
MATHEW 10:16

Rydyn ni fel defaid ym mhorfa Duw. D'wed Iesu Grist y daw nifer o fleiddiaid atom i geisio ymosod arnon ni. Pwy yw'r bleiddiaid hyn?

Wel, pobl sy'n ceisio dysgu pethau anghywir i ni am Dduw, ac am Iesu Grist, Mab Duw ac am Ysbryd Glân Duw. Dydi'r athrawon twyllodrus hyn ddim mewn gwirionedd yn credu yn Iesu nac yn Ei garu nac yn perthyn Iddo. Dydyn nhw ddim yn ufudd i Dduw. Dydi Ysbryd Glân Duw ddim yn byw yn eu calonnau. Mae Iesu'n dweud wrthon ni am wylio rhag pobl felly.

Gofyn i Dduw d'amddiffyn rhag yr athrawon twyllodrus hyn. Gofyn Iddo Ef ddangos i ti beth sy'n gywir a gwir.

DARLLEN RYBUDD PAUL YN ACTAU 20:29-31

HYDREF 14

Blaidd gyda'r Oen

Dywed y Beibl, 'Fe drig y blaidd gyda'r oen ...
ESEIA 11:6

Mae'r dydd yn dod pan fydd bleiddiaid ac ŵyn yn gorwedd gyda'i gilydd mewn heddwch. Bydd y llo a'r llew hefyd yn cydorwedd. Gwelwn y fuwch a'r arth yn pori gyda'i gilydd. A bydd plentyn bychan yn arwain yr anifeiliaid hyn o un man i'r llall. Fydd anifeiliaid fyth eto'n gwneud niwed i'w gilydd nac yn niweidio pobl, chwaith.

Pryd fydd y diwrnod hwn yn dod, meddet ti? Fe ddaw pan fydd teyrnas Iesu Grist wedi tyfu'n fawr. Pan fyddi di'n gweld Iesu a'i goron ar Ei orsedd, yna fe gei di fynd i chwarae gyda'r anifail mwyaf a'r gwylltaf ohonyn nhw i gyd.

Rwyt ti'n gallu diolch i Dduw nawr, wyddost ti, hyd yn oed cyn i hyn ddigwydd.

DARLLEN A MWYNHA ESEIA 11:1-9

HYDREF 15

Y Ddraig yn Ymladd

Dywed y Beibl, 'Yna bu rhyfel yn y nef, Mihangel a'i angylion yn rhyfela yn erbyn y ddraig.'
DATGUDDIAD 12:7

Siaradodd Iesu o'r nefoedd â Ioan. Dangosodd Iesu lawer o'r pethau da sy' yn y nefoedd iddo. Cafodd Ioan hefyd weld llawer o bethau sy' wedi digwydd yn y byd hwn, a phethau fydd yn digwydd yn y dyfodol.

Gwelodd Ioan ddraig anferth. Y ddraig hon yw Satan, ein gelyn. Buodd rhyfel yn y nefoedd un tro, wyddost ti. Roedd Satan y ddraig a'i fyddin yn ymladd yn erbyn angylion Duw. Ond mae angylion Duw'n gryfach na byddin Satan. Felly, cafodd Satan a'i fyddin eu taflu allan o'r nefoedd.

Rho ddiolch a mawl i Dduw am Ei fod Ef a'i angylion yn gryfach na Satan.

GWRANDA AR IESU GRIST YN LUC 10:17-18

HYDREF 16

Y Ddraig yn Colli

*Dywed y Beibl, 'Fe'i bwriwyd hi, y ddraig fawr, yr hen sarff, a elwir
Diafol a Satan, twyllwr yr holl fyd, fe'i bwriwyd i'r ddaear ...'*
DATGUDDIAD 12:9

Dangosodd Iesu nifer o bethau i Ioan. Dangosodd Iesu i Ioan beth fyddai'n digwydd i Satan. Gwelodd Ioan ddraig anferth. Y ddraig hon yw ein gelyn, Satan. Ceisiodd Satan ymladd yn erbyn Iesu Grist. Ond mae Iesu wedi concro Satan yn barod. Iesu Grist yw'r Enillydd. Mae Ef wedi trechu Satan. Pryd enillodd Iesu'r frwydr yn ebyn Satan?

Fe enillodd Iesu pan fuodd Ef farw ar y groes a phan gododd Ef o farw, a phan aeth Ef nôl i'r nefoedd i fod gyda Duw. Mae Satan yn dal i geisio ymladd yn erbyn pobl sy'n caru ac yn credu yn Iesu Grist, wyddost ti. Ond bydd y cyfan drosodd ryw ddiwrnod, cyn hir.

Canmol Iesu nawr am Ei fod Ef wedi concro Satan am byth!

DARLLEN HEBREAID 2:14-15

HYDREF 17

Y Ddraig yn Marw

Dywed y Beibl, 'Gafaelodd [angel] yn y ddraig, yr hen sarff, sef Diafol a Satan, a rhwymodd hi am fil o flynyddoedd.'
DATGUDDIAD 20:2

Dangosodd Iesu i Ioan beth fydd yn digwydd i Satan cyn hir. Gwelodd Ioan ddraig anferth, blin ei thymer. Y ddraig yw ein gelyn, Satan. Rhyw ddiwrnod, daw angel i lawr i'r byd o'r nefoedd. Caiff Satan ei gipio a'i ddal gan yr angel. Bydd yr angel yn clymu'r ddraig mewn cadwyni ac yn ei thaflu i garchar.

Bydd Satan yno am amser hir. Wedyn caiff Satan ddod yn rhydd am ryw ychydig. Ond bydd Duw'n anfon tân i lawr o'r nefoedd yn ei erbyn. Bydd Duw'n taflu Satan i lyn o dân. Caiff Satan ei gosbi am byth.

Felly bydd yn hapus, a mola Dduw. Canmol Ei enw a diolch Iddo y bydd Ef yn dinistrio Satan am byth.

DARLLEN DATGUDDIAD 20:1-10

HYDREF 18

Byw gyda'r Moch

Dywed y Beibl, 'Buasai'n falch o wneud pryd o'r plisg yr oedd y moch yn eu bwyta.'
LUC 15:16

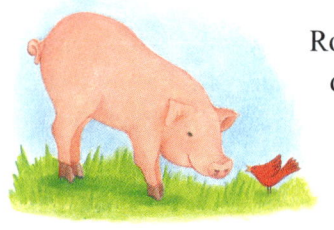

Roedd gan rhyw ddyn ddau fab. Un diwrnod, dyma'r mab ieuengaf yn pacio popeth oedd ganddo a mynd yn bell i ffwrdd o'i gartref. Cyn bo hir roedd wedi gwario'i arian i gyd. Doedd ganddo ddim i'w fwyta. Yng nghwmni moch roedd e'n byw nawr.

Ond gwyddai ei fod e wedi gwneud camgymeriad mawr. Penderfynodd fynd nôl at ei dad a dweud hynny wrtho. Pan oedd bron â chyrraedd ei gartref gwelodd ei dad e'n dod. Rhedodd hwnnw i'w gyfarfod gan roi ei freichiau amdano a'i gusanu. Rhoddodd ddillad newydd iddo ac fe gafwyd parti mawr. Roedd y tad mor hapus.

Pryd bynnag y byddi di wedi gwneud rhywbeth drwg, bydd Duw'n hapus pan ddoi di nôl ato a dweud, 'Fe wnes i gamgymeriad.'

DARLLEN Y STORI YN LUC 15:11-24

Ysbrydion Aflan a Moch

Dywed y Beibl, 'Yr oedd yno ar lethr y mynydd genfaint fawr o foch yn pori.'
MARC 5:11

Un tro, daeth Iesu Grist i fan yn ymyl Môr Galilea. Roedd yno ddyn sâl. Roedd ysbrydion drwg Satan yn byw yn y dyn hwn. Bydden nhw'n gwneud iddo anafu ei hun â cherrig. Pan gyrhaeddodd Iesu, cododd ofn mawr ar yr ysbrydion aflan. Roedden nhw'n gwybod bod Iesu'n dda ac yn gryf ac y byddai Ef yn eu rhwystro rhag brifo'r dyn, druan.

Gwelodd yr ysbrydion genfaint o foch yn pori ar gopa'r mynydd, yn ymyl y môr. Dyma nhw'n erfyn ar Iesu am gael mynd i mewn i'r moch. Cytunodd Iesu. Pan ddigwyddodd hyn, rhedodd y moch i lawr y mynydd a syrthio i'r môr. Boddwyd pob un o'r moch.

Rho ddiolch i Iesu am Ei fod yn ein cadw'n ddiogel rhag ysbrydion aflan Satan.

DARLLEN Y STORI YN MARC 5:1-12

HYDREF 20

D'wed wrth dy Deulu

Dywed y Beibl, 'Aeth yr ysbrydion aflan allan o'r dyn ac i mewn i'r moch.'
MARC 5:13

Cafodd dyn, oedd yn cael ei frifo gan ysbrydion drwg, help gan Iesu Grist. Parodd Iesu i'r ysbrydion aflan adael y dyn. Aethon nhw i mewn i genfaint o foch. Rhedodd y moch i mewn i'r môr a boddwyd nhw i gyd.

Roedd y dyn gafodd help gan Iesu'n teimlo gymaint yn well wedyn. Doedd yr ysbrydion aflan ddim yn ei frifo bellach. Fyddai e ddim yn anafu ei hun gyda cherrig o hyn ymlaen. Roedd y dyn yn hapus. Roedd e eisiau dilyn Iesu a bod gydag Ef. Ond d'wedodd Iesu wrtho, 'Dos adref at dy deulu, a d'wed wrthyn nhw gymaint mae'r Arglwydd wedi ei wneud drosot ti. Sonia wrthyn nhw am yr holl bethau da a wnaeth Ef.' Ufuddhaodd y dyn.

Beth wnaeth yr Arglwydd drosot ti? Wrth bwy fedri di sôn am hyn?

DARLLEN Y STORI YN MARC 5:14-20

HYDREF 21

Cleddyf Miniog

Dywed y Beibl, 'Y mae gair Duw yn fyw a grymus; y mae'n llymach na'r un cleddyf daufiniog ...'
HEBREAID 4:12

Fydd Duw fyth yn aros yn ddistaw. Clywn Ef yn siarad â ni yn y Beibl. Gallwn ddarllen a chlywed Gair Duw yn y Beibl. Mae Ei Air yn fyw ac ar waith, oherwydd bod Duw Ei Hun yn fyw ac ar waith.

Mae Gair Duw fel cleddyf, yn ôl y Beibl. Mae'n finiog ac yn torri'r holl ffordd i lawr y tu mewn i ni. Gall ddod o hyd i bopeth o'n mewn, wyddost ti. Os bydd gyda ni feddyliau drwg, mae Gair Duw'n mynd i mewn ac yn dod o hyd iddyn nhw. Cawn weld y meddyliau drwg hynny. Cawn weld mor anghywir yw'r fath feddyliau.

Yna, gallwn fynd at Dduw a dweud wrtho ble'r aethon ni o'i le. Bydd Ef yn maddau i ni, oherwydd fod Iesu Grist wedi marw dros y pechodau hynny.

DARLLEN HEBREAID 4:12-16 YN OFALUS

HYDREF 22

Cleddyf yr Ysbryd

Dywed y Beibl, 'Derbyniwch ... yr ysbryd, sef gair Duw, yn gleddyf.'
EFFESIAID 6:17

Mae Ysbryd Glân Duw'n cario cleddyf. Bydd yr Ysbryd Glân yn cario'r arf hwn wrth iddo ddod i fyw y tu mewn i ni. Dyma'r arf y bydd Ef yn ei rannu gyda ni, wrth i ni ymladd yn erbyn Satan, gelyn Duw.

Gair Duw yw cleddyf yr Ysbryd Glân. Rhaid i ni ddefyddio Gair Duw fel cleddyf pan fydd Satan yn ymosod arnon ni. Os daw hen feddyliau cas, anghywir i guddio yn ein meddyliau a'n calonnau, rhaid i ni ddefnyddio cleddyf Gair Duw i ladd y meddyliau drwg hynny.

Bydd Ysbryd Glân Duw'n ein helpu i ddefnyddio'r cleddyf bob tro bydd ei angen arnon ni. Felly, bydd yn hapus a chanmol yr Ysbryd Glân. Rho ddiolch i Ysbryd Glân Duw am Ei gleddyf rhyfeddol.

DARLLEN EFFESIAID 6:10-18 YN OFALUS

HYDREF 23

Cleddyf Miniog

Dywed y Beibl, 'O'i enau yr oedd cleddyf llym yn dod allan, iddo daro'r cenhedloedd ag ef.'
DATGUDDIAD 19:15

Gadawodd Duw i Ioan weld sut le yw'r nefoedd. Gwelodd Ioan Iesu Grist yn marchogaeth ar gefn ceffyl gwyn. Roedd Ei lygaid fel tân. Roedd holl fyddinoedd angylion Duw'n Ei ddilyn Ef. Ac roedd cleddyf miniog yn dod allan o'i geg.

Bydd Iesu'n defnyddio'r cleddyf hwnnw i daro pawb sy'n gwrthod credu ynddo Ef a'i garu a bod yn ufudd Iddo. Bydd holl eiriau Iesu fel cleddyf miniog. Bydd pob un o'i eiriau Ef yn anafu ac yn brifo. Bydd pob gair gan Iesu yn anafu Ei elynion sy'n Ei gasáu ac yn gwrthod bod yn ufudd i'w Air Ef.

Rho fawl i Iesu am fod Ei gleddyf yn gryf a nerthol.

DARLLEN DATGUDDIAD 19:11-21

HYDREF 24

Clogyn Ysgarlad

Dywed y Beibl, 'Wedi diosg ei ddillad, rhoesant glogyn ysgarlad amdano…'
MATHEW 27:28

Cafodd Iesu ei ddal. Dyma'r milwyr yn Jerwsalem yn Ei guro'n greulon ac yna'n gwneud hwyl am Ei ben. Tynnon nhw Ei ddillad. Gosodon nhw glogyn llachar am Iesu Grist. Plethodd y milwyr goron o ddrain a'i gosod ar Ei ben. Aethon nhw ar eu gliniau o'i flaen gan chwerthin a dweud, 'Henffych well, Frenin yr Iddewon!' Poeron nhw ar Iesu hefyd, a'i fwrw. Yna aethon nhw ag Ef i ffwrdd i'w ladd ar y groes.

Ond wnaiff neb fyth mo hynny eto i Iesu Grist, wyddost ti. Iesu'n wir yw'r Brenin. Mae Ef gyda Duw ar Ei orsedd yn y nefoedd.

Meddylia am Iesu nawr. Rho fawl Iddo am mai Ef yw dy Frenin.

DARLLEN A CHOFIA HEBREAID 12:2-3

HYDREF 25

Gwniadwraig Benigamp

Dywed y Beibl, 'Safodd yr holl wragedd gweddwon yn ei ymyl dan wylo a dangos y crysau a'r holl ddillad yr oedd Dorcas wedi eu gwneud ...'
ACTAU 9:39

Cawn yr hanes yn y Beibl am Dorcas, gwraig garedig, a oedd yn hoff o wneud tro da â phobl dlawd. Roedd Dorcas yn wych am wneud dillad. Byddai'n gwneud clogynnau a dillad ar gyfer nifer o'i ffrindiau. Ond trawyd Dorcas yn sâl. Un diwrnod buodd hi farw. Golchodd ei ffrindiau ei chorff a'i osod mewn ystafell yn y llofft.

Yna, daeth Pedr i'r tŷ. Aeth i fyny'r grisiau. Roedd ffrindiau Dorcas yn crïo'n arw. Dangoson nhw i Pedr yr holl ddillad roedd Dorcas wedi eu gwneud. Aeth Pedr ar ei liniau a siaradodd â Iesu Grist. Yna d'wedodd wrth y wraig farw am godi ar ei thraed. Agorodd Dorcas ei llygaid a chododd ar ei heistedd. Helpodd Pedr hi i sefyll. Roedd hi'n fyw!

Rho fawl i Dduw am Ei fod Ef yn gallu codi'r marw'n fyw eto.

DARLLEN Y STORI YN ACTAU 9:36-43

HYDREF 26

Clogynnau Gwynion

Dywed y Beibl, 'Wele dyrfa fawr ... wedi eu gwisgo â mentyll gwyn ...'
DATGUDDIAD 7:9

Cariwyd Ioan i fyny i'r nefoedd trwy ddrws agored. Gwelodd orsedd Duw. Gwelodd dyrfa o bobl yn sefyll o gwmpas yr orsedd. Roedd cymaint o bobl yno fel na fedrai neb eu cyfrif. Roedden nhw wedi dod o bob cwr o'r byd. Roedd yno bobl o bob lliw croen dan haul. Roedd pob un wedi golchi ei glogyn. Golchwyd pob clogyn yng ngwaed Iesu Grist, Oen Duw. Roedd gwaed Iesu wedi troi eu clogynnau'n wyn.

Rho fawl i Iesu oherwydd bod Ei waed yn golchi'n pechodau'n lân. Mae Ei waed yn ein gwneud ni'n wyn ac yn ddisglair fel yr eira!

DARLLEN DATGUDDIAD 7:9-17

HYDREF 27

Ar Adenydd Eryrod

Dywed Duw, 'Codais chwi ar adenydd eryrod a'ch cludo ataf fy hun.'
EXODUS 19:4

Ganrifoedd maith yn ôl, doedd pobl Dduw ddim yn byw yng Ngwlad yr Addewid. Roedden nhw'n hytrach yn gaethweision a charcharorion yn yr Aifft. Roedd Pharo, brenin yr Aifft, yn greulon iawn wrthyn nhw.

Ond wnaeth Duw mo'u anghofio nhw, wyddost ti. Daeth Ef â phob un ohonyn nhw allan o'r Aifft. Gwnaeth Ef nifer o wyrthiau i helpu'r bobl. Dangosodd iddyn nhw Un mor arswydus yw Ef. Roedd hyn, i bobl Dduw, fel hedfan ar adenydd eryr - yn union fel cael hedfan drwy'r awyr, yr holl ffordd i fyny i'r nefoedd.

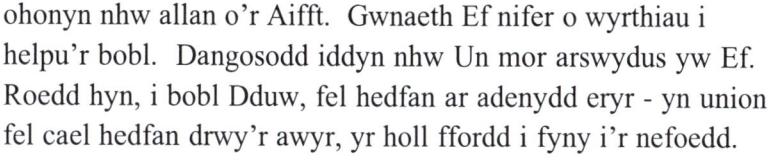

Dyma sut roedden nhw'n teimlo pan achubodd Duw Ei bobl. Rho fawl i Dduw am ei fod Ef yn gallu dy achub di, er mwyn i ti fod yn rhydd fel eryr.

DARLLEN EXODUS 19:3-6

HYDREF 28

Ar Adenydd Eryrod

Dywed y Beibl, 'Y mae'r rhai sy'n disgwyl wrth yr Arglwydd ... yn magu adenydd fel eryr ...'
ESEIA 40:31

Fedri di gofio pryd roeddet ti'n teimlo'n fwy blinedig nag y buest ti erioed o'r blaen? Bydd pob un ohonon ni'n blino weithiau. Bydd hyd yn oed bechgyn a merched ifanc, cryf, yn blino. Bydd pawb o bobl Dduw'n blino.

Ond fydd Duw fyth yn blino, wyddost ti. Mae Ef yn gwybod sut i helpu pob un ohonon ni pan fyddwn ni'n teimlo'n flinedig. Mae Ef yn gwybod sut i'n gwneud ni'n gryf.

Weithiau byddwn ni'n blino pan fyddwn ni'n gwneud y gwaith roddodd Duw i ni. Gall Duw'n cryfhau ni unwaith eto. Os ydyn ni'n credu ynddo Ef, ac yn Ei garu, ac yn gofyn Iddo am Ei help, yna bydd yn ein gwneud yn bobl gryf. Byddwn ni'n teimlo fel pe baen ni'n hedfan fel eryrod.

DARLLEN A MWYNHA ESEIA 40:28-31

HYDREF 29

Eryr yn yr Awyr

Yn y Beibl, dywed Ioan, 'Clywais eryr yn hedfan yng nghanol y nef ...'
DATGUDDIAD 8:13

Pan gafodd Ioan ei gario i fyny drwy'r drws i'r nefoedd, gwelodd lawer o bethau.

Un tro, gwelodd saith angel a chanddyn nhw saith utgorn. Pan seiniodd yr angylion yr utgyrn, disgynnodd cosb Duw ar y ddaear. Daeth storm dân i lawr ar y byd. Taflwyd mynydd oedd yn llosgi i mewn i'r môr. Syrthiodd seren dân ar yr afonydd. Tywyllwyd yr haul, y lleuad a nifer fawr o'r sêr. Yna gwelodd Ioan eryr yn hedfan. Dyma'r eryr yn dechrau gweiddi a rhybuddio pobl fod mwy o gosb i ddod.

Rho fawl i Iesu Grist am Ei fod Ef yn gallu dy achub di rhag yr holl gosb ddaw i'r byd.

DARLLEN DATGUDDIAD 8

HYDREF 30

Wrth Draed yr Arglwydd

Dywed y Beibl, 'Eisteddodd hi [Mair] wrth draed yr Arglwydd a gwrando ar ei air.'
LUC 10:39

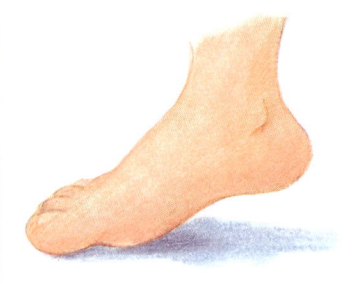

Dwy chwaer oedd Mair a Martha. Roedden nhw'n ffrindiau mawr â Iesu Grist. Un tro, daeth Iesu i ymweld â nhw. Roedd Ef wedi dod i'w dysgu nhw. Roedd hi'n bryd iddyn nhw wrando. Eisteddodd Mair wrth draed Iesu. Gwrandawodd hi'n astud iawn. Roedd hi'n gwybod mor dda yw Ei eiriau. Roedd Mair eisiau mwynhau Ei eiriau a'u credu nhw. Ond roedd Martha'n dal i feddwl am bethau eraill. Dyma hi'n brysio i lanhau'r tŷ a pharatoi cinio. 'D'wed wrth Mair, Arglwydd, am fy helpu i,' meddai Martha. Ond roedd Iesu'n falch bod Mair yn gwrando arno Ef. Gadawodd iddi hi eistedd wrth Ei ymyl a gwrando.

Mor dda yw gwrando ar Iesu Grist - cofia hynny bob amser.

DARLLEN Y STORI YN LUC 10:38-42

HYDREF 31

Golchi Traed

Dywed y Beibl, 'Yna tywalltodd Iesu ddŵr i'r badell, a dechreuodd olchi traed y disgyblion ...
'IOAN 13:5

Roedd Iesu a'i ffrindiau - y deuddeg disgybl - yn cael swper. Yn y dyddiau hynny, mewn swper o'r fath, byddai gan y bobl was i'w helpu. Cyn iddyn nhw fwyta, byddai'r gwas yn tynnu esgidiau pawb oedd yno ac yn golchi eu traed. Ond y noson honno, doedd dim gwas yn bresennol. Doedd neb o'r disgyblion eisiau golchi traed pob un. Doedden nhw ddim eisiau bod yn was.

Felly, dyma Iesu'n codi o'r bwrdd. Aeth i nôl dŵr a thywel. Symudodd Ef o amgylch yr ystafell gan olchi traed pob un o'i ffrindiau. Ef oedd eu gwas.

Byddi di fel Iesu, wyddost ti, os wyt ti'n was i bobl eraill. Beth fedri di ei wneud nawr i helpu rhywun arall?

DARLLEN Y STORI YN IOAN 13:1-17

TACHWEDD 1

Ar ein Traed

Dywed y Beibl, 'Yna cei gerdded ymlaen heb bryder, ac ni thripia dy droed.'
DIARHEBION 3:23

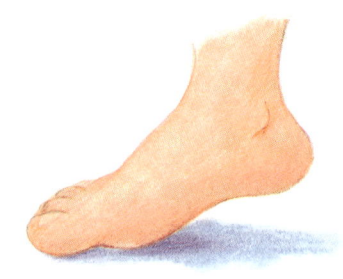

Pan fyddwn ni'n dilyn Iesu, bydd ein traed ar waith. Weithiau byddwn yn cerdded, dro arall yn rhedeg. Defnyddiwn ein traed er mwyn mynd i helpu a gwasanaethu eraill. Ein traed sy'n ein cario ni pan fyddwn ni'n mynd i ddweud wrth eraill am Iesu Grist.

Bydd Duw'n cadw'n traed rhag baglu. Ef sy'n cadw'n traed rhag cael eu dal mewn magl. Ef sy'n cadw'n traed ar y llwybr cywir. Duw Ei Hun sy'n dangos i ni ble i fynd a beth i'w wneud. Bydd Ef yn ein harwain bob cam o'r daith.

I ble mae Iesu'n arwain dy draed di? Beth yw'r cam nesa' mae Ef am i ti ei gymryd? Gofyn Iddo ddangos hynny i ti.

DARLLEN DIARHEBION 4:11-12

TACHWEDD 2

Y Wledd Fawr

Dywed Iesu Grist, 'Yr oedd dyn yn trefnu gwledd fawr. Gwahoddodd lawer o bobl ...'
LUC 14:16

Un tro, trefnodd rhyw ddyn wledd fawr flasus yn ei dŷ. Gwahoddodd lawer o bobl i ginio. Yna anfonodd y dyn ei was i ddweud wrth bawb fod y bwyd yn barod. Ond atebai pawb, 'Fedra i ddim dod.' Roedd pob un wedi penderfynu gwneud rhywbeth arall.

Mae'r wledd fawr hon yn debyg i'r holl bethau rhyfeddol fydd gan Dduw ar ein cyfer yn y nefoedd. Mae Ef yn gwahodd pawb yn y byd yn grwn i ddod a mwynhau'r pethau da hyn. Ond 'Fedra i ddim dod' yw esgus cymaint o bobl, wyddost ti.

Os wyt ti'n credu yn Iesu Grist ac yn Ei garu, bydd Iesu'n gwneud yn siŵr dy fod ti yno. D'wed wrtho dy fod ti'n hapus am i ti gael dy wahodd.

GWRANDA AR IESU YN LUC 14:1-24

TACHWEDD 3

Gwledd Lefi

Dywed y Beibl, 'Yna gwnaeth Lefi wledd fawr iddo [Iesu] yn ei dŷ...'
LUC 5:29

Un tro, roedd dyn o'r enw Lefi (Mathew oedd ei enw arall) yn eistedd wrth dollborth. Roedd rhaid i'r bobl fynd at Lefi a rhoi llawer o arian iddo. 'Trethi' oedd yr enw ar yr arian hwn. Doedd y bobl ddim yn hoff o dalu trethi. Doedden nhw ddim yn hoffi Lefi chwaith, felly.

Ond gwelodd Iesu Lefi, y casglwr trethi, a d'wedodd wrtho, 'Dilyn fi. Tyrd gyda fi i ble rwy'n mynd ac aros lle bydda i'n aros.' Roedd Lefi eisiau bod gyda Iesu. Cododd a gadawodd ei ddesg. Chymrodd e ddim trethi oddi wrth neb wedi hynny. Yna paratodd Lefi wledd fawr ar gyfer Iesu, yn ei dŷ.

Beth fedri di ei wneud dros Iesu nawr, tybed?

DARLLEN Y STORI YN LUC 5:27-32

TACHWEDD 4

Y Wledd Fawr

Dywed y Beibl, 'Ar y mynydd hwn bydd Arglwydd y lluoedd yn paratoi gwledd o basgedigion i'r bobl i gyd ...'
ESEIA 25:6

Rhyw ddydd bydd Duw'n paratoi gwledd fawr ar gyfer holl bobl y byd. Bydd y bwyd yn well na dim wyt ti wedi ei brofi erioed. Y cig gorau, y diodydd gorau - y gorau o bopeth fedri di feddwl amdano.

Bydd Duw'n trefnu'r wledd ar ben mynydd. Ar yr union fynydd hwnnw bydd Ef yn dinistrio marwolaeth. Fydd neb fyth yn marw wedyn. Bydd Duw hefyd yn sychu ymaith y dagrau oddi ar wynebau pawb.

Bydd pob un ohonon ni'n falch mai Ef yw ein Duw, a'n bod ni wedi credu ynddo Ef, ac wedi aros amdano a gofyn Iddo am Ei help. Felly, cofia weddïo arno Ef heddiw a diolch Iddo.

DARLLEN A MWYNHA ESEIA 25:6-9

TACHWEDD 5

Ffagl Fflamllyd

Dywed y Beibl, 'Ymddangosodd ffwrn yn mygu a ffagl fflamllyd ...'
GENESIS 15:17

Wedi i Dduw addo llawer o bethau i Abraham, gofynnodd Ef iddo ddod â buwch, gafr, hwrdd, colomen a durtur ato. Roedd rhaid i Abraham roi'r anifeiliaid hyn i Dduw. Felly, dyma fe'n dod â nhw o flaen Duw. Yna syrthiodd Abraham i drwmgwsg ac aeth popeth yn dywyll. Clywodd Abraham lais Duw a gwelodd ffagl yn llawn tân a mwg. Symudodd y ffagl dros ben yr anifeiliaid roddodd Abraham yn anrheg i Dduw.

Sylwodd Abraham fod Duw fel tân. Gwyddai Abraham y bydd Duw'n cadw at Ei addewid bob tro.

Rho ddiolch i Dduw am Ei fod yn gwneud yn ôl Ei addewid.

DARLLEN Y STORI YN GENESIS 15

TACHWEDD 6

Ffaglau yn yr Awyr

Dywed y Beibl, 'Gan ddal y ffaglau yn eu llaw chwith ... yr oeddent yn gweiddi, "Cleddyf yr Arglwydd a Gideon!"'
BARNWYR 7:20

Roedd pobl Dduw'n byw yng Ngwlad yr Addewid. Ond roedd eu gelynion byth a hefyd yn ymosod arnyn nhw ac yn eu hanafu. Un diwrnod, daeth angel Duw at Gideon. D'wedodd wrth Gideon am ymladd yn erbyn eu byddinoedd a'u hanfon i ffwrdd.

Felly, dyma Gideon a'i filwyr yn mynd allan un min nos. Roedden nhw'n cario utgyrn a ffaglau. Dynion cryf a dewr oedden nhw. Daethon nhw o hyd i'r fan lle roedd eu gelynion yn cysgu. Seiniodd milwyr Gideon eu hytgyrn a chwifio'u ffaglau'n uchel yn yr awyr. Cododd hyn ofn mawr ar eu gelynion. Dyma'u gelynion yn rhedeg i ffwrdd!

Canmol Dduw am Ei fod Ef yn gwneud Ei bobl yn ddynion cryf a dewr. Wyt ti'n gryf a dewr dros Dduw?

DARLLEN Y STORI YN BARNWYR 7:9-25

TACHWEDD 7

Ffaglau ac Arfau

Dywed y Beibl, 'Cymerodd Jwdas fintai o filwyr ... ac aeth yno gyda llusernau a ffaglau ac arfau.'
IOAN 18:3

Roedd Iesu'n gweddïo mewn gardd lle tyfai coed olewydd. Roedd y rhan fwyaf o'i ddeuddeg disgybl yno gydag Ef. Ond roedd Jwdas wedi diflannu. Ble roedd e?

Roedd Jwdas yng nghwmni gelynion Iesu. Roedden nhw eisiau dod o hyd i Iesu. Penderfynodd Jwdas ddangos iddyn nhw ble roedd Iesu. Arweiniodd Jwdas y milwyr i'r ardd. Roedden nhw'n cario ffaglau ac arfau. Dyma nhw'n dal Iesu Grist a'i gipio i ffwrdd.

Gwnaeth Jwdas beth ofnadwy iawn. Doedd e ddim yn credu yn Iesu nac yn Ei garu nac yn perthyn Iddo. Na, ufuddhaodd Jwdas i'r hyn dd'wedodd y Diafol wrtho am ei wneud, wyddost ti. Gofyn i Dduw d'amddiffyn di rhag y Diafol, er mwyn i ti garu Iesu bob amser.

DARLLEN Y STORI YN MATHEW 26:47-56

Adeiladu gyda Briciau

Dywed y Beibl, 'Priddfeini oedd ganddynt yn lle cerrig ...'
GENESIS 11:3

Gadawodd Noa a'i deulu yr arch ar ôl y dilyw mawr. Ymhen amser cafodd meibion Noa a'u gwragedd fwy o blant. Cyn hir roedd 'na lawer mwy o bobl yn y byd. Wedyn, symudodd y bobl hyn i ardaloedd newydd. Pobl falch ac ymffrostgar oedden nhw. Aethon nhw ati i wneud cannoedd o frics. Dechreuon nhw adeiladu dinas newydd a thŵr oedd yn ymestyn yn uchel i'r awyr.

Doedd Duw ddim eisiau iddyn nhw wneud hyn, wyddost ti. Felly, newidiodd Duw'r ffordd roedd pob un ohonyn nhw'n siarad. Doedden nhw ddim yn gallu deall ei gilydd wedyn. Fedren nhw ddim cydweithio nawr. Dyma nhw rhoi'r gorau i adeiladu'r ddinas. Symudodd pawb i fannau eraill wedyn.

Rho fawl i Dduw am Ei fod yn medru gwneud unrhyw beth.

DARLLEN Y STORI YN GENESIS 11:1-9

TACHWEDD 9

Gwneud Brics

Dywed y Beibl, 'A gwnaeth yr Eifftiaid eu bywyd yn chwerw trwy eu gosod i lafurio'n galed â chlai a phriddfeini ...'
EXODUS 1:14

Roedd pobl Dduw'n byw yn yr Aifft. Caethweision a charcharorion oedden nhw yn y wlad honno. Roedd Pharo, brenin yr Aifft, yn greulon iawn wrthyn nhw. Mynnai Pharo bod y bobl yn gweithio'n galed drwy'r amser, heb gael munud i orffwys. Gorchmynnodd iddyn nhw wneud priddfeini neu frics. Brics o fwd a gwellt oedden nhw.

Ceisiodd Pharo hefyd ladd pob bachgen bach a anwyd i bobl Dduw. Ond fe fuodd Duw'n garedig wrth Ei bobl, ac fe rwystrodd Ef hyn rhag digwydd.

Mae'n rhaid i bobl Dduw wynebu trwbl a thrafferthion weithiau, wyddost ti. Eto i gyd, cofia foli Duw am Ei fod Ef bob tro'n gwylio dros Ei bobl.

DARLLEN Y STORI YN EXODUS 1

TACHWEDD 10

Gwneud Brics

Yn y Beibl, dywedodd Pharo, 'Peidiwch â rhoi gwellt mwyach i'r bobl i wneud priddfeini ...'
EXODUS 5:7

Anfonodd Duw Ei was, Moses, i'r Aifft i helpu Ei bobl. Roedd Duw eisiau i Moses eu harwain nhw allan o wlad yr Aifft i Wlad yr Addewid. Ond pan gyrhaeddodd Moses, roedd Pharo, y brenin, yn ddig iawn. Gorfododd e'r bobl i weithio'n galetach fyth wrth wneud brics. Roedd pobl Dduw'n dioddef yn arw.

Cyn hir, gwnaeth Duw wyrthiau rhyfeddol yn yr Aifft. Dangosodd i bawb Un mor gryf yw Ef. Achubodd Ef Ei bobl a'u harwain allan o'r Aifft. Doedd dim rhaid iddyn nhw fod yn gaethweision bellach.

Rho fawl i Dduw am Ei fod Ef yn aruthrol a chryf, ac am Ei fod yn medru achub Ei bobl.

DARLLEN Y STORI YN EXODUS 5:1-6:8

TACHWEDD 11

Y Tŵr Cadarn

Dywed y Beibl, 'Y mae enw'r Arglwydd yn dŵr cadarn; rhed y cyfiawn ato ac y mae'n ddiogel.'
DIARHEBION 18:10

Mae pob peth ynglŷn â Duw'n gryf. Mae hyd yn oed Ei enw'n gryf a chadarn.

Mae Ei enw fel tŵr cadarn, meddai'r Beibl. Gall pobl gyfiawn - gonest - redeg i mewn i'r tŵr a bod yn ddiogel. Pwy yw'r bobl gyfiawn hyn? Pobl Dduw sy'n credu yn Iesu ac yn Ei garu ac sy'n perthyn Iddo. Maen nhw'n gyfiawn oherwydd bod yr Arglwydd Iesu'n eu gwneud nhw'n gywir a da. Buodd Ef farw dros eu pechodau, felly does dim rhaid iddyn nhw fod yn euog ac yn ddrwg bellach.

Pryd bynnag fyddi di mewn trwbwl, galw ar enw Iesu Grist. Gweddïa arno Ef. Mae Ei enw'n dŵr cadarn. Rwyt ti'n ddiogel yn Ei Enw Ef, wyddost ti.

DARLLEN 1 IOAN 5:13-15 YN OFALUS

TACHWEDD 12

Y Tŵr Cadarn

Yn y Beibl, clywn Dafydd yn gweddïo ar Dduw, 'Buost ti'n gysgod imi, yn dŵr cadarn rhag y gelyn.'
SALM 61:3

Un tro, canodd Dafydd gân am dŵr. Mae ei gân yn ein Beibl. Salm 61 yw'n henw arni. Dewisodd Duw Dafydd, y llencyn o fugail, i fod yn frenin ar Ei bobl.

Ond erbyn hyn roedd Dafydd yn flinedig a gwan. Galwodd yn uchel ar Dduw. Cofiodd Dafydd sut y buodd Duw fel tŵr cadarn iddo fe. Gofynnodd unwaith eto i Dduw fynd ag e i'r tŵr cadarn, uchel hwnnw a oedd wedi ei wneud o graig.

Gofynnodd Dafydd i Dduw ei amddiffyn gyda'i gariad Ef. Ac addawodd Dafydd ganu cân o fawl i Dduw bob dydd. Fedri di addo hynny hefyd?

GWRANDA AR GÂN DAFYDD YN SALM 61

TACHWEDD 13

Adeiladu Tŵr

Dywed Iesu Grist, 'Os bydd un ohonoch chwi yn dymuno adeiladu tŵr, oni fydd yn gyntaf yn eistedd i lawr i gyfrif y gost ...?'
LUC 14:28

Wyt ti eisiau dilyn Iesu Grist? Hoffet ti fod gydag Ef drwy'r amser a dysgu oddi wrtho? Wyt ti eisiau Ei helpu wrth Iddo wneud gwyrthiau rhyfeddol fydd yn cynorthwyo pobl eraill?

Os hoffet ti hyn i gyd, cofia nad wyt ti'n gallu bod yn hunanol. Rhaid i ti adael i Iesu fod yn Berchennog ar dy holl eiddo. Rhaid i ti fod yn barod i roi pob peth fydd Ef yn gofyn i ti, i rywun arall.

Os yw person eisiau adeiladu tŵr, meddai Iesu, rhaid iddo fe ddeall yn gyntaf faint fydd y gost. Mae'r un peth yn wir os wyt ti eisiau dilyn Iesu. Wyt ti'n deall faint fydd hyn yn ei gostio i ti?

GWRANDA AR IESU YN LUC 14:28-35

TACHWEDD 14

Hwrdd Duw

Dywed y Beibl, 'Cododd Abraham ei olwg ac edrych, a dyna lle'r oedd hwrdd y tu ôl iddo wedi ei ddal gerfydd ei gyrn ...'
GENESIS 22:13

Dysgodd Abraham sut i beidio â bod yn hunanol. Dysgodd mai Duw oedd yn berchen ar ei holl eiddo.

Pan oedd Abraham yn hen ŵr, rhoddodd Duw fab iddo fe. Galwodd ei fab yn Isaac. Roedd e'n ei garu'n fawr iawn. Ond pan oedd Isaac yn fwy o faint, gofynnodd Duw i Abraham roi Isaac yn ôl Iddo. D'wedodd Duw wrth Abraham sut y dylai wneud hyn. Ufuddhaodd Abraham. Aeth e ac Isaac i gopa mynydd uchel er mwyn ei roi e nôl i Dduw. Dangosodd Abraham nad oedd e'n ddyn hunanol. Felly, gadawodd Duw i Abraham gadw Isaac wedi'r cwbl. Dangosodd Duw hwrdd i Abraham. Cymerodd Duw'r hwrdd yn anrheg oddi wrth Abraham, yn lle Isaac.

Wyt ti'n hunanol weithiau? Oes rhywbeth mae Duw eisiau i ti ei roi nôl?

DARLLEN Y STORI YN GENESIS 22:1-19

TACHWEDD 15

Cyrn Hwrdd

Dywed y Beibl, 'Canwch fawl i'r Arglwydd ... â sain utgorn ...'
SALM 98:5-6

Canodd pobl Dduw gân newydd. Mae eu cân yn ein Beibl. Salm 98 yw'n henw ni arni. Canodd y bobl y gân i gyfeiliant sain utgorn. Corn o ben hwrdd oedd yr utgorn.

Cân o fawl i Dduw am eu hachub yw hon. Dangosodd Duw i'r byd Un mor dda a chyfiawn yw Ef. Wnaeth Duw ddim anghofio gymaint roedd Ef yn caru Ei bobl.

Gofynnon nhw i holl bobl ac anifeiliaid y byd ganu'r gân hefyd. Gwahoddwyd y mynyddoedd a'r môr i ymuno yn y gân a'r afonydd i guro dwylo. Mae moli Duw'n rhywbeth y gall pawb a phopeth ei wneud. Fedri di wneud hynny hefyd?

DARLLEN A MWYNHA SALM 98

TACHWEDD 16

Neidio fel Hyrddod

Dywed y Beibl, 'Neidiodd y mynyddoedd fel hyrddod ...'
SALM 114:4

Cyflawnodd Duw wyrthiau rhyfeddol pan arweiniodd Ef Ei bobl allan o'r Aifft ac i Wlad yr Addewid. Cyrhaeddodd pobl Dduw ymyl y Môr Coch. Môr mawr, llydan a dwfn oedd hwn. Ond fe rannodd Duw'r môr yn ddau gan wneud llwybr sych i'w bobl groesi i'r ochr draw.

Nes ymlaen, daethon nhw at afon yr Iorddonen. Roedd yr afon yn rhy llydan i'r bobl ei chroesi. Rhannodd Duw'r dŵr unwaith eto. Cerddodd pobl Dduw i'r lan arall ar hyd llwybr sych.

Parodd Duw i'r mynyddoedd grynu a siglo. Roedden nhw fel hwrdd ifanc yn neidio a phrancio.

Rho ddiolch i Dduw am Ei fod yn dangos Ei nerth aruthrol pan fydd Ef yn achub Ei bobl.

DARLLEN A MWYNHA SALM 114

TACHWEDD 17

Trwy'r To

Dywed y Beibl, 'Agorasant do'r tŷ ...a dyma nhw'n gollwng i lawr y fatras yr oedd y claf yn gorwedd arni.'
MARC 2:4

Un diwrnod roedd Iesu mewn tŷ oedd yn llawn pobl. Roedd Ef yn eu dysgu am Dduw. Roedd gan nifer o ddynion yn y dref honno ffrind oedd wedi ei barlysu - roedd e'n methu cerdded. Roedden nhw am i Iesu ei iachau. Dyma nhw'n cyrraedd y tŷ. Ond fedren nhw ddim mynd i mewn oherwydd bod gormod o bobl yno. Felly, fe garion nhw'r dyn sâl i fyny i do'r tŷ. Gwnaethon nhw dwll yn y to. Yna, gollyngon nhw'r dyn druan i lawr drwy'r twll.

Roedd Iesu'n falch o weld yr hyn wnaethon nhw. D'wedodd wrth y claf bod ei bechodau wedi eu maddau. Iachaodd Iesu'r dyn hefyd. Safodd y dyn ar ei draed a cherddodd. Dechreuodd pawb foli Duw pan welon nhw beth wnaeth Iesu. Fedri di Ei foli Ef nawr hefyd?

DARLLEN Y STORI YN MARC 2:1-12

TACHWEDD 18

Yn Unig ar ben To

Dywed dyn yn y Beibl, 'Yr wyf yn cadw'n effro, fel aderyn unig ar do.'
SALM 102:7

Un tro, aeth dyn oedd yn sâl ati i weddïo ar Dduw. Mae ei weddi i'w gweld yn ein Beibl. Salm 102 yw'n henw ni arni.

Doedd y dyn druan ddim yn medru bwyta. Pan fyddai pawb arall yn cysgu, roedd e'n effro. D'wedodd ei fod yn teimlo fel aderyn unig yn eistedd ar ben to. (Welaist ti 'rioed aderyn yn eistedd ar ei ben ei hun ar ben to?)

Adroddodd y dyn ei gŵyn wrth Dduw. Ond aeth ati i foli Duw hefyd. D'wedodd ei fod yn gwybod y byddai Duw'n garedig wrth Ei bobl ac yn eu helpu. Y tro nesa' byddi di'n sâl neu'n teimlo'n drist, cofia foli Duw.

DARLLEN SALM 102

TACHWEDD 19

Gweddi o ben To

Dywed Iesu Grist, '... a'r hyn a sibrydir i'ch clust, cyhoeddwch ef ar bennau'r tai.'
MATHEW 10:27

Mae 'na nifer o bobl heddiw, wyddost ti, sy'n casáu clywed y gwir am Iesu ac am Dduw. Ond rhaid i ni beidio'u hofni nhw, meddai Iesu. Rhaid i ni fwrw 'mlaen a chyhoeddi'r gwir. Dylen ni gyhoeddi, mewn llais uchel, yr hyn mae Iesu wedi'i ddysgu i ni. Pan fydd Ef wedi dweud rhywbeth wrthon ni yn y nos, gallwn ddweud hynny'n uchel wrth bawb fore trannoeth. Efallai bydd Ef yn sibrwd rhywbeth wrthym yn dawel fach, rywdro. Yna, gallwn ddringo i ben to'r tŷ a'i gyhoeddi'n uchel i bawb, ebe Iesu.

Beth mae Iesu wedi ei wneud droson ni? Pa newydd da fedrwn ni ei gyhoeddi mewn llais uchel wrth bobl eraill? Wrth bwy fedri di ddweud hyn?

GWRANDA AR IESU YN MATHEW 10:26-27

TACHWEDD 20

Sgrôl Jeremeia

Dywedodd Duw wrth Jeremeia, 'Cymer sgrôl, ac ysgrifenna arni yr holl eiriau a leferais wrthyt ...'
JEREMEIA 36:2

Byddai Jeremeia byth a hefyd yn adrodd geiriau Duw wrth bobl. Un diwrnod, gofynnodd Duw i Jeremeia ysgrifennu'r geiriau hynny ar sgrôl. Ufuddhaodd Jeremeia.

Benthycodd nifer o ddynion y sgrôl arbennig hon. Aethon nhw â'r sgrôl at y brenin. Dyma nhw'n dechrau darllen y geiriau'n uchel. Doedd y brenin ddim yn hoffi hyn o gwbl. Taflodd e'r sgrôl i ganol y tân. Llosgodd y sgrôl yn ulw.

D'wedodd Duw wrth Jeremeia am gymryd sgrôl arall a mynd ati i ysgrifennu Ei eiriau unwaith eto. Gwnaeth Jeremeia hynny. Rydyn ni heddiw'n medru darllen y geiriau hynny yn ein Beibl, wyddost ti. Rho ddiolch i Dduw am Iddo roi Ei Air i ni.

DARLLEN Y STORI YN JEREMEIA 36

Iesu'n Darllen

Dywed y Beibl, 'Rhoddwyd iddo [Iesu] lyfr y proffwyd Eseia ...'
LUC 4:17

Un tro, aeth Iesu i synagog - adeilad lle byddai pobl Dduw yn cyfarfod i'w addoli Ef. Rhoddodd y bobl sgrôl i Iesu ac arni eiriau Duw.

Safodd Iesu ar ei draed a darllen o'r sgrôl. Roedd y geiriau roedd Iesu'n eu darllen yn sôn amdano Ef Ei Hun! 'Y mae Ysbryd yr Arglwydd arnaf. Anfonodd Duw Fi i bregethu'r newydd da i'r tlodion ac i ryddhau carcharorion. Anfonodd Ef Fi i roi golwg i bobl ddall ac i helpu pobl sy'n dioddef. Anfonodd Duw Fi i gyhoeddi mai nawr yw'r amser pan yw Duw'n dangos pethau da i chi.'

Rho fawl i Dduw am Ei Air - y Beibl, sy'n dweud wrthon ni am Iesu.

DARLLEN Y STORI YN LUC 4:14-21

TACHWEDD 22

Y Sgrôl Nefol

Yn y Beibl, dywed Ioan, 'Yr oeddwn i'n wylo'n hidl am na chafwyd neb yn deilwng i agor y sgrôl ...'
DATGUDDIAD 5:4

Pan gariwyd Ioan gan yr Ysbryd Glân i fyny i'r nefoedd, fe welodd e Dduw'n eistedd ar Ei orsedd. Roedd sgrôl arbennig yn nwylo Duw. Roedd y sgrôl wedi ei rolio'n dynn.

Clywodd Ioan angel nerthol yn gofyn, 'Pwy sy'n ddigon da i agor y sgrôl hon?' Roedd yno nifer o angylion da. Ond doedd dim un ohonyn nhw'n deilwng i agor y sgrôl. Roedd nifer fawr o bobl ar y ddaear hefyd. Ond doedd neb ohonyn nhw chwaith yn deilwng i agor y sgrôl. Felly, dyma Ioan yn dechrau crïo.

Ond wedyn, fe welodd Ioan Iesu Grist, Oen Duw. Mae Iesu'n ddigon da i wneud unrhyw beth, wyddost ti. Agorodd Iesu'r sgrôl. Rho fawl i Iesu am Ei fod yn ddigon da i wneud unrhyw beth.

DARLLEN Y STORI YN DATGUDDIAD 5

TACHWEDD 23

Duw yn Dân

Dywed y Beibl, 'Tân yn ysu yw ein Duw ni.'
HEBREAID 12:29

Mae'n Duw ni fel tân sy'n gallu llosgi pob peth, wyddost ti. Pan fydd Duw'n dangos Ei Hun i'w bobl, bydd Ef yn dangos Ei Hun mewn tân.

Fel ffagl yn llosgi y dangosodd Duw Ei Hun i Abraham. Dangosodd Ei Hun i Moses mewn perth o dân. Fel cwmwl tân y dangosodd Duw Ei Hun i'w bobl, wrth Iddo'u harwain i Wlad yr Addewid. Pan roddodd Ef y Deg Gorchymyn i Moses, dangosodd Duw Ei Hun fel tân a mwg a mellt a tharanau ar Fynydd Sinai.

Y tro nesa' y gweli di dân, cofia foli Duw am Ei fod Ef yn dân sy'n gallu llosgi pob dim.

DARLLEN NUMERI 11:1-3

TACHWEDD 24

Duw yn Dân

Dywed Iesu Grist, 'Yr wyf fi wedi dod i fwrw tân ar y ddaear ...'
LUC 12:49

Iesu Grist yw Mab Duw. Mae Duw fel tân, ac felly, mae Iesu fel tân.

D'wedodd Iesu iddo ddod i fwrw tân ar y ddaear. Bydd tân Iesu Grist yn ein glanhau ac yn ein gwneud ni'n well a chryfach. Bydd Ei dân Ef yn llosgi'r hyn sy'n wan ac o'i le y tu mewn i ni. Bydd Iesu'n ein bedyddio ac yn ein puro â thân. Pan ddaw Iesu nôl unwaith eto i'r byd fel ein Brenin nerthol, bydd Ei lygaid yn llosgi fel fflam dân.

Y tro nesa' y gweli di dân, rho fawl i Iesu Grist am Ei fod Ef yn dân sy'n gallu llosgi pob peth.

DARLLEN LUC 3:16-17

TACHWEDD 25

Duw yn Dân

Dywed y Beibl, 'Peidiwch â diffodd yr Ysbryd.'
1 THESALONIAID 5:19

Mae Ysbryd Glân Duw yn dân hefyd. Bydd Iesu'n anfon yr Ysbryd Glân i fyw yn ein calonnau. Rhaid i ni beidio diffodd tân yr Ysbryd.

Mae tân yr Ysbryd Glân fel fflam cannwyll o'n mewn. Mae'n gallu bod yn olau cynnes a distaw sy'n ein helpu i ddeall Gair Duw. Golau gwir a chadarn yw hwn sy'n dangos i ni beth ddylen ni ei wneud. Mae'n olau sy'n llosgi, a bydd yn dangos i ni unrhyw feddyliau drwg sy'n cuddio yn ein calonnau.

Y tro nesa' y gweli di dân, mola Dduw a rho ddiolch Iddo am yr Ysbryd Glân. A chofia, paid â diffodd tân yr Ysbryd.

DARLLEN ACTAU 2:1-4

TACHWEDD 26

Llaw Duw

Dywed y Beibl, 'Mor gryf yw yr Arglwydd ...'
JOSUA 4:24

Llaw 'gref' yw llaw Duw, yn ôl y Beibl (Deuteronomium 3:24). Mae llaw yr Arglwydd yn 'gadarn' hefyd (Deuteronomium 7:19). Bydd Duw'n cario Ei bobl sanctaidd yn Ei ddwylo (Deuteronomium 33:3). Mae llawer o bethau da bob amser wrth ymyl llaw dde Duw (Salm 16:11). Bydd Duw'n achub Ei bobl gyda'i ddeheulaw (Salm 17:7). Gyda'i law, bydd Duw'n dal gafael ar Ei elynion (Salm 21:8). Mae'n holl amser ni hefyd yn nwylo Duw, wyddost ti (Salm 31:15). Os bydd dyn da'n syrthio, bydd dwylo Duw'n ei gadw fe rhag taro'n erbyn y llawr (Salm 37:24).

Edrych ar dy ddwylo di dy hun, a chofia am ddwylo Duw. D'wed 'Diolch yn fawr' wrth Dduw am yr hyn y gall Ei ddwylo Ef ei wneud drosot ti.

DARLLEN SALM 98:1

TACHWEDD 27

Dwylo Iesu

Dywed Iesu Grist, 'Gwelwch fy nwylo ...'
LUC 24:39

Dro ar ôl tro, byddai Iesu'n estyn Ei ddwylo. Cyffyrddodd â phobl oedd yn sâl, ac fe'u hiachaodd nhw. Cyffyrddodd â phobl oedd wedi marw, a gwnaeth nhw'n fyw unwaith eto. Estynnodd Ei law er mwyn achub Pedr pan oedd hwnnw'n boddi yn y môr. Estynnodd Ei ddwylo hefyd er mwyn cofleidio plant bach (Mathew 19:13-15).

Dro arall, estynnodd Iesu Ei ddwylo, gan adael i'r milwyr Ei hoelio Ef i'r groes.

Edrych ar dy ddwylo di dy hun, a chofia am ddwylo Iesu. Cofia ddiolch i Iesu Grist am yr hyn wnaeth Ei ddwylo Ef drosot ti.

DARLLEN A CHOFIA IOAN 3:35

TACHWEDD 28

Yn Ddiogel yn Nwylo Duw

Dywed Iesu Grist, 'Ni chaiff neb eu cipio hwy allan o'm llaw i.'
IOAN 10:28

D'wedodd Iesu Grist ein bod ni fel Ei ddefaid, ac mai Ef yw'n Bugail. Byddwn ni'n gwrando ar Ei lais. Mae Ef yn ein hadnabod ni, ac rydyn ninnau'n Ei ddilyn Ef. Cawn fywyd tragwyddol ganddo Ef. A does 'na neb na dim all ein cipio allan o law Iesu Grist, wyddost ti.

Duw y Tad sy' wedi ein rhoi ni i Iesu, meddai Ef. Mae Duw'n gryfach na phawb yn y byd. All neb ein dwyn ni allan o ddwylo Duw y Tad. Mae Duw y Tad a Iesu'n Un, meddai Iesu. Felly, rho fawl i Dduw ein bod ni'n ddiogel yn nwylo Iesu ac yn nwylo Duw. A chofia na all neb fyth ein cipio oddi wrth Dduw a Iesu Grist.

DARLLEN A CHOFIA IOAN 10:27-30

TACHWEDD 29

Canhwyllbren Aur

Dywedodd Duw, 'Gwna ganhwyllbren o aur pur.'
EXODUS 25:31

D'wedodd Duw wrth Ei bobl am wneud pabell hardd a'i gosod ar ei thraed. Y Tabernacl oedd yr enw ar y babell hon. Dyma ble byddai Duw'n dod er mwyn bod gyda'i bobl. Gallai pobl Dduw Ei addoli yno. D'wedodd Duw wrthyn nhw sut yn union y dylen nhw lunio'r babell, sut i'w chodi ar ei thraed, a beth i'w roi ynddi. D'wedodd wrthyn nhw am roi canhwyllbren ynddi. Roedd lle i saith cannwyll ar hon. Canhwyllbren wedi ei gwneud o aur pur oedd hi.

Roedd y ganhwyllbren yn help i bobl Dduw gofio mai Duw yw'n goleuni. Fedri di roi diolch i'r Arglwydd heddiw am Ei oleuni?

DARLLEN EXODUS 25:31-40

TACHWEDD 30

Saith Ganhwyllbren

Yn y Beibl, dywed Ioan, 'Wedi troi, gwelais saith ganhwyllbren aur ...'
DATGUDDIAD 1:12

Un dydd Sul, clywodd Ioan lais yn dod o'r tu ôl iddo. Trodd i weld pwy oedd yno.

Gwelodd Ioan saith ganhwyllbren aur. Ac yno'n sefyll ynghanol y canwyllbrennau roedd Un â'i wyneb mor ddisglair â'r haul. Roedd Ei lygaid fel fflam dân. Daliai saith seren yn Ei law dde. Roedd Ei lais fel rhaeadr ddŵr. Roedd Ei eiriau mor llym a nerthol â chleddyf miniog.

'Fe fûm i farw,' meddai Ef, 'ond edrych! - rwy'n fyw am byth nawr!' Iesu oedd y person hwnnw, wrth gwrs. Rho fawl a diolch i Iesu Grist am Ei fod Ef mor ddisglair a nerthol.

DARLLEN DATGUDDIAD 1:9-20

RHAGFYR 1

Dal i Garu

Dywed Iesu Grist, 'Y saith eglwys yw'r saith ganhwyllbren.'
DATGUDDIAD 1:20

Pan welodd Ioan Iesu'n sefyll ynghanol y saith ganhwyllbren aur, daeth ofn arno. Syrthiodd i lawr wrth draed Iesu. Gosododd Iesu Ei law arno. D'wedodd wrth Ioan am beidio ag ofni. Roedd y saith ganhwyllbren aur yn rhodd i saith eglwys, meddai Iesu. Rhoddodd Iesu negeseuon i Ioan i'w cario i'r saith eglwys.

Dyma'r neges roddodd Iesu i'r eglwys gyntaf: 'Rwy'n gwybod mor galed rydych chi'n gweithio. Ond rydych chi wedi anghofio sut i 'ngharu i. Carwch Fi fel roeddech chi'n fy ngharu ar y dechrau, neu bydd rhaid i Fi fynd â'ch canhwyllbren oddi wrthoch chi.'

Paid anghofio dangos i Iesu gymaint wyt ti'n Ei garu, wnei di. Sut fedri di wneud hynny nawr?

DARLLEN DATGUDDIAD 2:1-7

RHAGFYR 2

Rhodd o Eira

Dywed y Beibl, 'Y mae'n rhoi eira fel gwlân, yn taenu barrug fel lludw.'
SALM 147:16

Duw sy'n gwneud ac yn anfon eira, wyddost ti. Dim ond ar orchymyn Duw y bydd eira'n disgyn. Rhodd oddi wrth Dduw yw pob diwrnod o eira.

Mae Duw'n taenu eira fel gwlân, meddai'r Beibl. Daw gwlân oddi wrth ddefaid. Bydd eira yn ein hatgoffa o wlân, a gwlân, eira. Bydd defaid yn ein hatgoffa mai defaid Duw ydyn ni, ac mai Iesu yw'n Bugail Da. Yn union fel y mae gwlân yn gorchuddio defaid, felly hefyd bydd eira'n gorchuddio'r ddaear. Yn yr un modd, mae Duw'n ein lapio ni yn Ei gariad.

Y tro nesa' y bydd hi'n bwrw eira, cofia ddweud 'Diolch yn fawr' wrth Dduw.

DARLLEN JOB 37:5-6

Glaw ac Eira

Dywed Duw, 'Fel y mae'r glaw a'r eira yn disgyn o'r nefoedd ... felly y mae fy ngair sy'n dod o'm genau ...'
ESEIA 55:10-11

Pan fydd glaw ac eira'n disgyn o'r awyr, dyma i ni ddarlun o rywbeth arall, meddai Duw. Mae gan Dduw reswm arbennig dros anfon glaw ac eira. Bydd glaw ac eira'n dyfrhau a gwlychu'r ddaear. Mae angen lleithder a dŵr ar y cnydau yn ein gerddi ac yng nghaeau'r ffermwyr. Gall y cnydau dyfu wedyn, gan roi bwyd i ni.

Yn yr un modd, bydd Duw'n anfon Ei Air aton ni. Mae ganddo Ef reswm arbennig dros anfon Ei Air aton ni. Bydd Duw'n rhoi Ei Air i ni er mwyn ein helpu i dyfu.

Felly, bydd yn hapus, a mola Dduw. Canmol Ei Enw a diolch Iddo oherwydd bydd Ei Air yn gwneud yn union fel y bwriadodd Duw.

DARLLEN A DEALL ESEIA 55:6-13

RHAGFYR 4

Gwyn fel yr Eira

Dywed Duw, 'Pe bai eich pechodau fel ysgarlad, fe fyddant cyn wynned â'r eira.'
ESEIA 1:18

Lliw coch cyfoethog yw ysgarlad. Mae'n goch iawn, fel gwaed. Yng ngolwg Duw, mae'n pechodau ni fel ysgarlad. Yn goch fel gwaed. Mae'r holl bethau drwg a chas fyddwn ni'n eu gwneud mor goch ag ysgarlad.

Ond d'wed Duw Ei fod Ef yn gallu eu gwneud nhw mor wyn â'r eira. Sut felly? Gall Duw wneud hynny, oherwydd bod Iesu wedi marw er mwyn golchi'n pechodau'n lân. Wnaeth Iesu ddim byd drwg neu gas erioed. Dd'wedodd Ef erioed air brwnt na chreulon. Ddylai Ef ddim fod wedi gorfod marw. Doedd dim rhaid Iddo farw, ond fe wnaeth Iesu hynny oherwydd Ei fod yn ein caru.

Canmol Dduw heddiw am fod Iesu, Ei Fab, wedi marw drosom, er mwyn ein gwneud ni mor wyn â'r eira.

DARLLEN SALM 51:7

RHAGFYR 5

Persawr i Iesu

Dywed y Beibl, 'Y mae olew a phersawr yn llawenhau'r galon ...'
DIARHEBION 27:9

Bydd pobl fawr yn dodi persawr ar unrhyw beth sy' angen arogl hyfryd - gan gynnwys nhw'u hunain! Mae'r Beibl yn sôn dair gwaith am wragedd ddaeth â pherarogl i'w roi ar Iesu. Wyt ti'n cofio'r tri hanesyn?

Roedd y wraig gyntaf wedi gwneud llawer o bethau drwg. Daeth hon i dŷ lle roedd Iesu'n cael cinio. Aeth hi ato Ef a phenliniodd o'i flaen. Golchodd Ei draed gyda'i dagrau, a sychodd nhw gyda'i gwallt. Yna, arllwysodd bersawr drud ar Ei draed. Roedd hon yn caru Iesu am Iddo faddau iddi hi am yr holl bethau drwg, hyll wnaeth hi.

D'wed 'Diolch yn fawr' wrth Iesu am Ei fod Ef yn medru maddau pechodau pawb.

EDRYCH UNWAITH ETO AR YR HANES YN LUC 7:36-50

RHAGFYR 6

Persawr i Iesu

Dywed y Beibl, 'Pan yw'r brenin ar ei wely, y mae fy nard yn gwasgaru arogl.'
CANIAD SOLOMON 1:12

Wyt ti'n cofio'r hanesyn am yr ail wraig ddododd bersawr ar Iesu? Mair, chwaer Martha a Lasarus oedd hon. Cawsai Iesu Ei wahodd i swper yn nhŷ rhywun. Roedd Mair yno hefyd. Roedd ganddi bersawr a gostiodd lawer o arian. Arllwysodd hi'r persawr dros draed Iesu. Sychodd Ei draed gyda'i gwallt. Gallai pawb yn y tŷ arogli'r persawr drud.

D'wedodd Iesu bod Mair yn paratoi Ei gorff ar gyfer Ei gladdu. Gwnaeth Mair rywbeth hyfryd iawn, yn ôl Iesu. A heddiw, ble bynnag bydd y newyddion da am Iesu'n cael ei gyhoeddi, bydd pobl yn sôn am Mair.

Pa beth hyfryd fedri di ei wneud dros Iesu?

EDRYCH UNWAITH ETO AR YR HANES YN IOAN 12:1-11

RHAGFYR 7

Persawr i Iesu

Dywedodd Duw, 'Gwna ohonynt olew cysegredig ar gyfer eneinio, a chymysga hwy fel y gwna'r peraroglydd.'
EXODUS 30:25

Mae 'na un stori arall yn y Beibl am wragedd a pherarogl a Iesu Grist. Wyt ti'n ei chofio? Wedi i Iesu gael Ei ladd, dyma nifer o wragedd yn gwylio'r bedd lle'r aeth dau ddyn ati i gladdu corff Iesu. Roedd y gwragedd eisiau dod nôl yn hwyrach er mwyn rhoi persawr a pheraroglau ar gorff Iesu. Dyma sut roedden nhw'n dangos eu cariad tuag ato Ef.

Aethon nhw adref i baratoi'r enaint a'r persawr. Yna buon nhw'n gorffwys am ddiwrnod. Pan ddaethon nhw nôl at y bedd, doedd Iesu ddim yno. Roedd Ef wedi atgyfodi o farw! Chawson nhw ddim cyfle i roi'r persawr ar Ei gorff. Ond maen nhw'n hapus am byth Ei fod Ef yn fyw. Rydyn ninnau'n hapus hefyd!

EDRYCH UNWAITH ETO AR Y STORI YN LUC 23:55-24:8

RHAGFYR 8

Y Perl Godidog

Dywed Iesu Grist, 'Y mae teyrnas nefoedd yn debyg i fasnachwr sy'n chwilio am berlau gwych.'
MATHEW 13:45

Adroddodd Iesu hanesyn am ddyn oedd yn casglu perlau. Un tro, gwelodd berl godidog. Aeth y dyn nôl i'w dŷ, gwerthodd bob peth oedd ganddo, a phrynodd y perl.

Mae Iesu fel y dyn hwnnw oedd yn chwilio am berlau, wyddost ti. Gwelodd Ef bobl Dduw yn y byd. Gwyddai Ef mor brydferth y gallwn ni fod yn y nefoedd - mor hardd â pherl gwyn, pur. Gadawodd Iesu Ei gartref yn y nefoedd a daeth i'n byd ni. Aberthodd bob peth. Aberthodd Ei fywyd hefyd. Yna fe brynodd Ef bobl Dduw. Fe'n gwnaeth ni'n lân a disglair, fel perl gwyn, pur.

Rho ddiolch i Iesu am Iddo aberthu pob peth oedd ganddo er mwyn ein gwneud ni'n lân a phur.

GWRANDA AR IESU YN MATHEW 13:45-46

RHAGFYR 9

Pyrth Duw

Dywed y Beibl, 'A deuddeg perl oedd y deuddeg porth; pob porth wedi ei wneud o un perl.'
DATGUDDIAD 21:21

Yn y Jerwsalem Newydd, perl anferth yw pob un o'r deuddeg porth. Beth am i ni foli Duw wrth bob porth: *Wrth y porth cyntaf:* Mae Duw'n sanctaidd. *Wrth yr ail borth:* Mae Duw'n nerthol. *Y trydydd porth:* Mae Duw'n gariadlon. *Y pedwerydd porth:* Mae Duw'n amyneddgar. *Y pumed porth:* Mae Duw'n deg a chyfiawn. *Y chweched porth:* Mae Duw'n gywir. Ni fydd Ef yn dweud celwydd. *Y seithfed porth:* Mae Duw'n dda a pherffaith. *Yr wythfed porth:* Mae Duw'n garedig. *Y nawfed porth:* Mae Duw'n llawn trugaredd a maddeuant. *Y degfed porth:* Mae Duw'n hawddgar a hardd. *Yr unfed porth ar ddeg:* Mae Duw'n ddoeth. *Y ddeuddegfed porth:* Bydd Duw'n byw am byth.

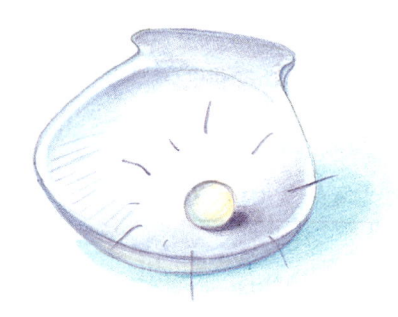

DARLLEN A MWYNHA RHUFEINIAID 11:33-36

RHAGFYR 10

Teuluoedd wrth y Pyrth

Dywed y Beibl, 'Ac enwau deuddeg llwyth meibion Israel yn ysgrifenedig ar y pyrth.'
DATGUDDIAD 21:12

Yn y Jerwsalem Newydd, perl yw pob un o'r deuddeg porth. Ar bob porth mae enw un o'r deuddeg teulu cyntaf ymhlith pobl Dduw. Edrych! Dyma nhw'n dod drwy'r pyrth. *Y porth cyntaf:* Reuben - cryf a nerthol. *Yr ail borth:* Jwda - fel llew. *Y trydydd:* Lefi - yr athrawon. *Pedwerydd:* Dan - cyfiawn a theg. *Pumed:* Joseff - ffrwythlon. *Chweched:* Benjamin - pobl annwyl. *Seithfed:* Simeon - fel cleddyf. *Wythfed:* Issachar - pobl y mynydd. *Nawfed:* Sabulon - pobl glan-y-môr. *Degfed:* Gad - milwyr. *Unfed ar ddeg:* Asher - pobl y bwyd bras. *Deuddegfed:* Nafftali - fel carw.

Rho fawl i Dduw am y teuluoedd hynny y byddi di'n eu gweld un diwrnod yn y nefoedd.

EDRYCH AR GEN.49; DEUT.33; ESECIEL.48

Plasau'r Brenin

Yn y Beibl, dywed Dafydd, 'Yr wyf fi'n trigo mewn tŷ o gedrwydd ...'
2 SAMUEL 7:2

Tŷ anferth, crand yw palas brenin. Pan ddewisodd Duw Ddafydd yn frenin ar Ei bobl, adeiladodd Dafydd balas iddo'i hun yn Jerwsalem. Adeiladwyd y palas o bren cedrwydd. Solomon, mab Dafydd ddaeth yn frenin ar ei ôl. Adeiladodd e balas mwy o faint a harddach fyth.

Ond pan ddaeth Iesu i'r byd hwn, fuodd Ef erioed yn byw mewn palas crand. Weithiau byddai Iesu'n treulio'r nos yng nghartrefi pobl eraill. Byddai hyd yn oed yn cysgu yn yr awyr agored, ambell dro.

Mae Iesu heddiw yn y nefoedd - lle gwell na phalas unrhyw frenin yn y byd. Rho fawl i Iesu heddiw am mai Ef yw'n brenin ni ym mhalas y nefoedd.

GWRANDA AR IESU YN MATHEW 8:18-20

Ym Mhalas Pilat

Dywed y Beibl, 'Aethant â Iesu ... i'r Praetoriwm [Palas y Rhaglaw Rhufeinig].'
IOAN 18:28

Pan oedd Iesu'n byw ar y ddaear, roedd 'na reolwr Rhufeinig o'r enw Pilat yn Jerwsalem. Pilat a'i filwyr oedd yn gofalu am Jerwsalem. Wedi i Iesu gael Ei ddal gan Ei elynion, aethon nhw ag Ef i'r Praetoriwm - palas Pilat. Roedden nhw eisiau i Pilat drefnu bod Iesu'n cael ei ladd ar groes.

'Wyt ti'n frenin?' gofynnodd Pilat i Iesu. Atebodd Iesu nad yw Ei deyrnas Ef fel teyrnasoedd eraill y byd. D'wedodd Iesu mai Ei deyrnas Ef yw'r unig wir deyrnas. Bydd pawb sy'n caru'r gwir yn gwrando arno Ef, meddai Iesu.

Iesu yw'r gwir Frenin. Wyt ti ar Ei ochr Ef, ac yn caru'r gwirionedd? Fyddi di'n caru gwrando arno Ef?

DARLLEN IOAN 18:28-40

RHAGFYR 13

Ym Mhalas Pilat

Dywed y Beibl, 'Aeth [Pilat] yn ei ôl i mewn i'r Praetoriwm.'
IOAN 19:9

Ar y dechrau, doedd Pilat ddim eisiau gweld Iesu'n cael Ei ladd. Wedi iddo siarad â Iesu yn ei balas, aeth allan i siarad â gelynion Iesu. Ond roedden nhw'n dymuno gweld Iesu'n farw. 'Ymaith ag Ef! Croeshoelia Ef!' gwaeddai'r gelynion.

Dychwelodd Pilat i'w balas. Siaradodd â Iesu unwaith eto. D'wedodd Pilat wrtho y gallai roi gorchymyn Iddo gael Ei groeshoelio. Gwyddai Iesu mai dim ond os byddai Duw'n gadael i Pilat wneud hyn y byddai hynny'n digwydd. Doedd Iesu ddim yn ofnus nac yn poeni. Roedd Iesu'n ymddiried yn Nuw.

'Croeshoelia Ef!' gwaeddai'r dyrfa drwy'r amser. Yn y diwedd, dyma Pilat yn gorchymyn i'w filwyr ladd Iesu ar groes. Rho ddiolch i Iesu heddiw am Iddo farw ar y groes droson ni.

DARLLEN IOAN 19:1-16

Dysgl a Halen

Yn y Beibl, dywedodd Eliseus, 'Dewch â llestr newydd crai i mi, a rhowch halen ynddo.'
2 BRENHINOEDD 2:20

Dyn da oedd Eliseus. Credai yn Nuw ac roedd yn ufudd Iddo. Felly, cyflawnodd Duw lawer o wyrthiau rhyfeddol trwy Eliseus. Un tro, roedd Eliseus mewn tref lle roedd y bobl yn anhapus. Roedd blas ofnadwy ar y dŵr yno. A doedd y dŵr ddim yn gwneud lles i'r cnydau roedden nhw'n ceisio'u tyfu yn y gerddi a'r caeau, chwaith. 'Dewch â dysgl newydd i fi, a thipyn o halen ynddo,' meddai Eliseus wrth y bobl. Aeth Eliseus at y ffynnon yn y ddaear lle roedd y dŵr yn tarddu. Arllwysodd halen i'r dŵr. Roedd y dŵr yn flasus ar ôl hyn. Ac roedd yn gwneud lles i'r cnydau.

Canmol Dduw am y gwyrthiau rhyfeddol y mae Ef yn eu gwneud.

DARLLEN Y STORI YN 2 BRENHINOEDD 2:19-22

Dysglau o Weddïau

Dywed y Beibl, 'Yr oedd gan bob un ohonynt [y pedwar creadur byw a'r pedwar henuriad ar hugain] ffiolau aur yn llawn o arogldarth; y rhain yw gweddïau'r saint.'
DATGUDDIAD 5:8

Pan edrychodd Ioan i mewn i'r nefoedd, gwelodd angylion rhyfeddol. Creaduriaid byw oedd pedwar ohonyn nhw, pob un â chwech adain. Gwelodd ddau ddeg a phedwar o angylion hŷn hefyd. Roedd dillad gwyn gan bob un a choron aur am ei ben.

Gwelodd Ioan yr holl angylion yn syrthio o flaen Iesu, Oen Duw, ac yn Ei addoli. Yn eu dwylo roedd ffiolau neu ddysglau aur. Roedd holl weddïau pobl Dduw yn y dysglau hynny. Roedd Ioan yn medu gweld ac aroglu'r gweddïau hyn. Roedden nhw fel mwg melys.

Y tro nesa' y byddi di'n gweddïo, cofia bod gweddïau pobl Dduw mewn dysglau aur yn y nefoedd.

EDRYCH ETO AR DATGUDDIAD 8:1-4

Dysglau Cosb

Dywed y Beibl, 'Yna rhoddodd un o'r pedwar creadur byw saith ffiol aur i'r saith angel, yn llawn o lid Duw, sy'n byw byth bythoedd.'
DATGUDDIAD 15:7

Bydd Duw'n cosbi'r byd, rhyw ddydd, wyddost ti. Caiff yr angylion saith dysgl aur. Bydd cosb oddi wrth Dduw yn y dysglau hyn. Dim ond pobl sy'n gwrthod credu a charu Duw a bod yn ufudd Iddo sy'n derbyn y gosb hon.

Mae Duw eisiau i bawb gasáu'r holl bethau drwg maen nhw'n eu gwneud. Mae Ef am iddyn nhw roi'r gorau i fod yn ddrwg a dod yn bobl dda, drwy Ei help Ef. Dymuniad Duw yw bod pobl yn Ei addoli, yn dysgu sut i'w garu ac yn ufuddhau Iddo. Dyma beth mae Duw am ei wneud, bob tro bydd Ef yn cosbi pobl.

Canmol Dduw am Ei fod Ef bob amser yn caru pobl y byd.

DARLLEN DATGUDDIAD 15:5-8

Baner Duw

Dywed Duw, 'Codaf fy maner i'r bobloedd ...'
ESEIA 49:22

Meddylia am faner yn disgleirio yn yr haul ac yn siglo'n ôl a blaen yn yr awel. Wyt ti'n medru gweld ei lliwiau llachar? Fedri di ei chlywed yn siffrwd yn y gwynt?

Rhoi arwydd i ni yw gwaith baner. Mae'n dweud rhywbeth wrthon ni. Rhyw ddiwrnod, bydd Duw'n codi baner, yn uchel uwchben y byd, meddai'r Beibl. Bydd pawb dros y byd i gyd yn gweld y faner hon. Bydd y faner yn dweud wrthyn nhw y dylen nhw ddod at Dduw ac at Ei bobl.

Y tro nesa' y gweli di faner, meddylia am Dduw. Cofia sut mae Duw'n galw ar bobl o bedwar ban byd i ddod ato Ef.

DARLLEN ESEIA 49:22

RHAGFYR 18

Baner Duw

Dywed y Beibl, 'Ac yn y dydd hwnnw bydd gwreiddyn Jesse yn sefyll fel baner i'r bobloedd ...'
ESEIA 11:10

Mae gan Iesu nifer o enwau, wyddost ti. 'Gwreiddyn Jesse' yw un ohonyn nhw. Un diwrnod, bydd Iesu, Gwreiddyn Jesse, fel baner. Bydd yn rhoi arwydd i holl bobl y byd. 'Dewch ata' i,' fydd Ei neges. Bydd pobl yn brysio at Iesu wedyn, ble bynnag y bydd Ef. Gall pawb orffwys a bod yn ddiogel yno. Lle disglair, llawn gogoniant yw'r fan honno.

Bydd pawb yn mwynhau bod yno gyda Iesu Grist. D'wed 'Diolch yn fawr' nawr wrth Iesu am dy fod ti'n gwybod mor wych fydd cael bod gydag Ef, a chael sefyll wrth Ei ochr fel baner ar ben mynydd.

DARLLEN A MWYNHA ESEIA 11:10-12

Ein Baneri

Yn y Beibl, dywed pobl Dduw, 'Bydded inni orfoleddu ... a chodi banerau yn enw ein Duw.'
SALM 20:5

Pan fyddi di'n ymfalchïo yn Nuw, yn canu am Dduw, ac yn siarad â phobl eraill am Dduw, mae hynny fel chwifio baner, wyddost ti. Byddi di'n chwifio dy faner yn uchel dros Dduw. Bydd y faner yn siglo yn yr awel a'i lliwiau'n sgleinio yn yr haul.

Dyna sut brofiad yw bod ym myddin Duw. Mae Iesu, ein brenin a'n Capten, yn ein harwain i'r frwydr. Ac fe fydd Ef yn ennill y frwydr, cofia.

Rydyn ni'n falch felly. Byddwn ni'n Ei foli am mai Ef yw'r Buddugol - yr Enillydd. Molwn Ef am fod Iesu'n medru gwneud beth bynnag mae'n ei ddymuno. Gallwn Ei ganmol a diolch Iddo am ein bod ni ar Ei ochr Ef - yn fuddugol!

DARLLEN A MWYNHA SALM 20:4-8

RHAGFYR 20

Dau Utgorn Aur

Dywedodd Duw wrth Moses, 'Gwna ddau utgorn o arian gyr ...'
NUMERI 10:2

Pan oedd pobl Dduw'n croesi'r anialwch, d'wedodd Duw wrth Moses am wneud dau utgorn arian. Pan seiniai'r utgyrn, roedd hyn yn arwydd i bobl Dduw. Roedd pawb i ddod ynghyd i glywed gorchmynion Duw pan fyddai'r ddau utgorn yn seinio. Ond pan fyddai un utgorn yn unig i'w glywed, dim ond yr arweinwyr oedd i gyfarfod.

Byddai'r utgyrn hefyd yn seinio pan fyddai pobl Dduw'n cael gorchymyn i symud ymlaen i wersyll newydd, neu fynd i frwydr yn erbyn Ei elynion. Câi'r utgyrn arian eu seinio hefyd pan oedd y bobl i ddathlu gŵyl arbennig.

Diolch i Dduw! Mae Ef bob tro'n dweud wrth Ei bobl beth i'w wneud.

DARLLEN NUMERI 10: 1-10

RHAGFYR 21

Utgyrn a Bloeddiadau

Dywedodd Duw wrth Josua, 'Ewch chwi, yr holl filwyr, o amgylch y ddinas ...'
JOSUA 6:3

Pan gyrhaeddodd pobl Dduw Wlad yr Addewid, roedd Ei elynion Ef yno'n barod. Doedden nhw ddim eisiau gadael. Daeth pobl Dduw i Jericho. Roedd gan Jericho fur mawr cadarn, uchel o'i hamgylch. Roedd y pyrth wedi eu cau'n dynn. Doedd gelynion Duw ddim eisiau gadael i'w bobl Ef ddod i mewn.

D'wedodd Duw wrth Ei bobl beth i'w wneud. Gorymdeithion nhw o amgylch muriau'r ddinas - unwaith bob dydd, am chwe diwrnod. Ar y seithfed dydd, dyma nhw'n gorymdeithio saith gwaith. Roedden nhw'n seinio'u hytgyrn yn swnllyd a gweiddi'n groch. Syrthiodd muriau Jericho'n deilchion i'r llawr. Aeth pobl Dduw i mewn i Jericho a chipio'r ddinas. Rho fawl i Dduw am y gwyrthiau rhyfeddol mae Ef yn gallu eu cyflawni.

DARLLEN Y STORI YN JOSUA 6

RHAGFYR 22

Yr Utgorn Olaf

Dywed y Beibl, 'Pan fydd utgorn Duw yn seinio, bydd yr Arglwydd ei hun yn disgyn o'r nef.'
1 THESALONIAID 4:16

Bydd Duw'n rhoi arwyddion i'w bobl, er mwyn i ni gael gwybod beth i'w wneud, a phryd. Mae Ei arwyddion Ef fel sain utgorn. Daw Iesu, ein Brenin, nôl i'r byd ryw ddiwrnod, i gasglu Ei bobl. Pan ddaw Ef, byddwn yn clywed sŵn utgorn yn seinio'n uchel. Utgorn Duw fydd hwn. Byddwn ni'n codi'n llygaid ac fe welwn Iesu, ein Brenin, a'i holl angylion gydag Ef. Mewn chwinciad, byddwn ni gyda Iesu a gyda phawb sy'n perthyn Iddo - pawb, ers dechrau'r byd, sy' wedi credu ynddo Ef a'i garu. Cawn ni gyd fyw mewn cyrff newydd, am byth wedyn.

Rho fawl i Dduw am bob peth fydd yn digwydd ar y diwrnod hwnnw pan glywn ni sain Ei utgorn.

DARLLEN 1 CORINTHIAID 15:50-59

RHAGFYR 23

Ein Brenin Am Byth

Dywed y Beibl, 'Gosododd yr Arglwydd ei orsedd yn y nefoedd, ac y mae ei frenhiniaeth ef yn rheoli pob peth.'
SALM 103:19

Mae Duw, ein Harglwydd Nerthol, yn eistedd ar Ei orsedd. Ef yw'n Brenin tragwyddol. Mae Ef wedi bod ar Ei orsedd erioed. A bydd Ef ar Ei orsedd am byth bythoedd.

Yno, ar Ei orsedd, bydd Ef yn penderfynu beth sy'n iawn a theg. Fydd Duw fyth yn ein trin ni'n annheg, wyddost ti. Bydd Ef bob tro'n gwneud beth sy'n iawn. Mae Ei orsedd yn sanctaidd. Dim ond Duw sy'n berchen arni. Mae'r orsedd mewn lle ar ei phen ei hun, a gall neb arall fyth fod yn Frenin. Bydd yn anfon Ei gariad a'i garedigrwydd aton ni o'r orsedd hon. Bydd yn gwrando ar weddïau Ei bobl, ac yn eu hateb o'i orsedd fawreddog.

Rho fawl i Dduw heddiw am mai Ef yw'n Brenin, heddiw ac am byth.

DARLLEN A MWYNHA SALM 93:1-2

RHAGFYR 24

Y Brenin Iesu

Yn y Beibl, dywed Ioan, 'Gwelais Oen yn sefyll yn y canol, rhwng yr orsedd ... a'r henuriaid.'
DATGUDDIAD 5:6

Cafodd Iesu Ei eni ym Methlehem. Ond nid baban yw Ef erbyn heddiw. Fydd Ef fyth yn faban eto.

Daeth Iesu i'r byd er mwyn cael Ei ladd ar groes. Cafodd Iesu Ei eni i farw. Ef yw Oen Duw sy'n cymryd arno holl bechodau'r byd. Mae Iesu'n y nefoedd nawr. Ef yw Oen Duw sy'n sefyll ynghanol gorsedd Duw.

Rho fawl i Iesu heddiw am mai Ef yw Brenin brenhinoedd ac Arglwydd arglwyddi. Bydd Ei deyrnas yn para byth, wyddost ti. D'wed wrtho heddiw gymaint rwyt ti'n credu ynddo Ef, gymaint rwyt ti'n Ei garu, ac mor falch wyt ti dy fod ti'n eiddo Iddo Ef am byth.

ADOLYGA DATGUDDIAD 11:15

RHAGFYR 25

Mae Iesu'n Gwybod

Dywed y Beibl, 'Gadewch i ni nesáu mewn hyder at orsedd gras '
HEBREAID 4:16

Daeth Iesu i'r byd i farw ar y groes ac i gymryd ein holl bechodau ni.

Mae Iesu bellach yn y nefoedd, wrth ymyl gorsedd Duw. Ond dydi Ef ddim wedi anghofio amdanon ni, wyddost ti. Mae'n cofio amdanon ni ac yn ein gweld. Mae'n gwybod ein bod ni yma a beth sy' angen arnon ni. Pan fyddwn ni'n wan neu'n flinedig, a'r adegau hynny pan fydd hi'n anodd i ni fod yn dda - mae Ef yn gwybod am hynny hefyd. Mae Iesu'n gwybod am bob peth sy'n digwydd i ni, ac yn deall yn union sut rydyn ni'n teimlo.

Dyna pam gallwn ni fod yn hapus wrth weddïo. Gallwn weddïo arno a gofyn am beth bynnag sy' angen arnon ni. Gallwn fod yn siŵr y bydd Ef yn rhoi i ni'r cyfan sy' ei eisiau arnon ni. Gweddïa arno nawr, a gofyn am beth sy' angen arnat ti.

DARLLEN A CHOFIA HEBREAID 4:16

RHAGFYR 26

Telyn Dafydd

Dywed y Beibl, 'Byddai Dafydd yn cymryd ei delyn a'i chanu.'
I SAMUEL 16:23

Yn y Beibl, cawn hanes Dafydd - bugail da, milwr da a brenin da. Roedd Dafydd hefyd yn dda am ganu'r delyn. Byddai'n cyfansoddi cerddoriaeth hyfryd ar ei delyn. Pan oedd Dafydd yn ifanc, cafodd wahoddiad i ganu'r delyn o flaen y Brenin Saul. Canai Dafydd ei delyn pryd bynnag y byddai Saul, y Brenin, yn drist neu'n bryderus. Cerddoriaeth fendigedig oedd cerddoriaeth Dafydd. Byddai Saul yn teimlo'n well ar ôl ei chlywed.

Iesu yw'n Bugail Da a'n Brenin Da, wyddost ti. Gall Ef hefyd gyfansoddi cerddoriaeth hyfryd ar ein cyfer, yn ein calonnau. Pan fyddwn ni'n drist neu'n poeni am rywbeth, gallwn feddwl am eiriau Iesu. Bydd Ei eiriau fel cerddoriaeth i ni. Byddan nhw'n gwneud i ni deimlo'n well.

DARLLEN A MWYNHA SALM 57:7-11

Telyn Dafydd

Yn y Beibl, dywed Dafydd, 'Deffro di, offeryn a dectant a thelyn. Fe ddeffroaf ar doriad gwawr.'
SALM 108:2

Un bore, canodd Dafydd gân newydd i Dduw ar ei delyn. Canodd am ddeffro'r bore. Mae'r gân hon yn ein Beibl ni. Salm 108 yw'r enw arni.

Roedd calon Dafydd yn un gadarn. Canodd Dafydd ei gân i Dduw. Carai Dafydd Dduw â'i holl galon. Addawodd Dafydd y byddai'n moli Duw ble bynnag y byddai'n mynd. D'wedodd Dafydd bod cariad Duw'n ymestyn yn uchel i'r awyr, yn uwch hyd yn oed na'r nefoedd. Gweddïodd Dafydd y byddai gogoniant Duw'n disgleirio dros y byd i gyd. Gofynnodd e hefyd am help Duw.

Beth fedri di ei ddweud wrth Dduw mewn gweddi, heddiw?

DARLLEN A MWYNHA SALM 108

Angylion a Thelynau

Dywed y Beibl, 'Yr oedd gan bob un ohonynt delyn ...'
DATGUDDIAD 5:8

Wrth syllu i mewn i'r nefoedd, gwelodd Ioan angylion. Yn nwylo pob angel roedd telyn. Roedden nhw'n canu cân newydd o fawl i Iesu, Oen Duw. Roedden nhw'n moli Iesu am mai Ef yn unig oedd yn ddigon da i agor y sgrôl. Roedd Iesu'n ddigon da, am Ei fod Ef wedi cael Ei ladd. Gyda'i waed, prynodd Iesu bobl o bob cwr o'r byd i Dduw. Gwnaeth Ef y bobl hyn yn deyrnas i Dduw. Caiff pobl Dduw Ei wasanaethu am byth. Byddan nhw fel brenhinoedd a breninesau.

Felly, bydd yn hapus, a mola Dduw gyda'r angylion. Canmol Ef am yr hyn wneth Ef gyda'i waed.

EDRYCH UNWAITH ETO AR DATGUDDIAD 5:8-14

Trysorau'r Doethion

Dywed y Beibl, 'Ac wedi agor eu trysorau offrymasant iddo
anrhegion, aur, thys a myrr.'
MATHEW 2:11

Pan oedd Iesu'n dal yn faban, daeth dynion doeth i chwilio amdano. Roedd gyda nhw anrhegion i Iesu. Dilyn seren wnaethon nhw. Arwydd oddi wrth Dduw oedd y seren, er mwyn dweud wrth y doethion ble i ddod o hyd i Iesu Grist.

Arhosodd y seren uwchben tŷ ym Methlehem. Aeth y dynion doeth i mewn i'r tŷ. Yno, gwelon nhw'r baban Iesu gyda Mair, Ei fam. Syrthion nhw o flaen y Brenin Iesu a'i addoli. Wedyn dyma nhw'n agor eu trysorau ac yn eu rhoi i Iesu.

Oedd hi'n iawn iddyn nhw ymgrymu ac addoli Iesu? Oedd rhoi anrhegion Iddo Ef yn beth iawn i'w wneud? A yw'n iawn i ti syrthio o'i flaen a'i addoli? A yw'n iawn i ti roi anrhegion i Iesu?

DARLLEN Y STORI YN MATHEW 2:1-12

RHAGFYR 30

Trysorau yn y Nefoedd

Dywed Iesu Grist, 'Casglwch ichwi drysorau yn y nef ...'
MATHEW 6:20

D'wedodd Iesu y cawn ni storio trysorau yn y nefoedd. Gallwn wneud hyn y funud hon. Cawn fwynhau'r trysorau fyddwn ni wedi eu casglu yn y nefoedd am byth, wyddost ti. Fyddan nhw fyth yn torri, yn treulio nac yn mynd yn hen. Chân nhw mo'u dwyn, chwaith.

Po fwyaf o drysorau fyddwn ni'n eu casglu yn y nefoedd, mwyaf yn y byd fyddwn ni'n hoffi'r nefoedd. Byddwn ni eisiau bod yn y nefoedd, lle mae'n trysor mwyaf gwerthfawr - Iesu Grist.

Sut gallwn ni storio trysorau yn y nefoedd? Wel, cofia wrando ar Iesu bob dydd. Bydd Ef yn dweud wrthot ti i wneud yr hyn sy'n gywir a da. A sut i helpu pobl eraill. Bydd yn dweud wrthot ti sut i ddangos dy gariad ato Ef. Gwna beth fydd Iesu'n ei ddweud wrthot ti, ac fe gei di drysor yn y nefoedd.

GWRANDA AR IESU YN MATHEW 6:19-21

RHAGFYR 31

Trysor Cudd Iesu

Dywed y Beibl, 'Ynddo ef [Crist] y mae holl drysorau doethineb a gwybodaeth yn guddiedig.'
COLOSIAID 2:3

Mae trysor cudd yn Iesu Grist, ebe'r Beibl. Trysorau doethineb a gwybodaeth yw'r trysorau hyn sy' gan Iesu. Fedri di fyth ddod o hyd i'r trysorau rhyfeddol hyn yn unman arall, wyddost ti.

Dim ond Iesu sy'n gallu dysgu'r doethineb a'r wybodaeth ragorol hon i ni. Mae'r holl drysorau hyn wedi eu cuddio yn Iesu. Dyma Ei gyfrinachau cudd, arbennig. Ond, os byddwn ni'n Ei garu ac yn gwrando arno Ef, cawn wybod Ei gyfrinachau. Wrth i ni wrando arno bob dydd, bydd Iesu'n dweud mwy a mwy ohonyn nhw wrthon ni.

Wyt ti'n addo gwrando ar Iesu bob dydd? Yna, gwranda, a mwynha Ei drysorau newydd Ef, ddydd ar ôl dydd ar ôl dydd.

GWRANDA AR IESU YN MATHEW 28:18-20

MYNEGAI YSGRYTHUROL

Genesis 1: 14-19 — Ebr. 6
1: 20-23 — Maw. 31
1: 29 — Awst 31
2: 8-17 — Awst 31
2: 18-24 — Medi 28
3 — Medi 1
3: 1-15 — Mai 21
3: 11 — Medi 1
3: 18 — Gorff. 23
6: 5-22 — Ebr. 27
6: 14 — Hyd. 9
7: 1-16 — Ebr. 28
7: 17-24 — Ebr. 29
8 — Ebr. 30
8: 20 — Chwe. 27
9: 8-17 — Mai 18
11: 1-9 — Tach. 8
15 — Tach. 5
15: 1-6 — Meh. 15
15:5 — Meh. 15
22: 1-19 — Tach. 14
24: 10-27 — Awst 19
24: 62-67 — Awst 20
28: 10-15 — Chwe. 12
28: 12 — Chwe. 13
28: 16-22 — Chwe. 14
39 — Meh. 23
41 — Medi 24
49 — Rhag. 10

Exodus 1 — Tach. 9
5:1 - 6:8 — Tach. 10
14: 21-31 — Chwe. 23
15: 22-27 — Hyd. 10
17: 6 — Awst 27
19: 3-6 — Hyd. 27
19: 16-19 — Hyd. 6
20: 18 — Hyd. 6
20: 24 — Chwe. 27
24: 12 — Gorff. 8
25: 31-40 — Tach. 29
30: 25 — Rhag. 7
31: 18 — Gorff. 9
32: 15-16 — Gorff. 8
32: 19 — Gorff. 10
34: 1-4 — Gorff. 10
40: 2 — Gorff. 21
40: 17-38 — Gorff. 21

MYNEGAI YSGRYTHUROL

Lefiticus 19:10 --- Awst 5

Numeri 10: 1-10 --- Rhag. 20
11: 1-3 --- Tach. 23
13: 17-25 --- Awst 4
21: 8 --- Mai 22
22: 21-35 --- Medi 18
23: 22 --- Ebr. 19

Deuteronomium 11:14 --- Medi 11
24: 19-21 --- Awst 5
31:30 - 32:4 --- Awst 25
33 --- Rhag. 10

Josua 2: 1-15 --- Chwe. 17
4: 24 --- Tach. 26
6 --- Rhag. 21
10:7-15 --- Medi 15
11: 1-9 --- Mai 25
24: 15 --- Ion. 20

Barnwyr 7: 9-25 --- Tach. 6

1 Samuel 16: 23 --- Rhag. 26
17: 1-50 --- Medi 21
17: 34-37 --- Awst 7
17: 47 --- Medi 21
18: 1-4 --- Mai 27
26: 12 --- Medi 22

2 Samuel 7: 2 --- Rhag: 11

1 Brenhinoedd 6: 29-32 --- Maw. 16

2 Brenhinoedd 2: 11-12 --- Mai 15
2: 19-22 --- Rhag. 14

1 Cronicl 22:14 --- Hyd. 11

2 Cronicl 2: 3-16 --- Hyd. 11

Nehemeia 2: 17 --- Chwe. 18
4: 6 --- Chwe. 18
6: 15-16 --- Chwe. 18
8: 14-18 --- Meh. 21

MYNEGAI YSGRYTHUROL

Esther 8 — Medi 25
Job 37:5-6 — Rhag. 2
37: 9-10 — Gorff. 14

Salmau 1 — Meh. 8
4:4 — Ion. 31
4:8 — Ion. 31
18: 28 — Ion. 24
18: 32-34 — Maw. 10
19: 7-11 — Hyd. 3
19: 9-10 — Meh. 6
20: 4-8 — Rhag. 19
20: 7 — Mai 25
23 — Ebr. 12
23: 6 — Ion. 21
25: 4-10 — Gorff. 26
29: 3-5 — Medi 5
33 — Awst 22
42: 1-2 — Ebr. 15
44: 4-8 — Mai 28
46: 4 — Ebr. 17
46: 8-10 — Mai 29
51: 7 — Rhag. 4
55: 6 — Mai 1
55: 16-17 — Mai 1
56: 3 — Chwe. 6
57 — Gorff. 11
57: 7-11 — Rhag. 26
61 — Tach. 12
63: 5 — Chwe. 1
65: 9-13 — Medi 9
68: 6 — Ion. 16
78: 1-4 — Ion. 15
91 — Medi 12
93: 1-2 — Rhag. 23
95: 6-7 — Maw. 14
97: 1-6 — Gorff. 5
98 — Tach. 15
98: 1 — Tach. 26
100 — Medi 30
101: 2 — Ion. 20
102 — Tach. 18
103: 19 — Rhag. 23
104: 2 — Gorff. 22
104: 10-24 — Meh. 20
104: 14 — Ebr. 3
104: 19 — Ebr. 6
105 4 — Gorff. 29

MYNEGAI YSGRYTHUROL

```
108 ----------------------------------- Rhag. 27
113: 1-3 ------------------------------ Ion. 1
114 ----------------------------------- Tach. 16
116: 16 ------------------------------- Ebr. 21
118: 1 -------------------------------- Ion. 22
119: 103 ------------------------------ Meh. 6
119: 105 ------------------------------ Ion. 22
119: 137 ------------------------------ Chwe. 25
121: 3-4 ------------------------------ Chwe. 1
127: 1-2 ------------------------------ Chwe. 2
127: 3-5 ------------------------------ Meh. 26
135: 5-7 ------------------------------ Maw. 24
142 ----------------------------------- Gorff. 12
142: 7 -------------------------------- Meh. 25
144 ----------------------------------- Awst 23
144: 1 -------------------------------- Maw. 10
146: 7 -------------------------------- Meh. 25
147: 7-11 ----------------------------- Ebr. 9
147: 8 -------------------------------- Ebr. 3
147: 15-18 ---------------------------- Gorff. 15
147: 16 ------------------------------- Rhag. 2
149: 5 -------------------------------- Chwe. 2

Diarhebion 3: 5-6 --------------------- Gorff. 27
3: 23 --------------------------------- Tach. 1
4: 11-12 ------------------------------ Tach. 1
6: 6 ---------------------------------- Gorff. 29
6: 6-11 ------------------------------- Gorff. 30
8: 32-36 ------------------------------ Ion. 12
14: 4 --------------------------------- Ebr. 18
15: 3 --------------------------------- Chwe. 4
15: 6 --------------------------------- Ion. 19
16: 24 -------------------------------- Meh. 5
18: 10 -------------------------------- Tach. 11
20: 12 -------------------------------- Ion. 13
21: 13 -------------------------------- Ion. 13
24: 3-4 ------------------------------- Ion. 19
25: 28 -------------------------------- Chwe. 19
27: 9 --------------------------------- Rhag. 5
30: 25 -------------------------------- Gorff. 31

Pregethwr 4: 8-12 --------------------- Ebr. 25

Caniad Solomon 1: 12 ------------------ Rhag. 6

Eseia 1: 18 --------------------------- Rhag. 4
4: 2 ---------------------------------- Meh. 22
6: 1-4 -------------------------------- Awst 14
```

MYNEGAI YSGRYTHUROL

Eseia 6: 4 — Hyd. 7
11: 1-5 — Meh. 22
11: 1-9 — Hyd. 14
11: 5 — Chwe. 25
11: 10-12 — Rhag. 18
25: 6-9 — Tach. 4
28: 5 — Ion. 4
33: 5-6 — Ion. 27
35: 8-10 — Maw. 4
40: 12-15 — Meh. 29
40: 22 — Gorff. 22
40: 28-31 — Hyd. 28
49: 22 — Rhag. 17
51: 6 — Hyd. 8
51: 11 — Ion. 4
55: 6-13 — Rhag. 3
55: 12-13 — Gorff. 23
62: 5 — Mai 30
65: 17-19 — Mai 30
66: 15-16 — Mai 26

Jeremeia 13: 11 — Chwe. 24
17: 7-8 — Meh. 9
23: 29 — Medi 3,4,5
36 — Tach. 20
38: 1-13 — Ebr. 26

Eseciel 1: 15-21 — Chwe. 21
1: 22-28 — Gorff. 16
1: 25-28 — Mai 19
34: 26 — Ebr. 11
37: 1-14 — Medi 27
48 — Rhag. 10

Daniel 6 — Chwe. 15
7: 9-10 — Chwe. 22

Hosea 6: 3 — Ion. 2

Joel 2: 28-32 — Hyd. 8

Micha 4: 1-5 — Awst 12

Habacuc 3: 4 — Ion. 1
3: 17-18 — Awst 6

Haggai 2: 20-23 — Medi 26

MYNEGAI YSGRYTHUROL

Sechareia 9: 9 — Medi 19
9: 14-16 — Meh. 27
14: 20-21 — Mai 16

Malachi 4: 2 — Ion. 2

Mathew 2: 1-12 — Rhag. 29
3: 1-12 — Meh. 7
4: 18-22 — Meh. 2
5: 1 — Gorff. 17-18
5: 1-5 — Gorff. 17
5: 1-10 — Chwe. 10
5: 14-16 — Ion. 23
5: 23-24 — Chwe. 29
5: 43-47 — Ebr. 10
6: 19-21 — Gorff. 31, Rhag. 30
6: 25-33 — Ion. 7
6: 26 — Ebr. 1
6: 28-30 — Mai 6
7: 7-8 — Ion. 11
7: 12-14 — Maw. 6
7: 13 — Maw. 6
7: 13-14 — Mai 9
7: 24 — Awst 26
7: 24-29 — Awst 26
8: 18-20 — Rhag. 11
10: 16 — Hyd. 13
10: 26-27 — Tach. 19
10: 30-31 — Chwef. 6
10: 40-42 — Awst 28
11: 28-30 — Chwef. 9, Ebr. 20
13: 7 — Gorff. 24
13: 16 — Ion. 15
13: 22 — Gorff. 24
13: 36-43 — Ion. 14
13: 40-43 — Medi 16
13: 45-46 — Rhag. 8
13: 47 — Mai 4
13: 47 — Mai 5
13: 47-50 — Mai 3
14: 13-21 — Ebr. 4
14: 22-33 — Awst 3
16: 19 — Ion. 26

Mathew 17: 1-8 — Maw. 1
17: 14-20 — Maw. 19
19: 23-30 — Awst 21
21: 1-11 — Medi 19

MYNEGAI YSGRYTHUROL

22: 34-40 — Chwe. 11
22: 37-40 — Gorff. 9
23: 25-28 — Medi 29
23: 37 — Awst 13
24: 27 — Gorff. 6
24: 29-51 — Ebr. 7
25: 31-46 — Mai 4, Awst 29
26: 14-16 — Gorff. 4
26: 31-35 — Meh. 11
26: 47-56 — Tach. 7
26: 69-75 — Meh. 12
27: 27-31 — Gorff. 25
27: 28 — Hyd. 24
28: 16-20 — Gorff. 19
28: 18-20 — Rhag. 31

Marc 1: 6 — Meh. 7
1: 9-11 — Mai 2
1: 17 — Meh. 3
1: 40-42 — Maw. 15
2: 1-2 — Tach. 17
4: 26-29 — Medi 10
5: 1-13 — Hyd. 19
5: 1-20 — Ion. 17
5: 13 — Hyd. 20
5: 14-20 — Hyd. 20
5: 19 — Ion. 17
7: 31-37 — Maw. 11
9: 41 — Awst 28
10: 25 — Awst 21
12: 41-44 — Gorff. 3
13: 24 — Ebr. 7
13: 26-37 — Meh. 13
13: 35 — Meh. 13
15: 22-24 — Maw. 25

Luc 1: 78 — Ion. 3
3: 16-17 — Tach. 24
3: 22 — Mai 2
4: 14-21 — Tach. 21
5: 1-11 — Awst 1
5: 27-32 — Tach. 3
7: 36-50 — Chwe. 7, Rhag. 5
7: 44 — Chwe. 7
8: 4-15 — Maw. 20
8: 11 — Maw. 20
8: 22-25 — Awst 2
9: 12-17 — Meh. 30

MYNEGAI YSGRYTHUROL

9: 23 --- Maw. 30
9: 57-62 --- Ebr. 2
10: 17-18 --- Hyd. 15
10: 25-37 --- Medi 20
10: 38-42 --- Hyd. 30
11: 3 --- Ion. 7
12: 16-21 --- Medi 11
12: 27 --- Mai 8
12: 27-28 --- Mai 7
12: 49 --- Tach. 24
13: 34-35 --- Awst 13
14: 1-24 --- Tach. 2
14: 27 --- Maw. 30
14: 28-35 --- Tach. 13
15: 8-10 --- Gorff. 2
15: 11-24 --- Hyd. 18
17: 24 --- Gorff. 6
19: 1-10 --- Awst 10
22: 19 --- Ion. 9
22: 34 --- Meh. 11
22: 60 --- Meh. 12
23: 32-43 --- Maw. 29
23: 50-54 --- Awst 16
23: 55-56 --- Awst 17
23: 55-24: 8 --- Rhag. 7
24: 1-8 --- Awst 18
24: 13-35 --- Maw. 5
24: 39 --- Tach. 27

Ioan 1: 28-34 --- Maw. 7
1: 43-51 --- Awst 11
2: 12-17 --- Ebr. 24
3: 5-8 --- Maw. 22
3: 14-16 --- Mai 22
3: 16 --- Mai 12
3: 35 --- Tach. 27
6: 10 --- Ebr. 4
6: 19 --- Awst 3
6: 33-35 --- Ion. 8
7: 37-39 --- Ebr. 16
8: 1-11 --- Maw. 12
8: 12 --- Ion. 24
10: 1-15 --- Ebr. 13
10: 7 --- Mai 11
10: 7-9 --- Mai 10
10: 11 --- Ebr. 12
10: 11-15 --- Hyd. 12
10: 14 --- Ebr. 14

MYNEGAI YSGRYTHUROL

10: 27 --------------------------------- Meh. 3
10: 27-30 ------------------------------ Ebr. 14, Tach. 28
11: 17-44 ------------------------------ Gorff. 13
12: 1-11 ------------------------------- Chwef. 8, Rhag. 6
12: 12-15 ------------------------------ Maw. 17
12: 23-26 ------------------------------ Maw. 21
13: 1-17 ------------------------------- Hyd. 31
14: 2 ---------------------------------- Ion. 21
14: 5-6 -------------------------------- Gorff. 28
14: 13-14 ------------------------------ Mai 11
14: 26-27 ------------------------------ Mai 5
15: 1-8 -------------------------------- Meh. 17-19
17: 12 --------------------------------- Gorff. 4
18: 3 ---------------------------------- Tach. 7
18: 28-40 ------------------------------ Rhag. 12
19: 1-16 ------------------------------- Rhag. 13
19: 2 ---------------------------------- Gorff. 25
19: 17 --------------------------------- Maw. 28
19: 28-37 ------------------------------ Medi 23
19: 38-42 ------------------------------ Awst 16
20: 19-29 ------------------------------ Maw. 26
21: 1-14 ------------------------------- Meh. 4

Actau 2: 1-4 --------------------------- Tach. 25
2: 1-12 -------------------------------- Maw. 23
2: 23 ---------------------------------- Maw. 25
5: 12-16 ------------------------------- Medi 13
8: 26-39 ------------------------------- Mai 24
9: 19-25 ------------------------------- Gorff. 1
9: 36-43 ------------------------------- Hyd. 25
9: 40 ---------------------------------- Maw. 14
12: 1-19 ------------------------------- Ebr. 21
16: 16-34 ------------------------------ Meh. 24
20: 29-31 ------------------------------ Hyd. 13
20: 7-12 ------------------------------- Chwef. 16
20: 9 ---------------------------------- Chwef. 16

Rhufeiniaid 6: 23 ---------------------- Mai 12
11: 33-36 ------------------------------ Rhag. 9
12: 13 --------------------------------- Ion. 18

1 Corinthiaid 1: 8 --------------------- Ebr. 18
10: 2-4 -------------------------------- Awst 27
11: 23-24 ------------------------------ Ion. 9
15: 50-59 ------------------------------ Rhag. 22

2 Corinthiaid 4: 6 --------------------- Ion. 3
5: 6-10 -------------------------------- Medi 7

MYNEGAI YSGRYTHUROL

10: 5 — Medi 4
11: 33 — Gorff. 1
12: 10 — Ebr. 19

Galatiaid 5: 22-23 — Chwef. 19
6: 10 — Ion. 18

Effesiaid 1: 18-19 — Chwef. 3
4: 29 — Meh. 5
5: 25-32 — Meh. 1
6: 10-18 — Hyd. 22
6: 14 — Chwef. 26
6: 16 — Meh. 28, Awst 24
6: 17 — Medi 6-7, Hyd. 22

Philipiaid 1: 7-19 — Ebr. 22
2: 8 — Maw. 29
2: 8-11 — Maw. 13
2: 10 — Maw. 13
2: 14-15 — Meh. 14
4: 8 — Medi 8

Colosiaid 2: 3 — Rhag. 31
2: 13-15 — Maw. 27
3: 9-10 — Chwef. 26
3: 20 — Ion. 16

1 Thesaloniaid 4: 15-18 — Maw. 2
4: 16 — Rhag. 22
5: 8 — Medi 8
5: 19 — Tach. 25

1 Timotheus 1: 15 — Medi 6

Hebreaid 2: 9 — Ion. 5
2: 14-15 — Hyd. 16
4: 12-16 — Hyd. 21
4: 13 — Chwef. 4
4: 16 — Rhag. 25
8: 3-6 — Medi 14
10: 1 — Medi 14
11: 7 — Ebr. 27
11: 8-10 — Gorff. 20
12: 2 — Chwef. 3, Maw. 28
12: 2-3 — Hyd. 24
12: 29 — Tach. 23
13: 5-6 — Chwef. 13
13: 10-13 — Chwef. 28

MYNEGAI YSGRYTHUROL

13: 11-16 — Hyd. 1

Iago 1: 12 — Ion. 6
1: 17 — Ebr. 11, Mai 13
1: 22-25 — Ion. 28-30

1 Pedr 1: 6-9 — Hyd. 4
1: 18-21 — Maw. 8
1: 22-25 — Ebr. 5
2: 21-24 — Medi 22
2: 24 — Hyd. 9
2: 9-10 — Chwef. 24
4: 8-11 — Mai 14
5: 7 — Mai 8
5: 8-9 — Awst 8

2 Pedr 1: 19 — Meh. 16

1 Ioan 1: 5 — Medi 17
5: 13-15 — Tach. 11

Datguddiad 1: 18 — Ion. 25
1: 20 — Rhag. 1

Datguddiad 1: 7-8 — Maw. 3
1: 18 — Ion. 25
1: 20 — Rhag. 1
1: 9-20 — Tach. 30
2: 1-7 — Rhag. 1
2: 10 — Ion. 6
3: 8 — Ion. 10
3: 20 — Ion. 10
4 — Awst 15
4: 1-11 — Mai 20
4: 5 — Gorff. 7
4: 8 — Awst 15
5 — Tach. 22
5: 1-10 — Awst 9
5: 6 — Rhag. 24
5: 8 — Rhag. 15
5: 8-14 — Rhag. 28
7: 9-12 — Maw. 18
7: 9-17 — Hyd. 26
8 — Hyd. 29
8: 1-4 — Rhag. 15
11:15 — Rhag. 24
11: 19 — Gorff. 7
12: 7 — Hyd. 15

MYNEGAI YSGRYTHUROL

12: 9 --------- Hyd. 16
15: 5-8 --------- Rhag. 16
15: 18 --------- Hyd. 7
19: 6-9 --------- Maw. 9, Mai 31
19: 11-16 --------- Ion. 5, Mai 17
19: 11-21 --------- Hyd. 23
20: 1-10 --------- Ebr. 23, Hyd. 17
20: 2 --------- Mai 23
20: 7-10 --------- Mai 23
21: 1-4 --------- Chwef. 5
21: 2 --------- Meh. 1
21: 6 --------- Awst 30
21: 10-12 --------- Chwef. 20
21: 12 --------- Rhag. 10
21: 12-21 --------- Hyd. 2
21: 18-21 --------- Hyd. 5
21: 21 --------- Rhag. 9
21: 22-27 --------- Ebr. 8
21: 23 --------- Medi 17
22: 1 --------- Ebr. 17
22: 1-2 --------- Meh. 10
22: 12-16 --------- Medi 2
22: 16 --------- Meh. 16
22: 17 --------- Awst 30